岗位实用手册·技能全图解丛书

餐厅服务员

人力资源和社会保障部教材办公室　组织编写

中国劳动社会保障出版社

内容简介

本书是关于餐厅服务员岗位技能培训的指导手册，是餐厅服务员进行自我培训、提升服务技能的指导用书。

本书根据《国家职业技能标准·餐厅服务员》对初、中、高三个级别餐厅服务员均需掌握的知识与技能要求进行了总结，梳理了餐厅服务员的工作内容，列明了各工作事项所需掌握的知识要点和技能要点，理论性与实操性兼具，能有效帮助餐厅服务员提升岗位技能。

技能全图解包含17项岗位任务，96个技能点，其主要内容包括：宴会台型设计、宴会餐台装饰、餐台插花、餐巾杯花折花、餐巾盘花折花、铺台布、摆台、托盘、引领宾客、点餐下单、上菜、分菜、斟酒、撤换餐具、撤换酒具、结账和收台等。

本书适合餐饮服务业一线从业人员、餐饮服务业经营管理人员使用，也可作为餐厅服务员岗位培训教材。

contents

目 录

餐厅服务员

目录
contents

岗位任务 1 宴会台型设计

技能 1　中餐宴会台型设计图解

1. 一字形排列

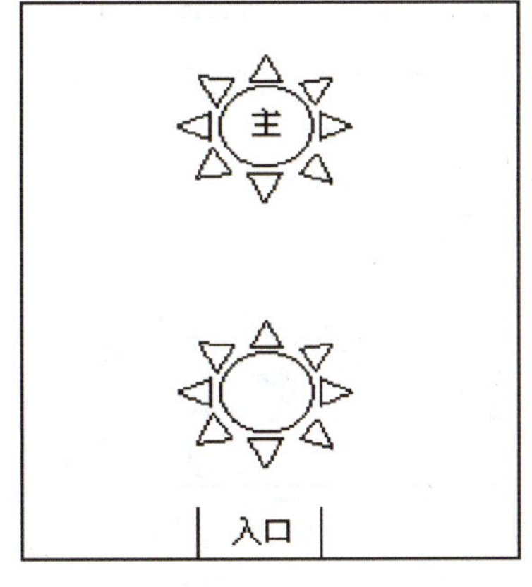

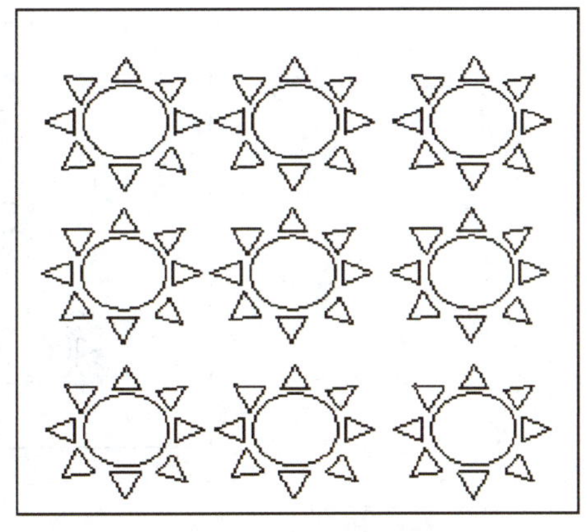

2. 品字形排列

3. 菱形排列

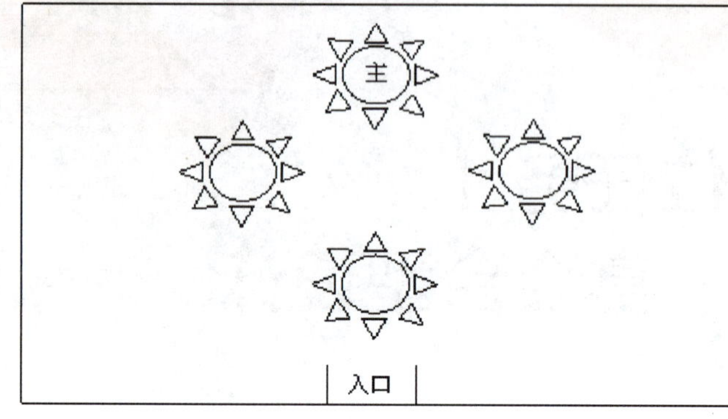

4. 日字形排列

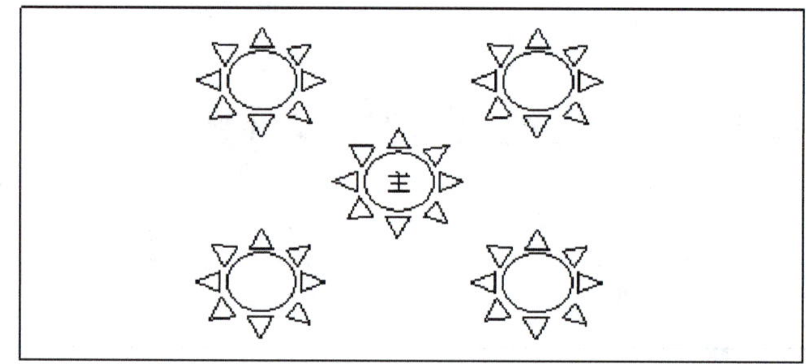

5. 三角形排列

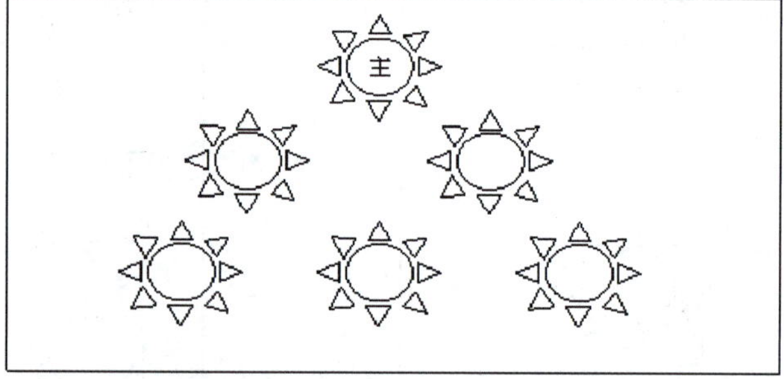

6. 圆形排列

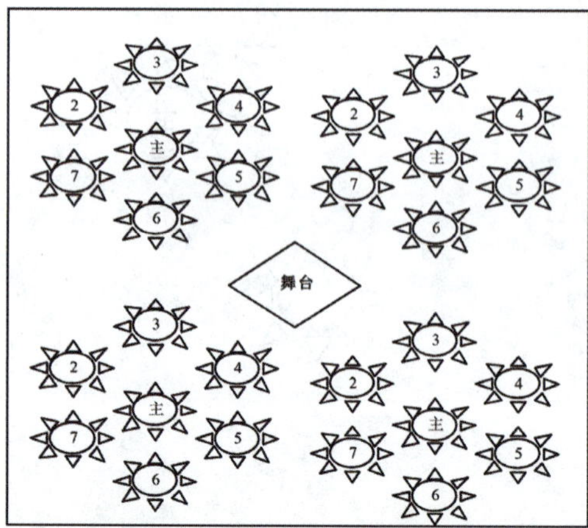

技能2　西餐宴会台型设计图解

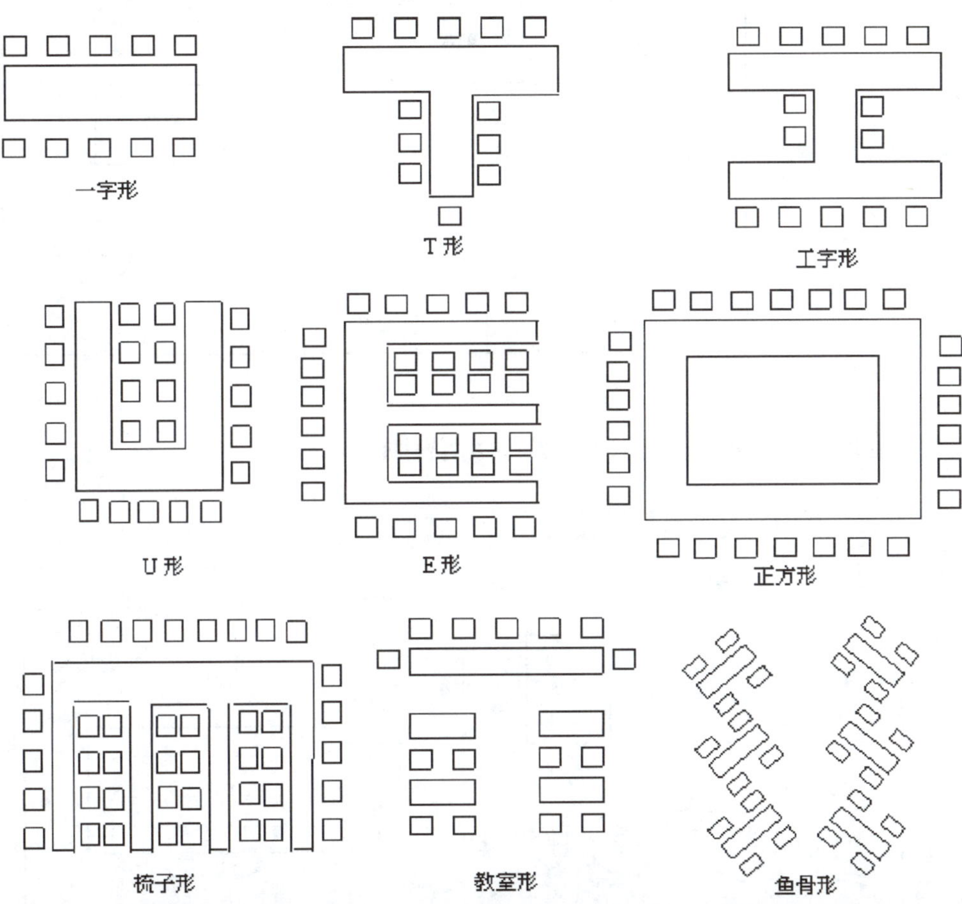

技能 3　鸡尾酒会台型设计图解

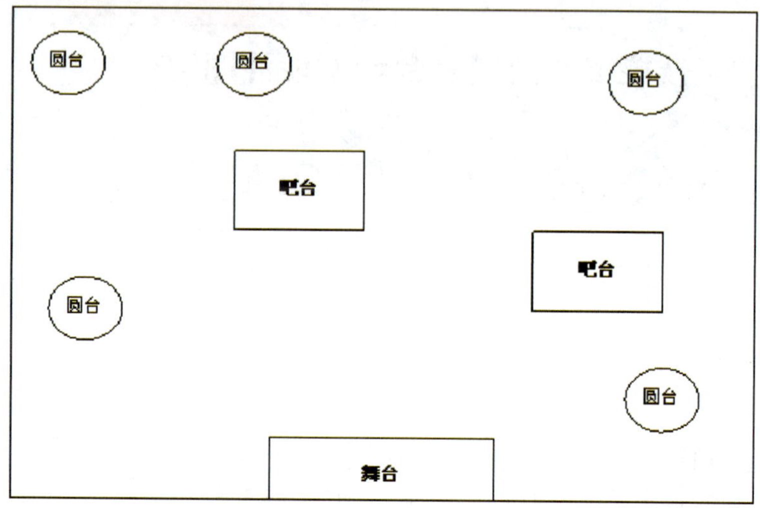

技能 4　冷餐酒会台型设计图解

1. 冷餐酒会台型布局设计

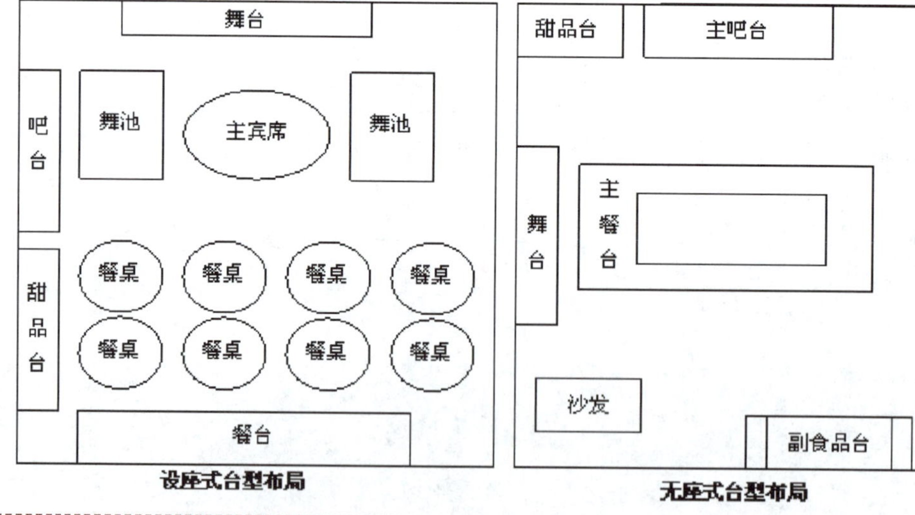

2. 冷餐酒会桌形设计

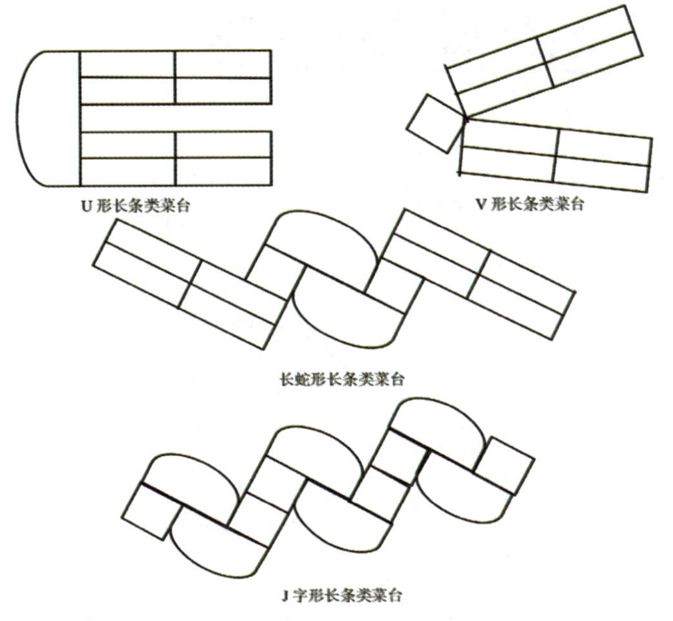

技能5 大型茶话会台型设计图解

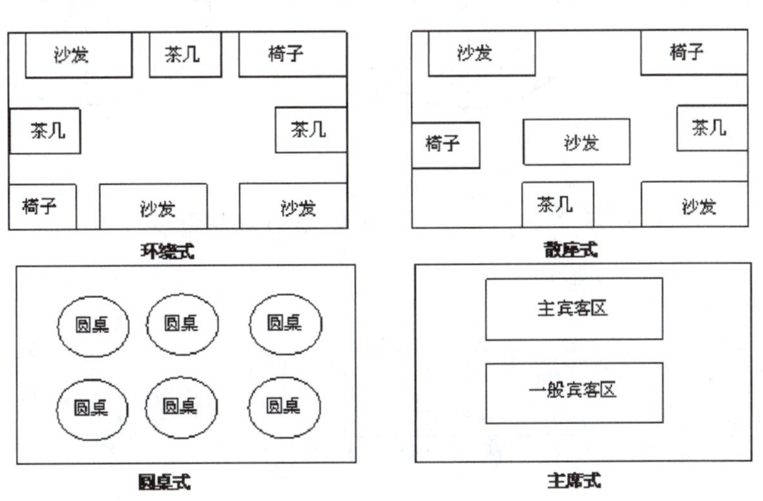

岗位任务2 宴会餐台装饰

技能6　中餐宴会席位安排图解

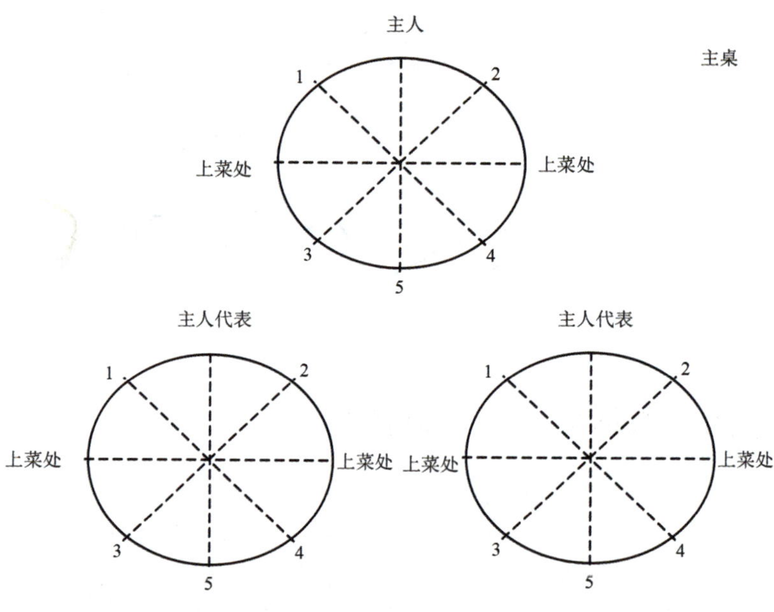

技能7　西餐宴会席位安排图解

1. 一字形桌席位安排

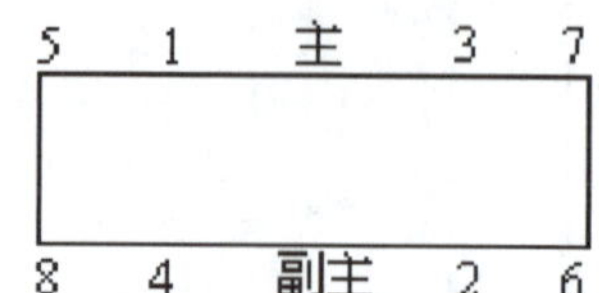

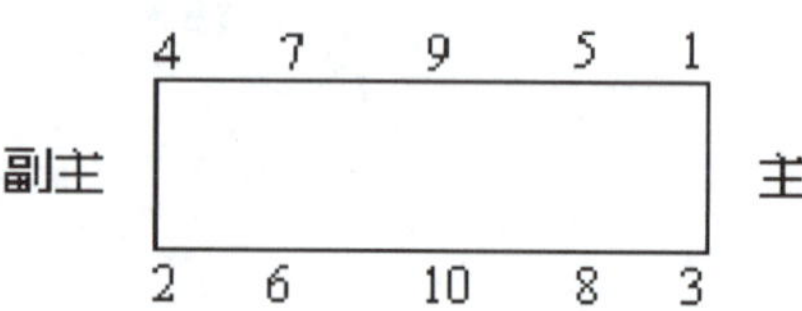

2. T 形桌席位安排

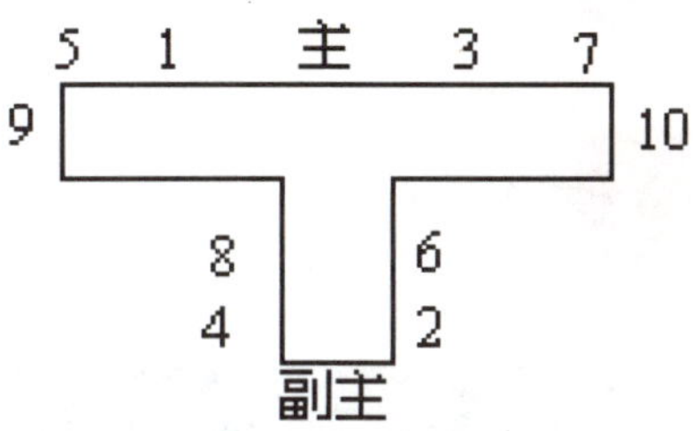

3. U 形桌席位安排

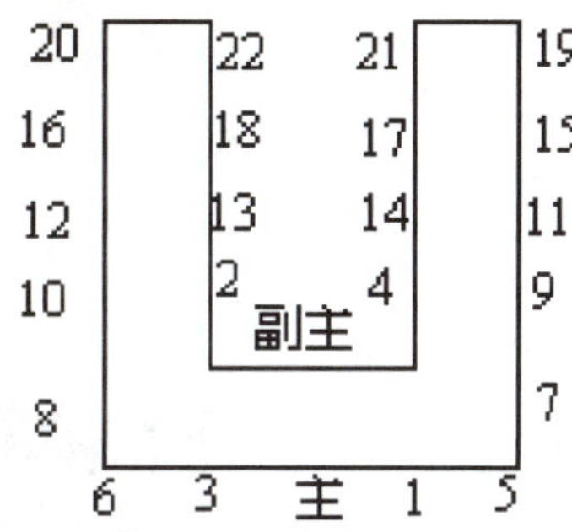

技能 8　中餐宴会餐台装饰全图解

技能9 西餐宴会餐台装饰全图解

岗位任务 3 餐台插花

技能 10　半球形插花图解

准备花泥

插花人员需根据插花容器的形状、大小切好花泥，放入容器中，并要求花泥高出容器口 2 ~ 3 厘米，以满足插花时不同角度的需要。

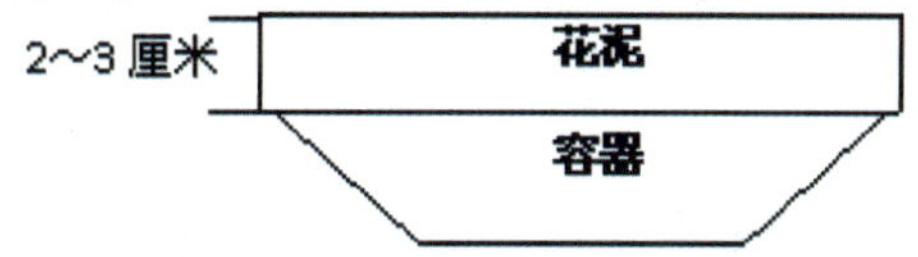

骨架花设计

1. 中心花为①，其高度要求在 20 ~ 30 厘米之间，且需垂直插于正中间。

2. 第一层花有六枝，即②~⑦，需等间隔地插成水平状，其直径需在 40 ~ 60 厘米之间。

3. 第二层花有五枝（如⑧），需以 30° 角斜插入第一层花的空当，且每枝花的长度需要比第一层花枝短 1 ~ 1.5 个花头。

4. 第三层花有五枝（如⑨），需以 60° 角斜插入第二层花的空当，且每枝花的长度需比第二层的短 1 ~ 1.5 个花头。

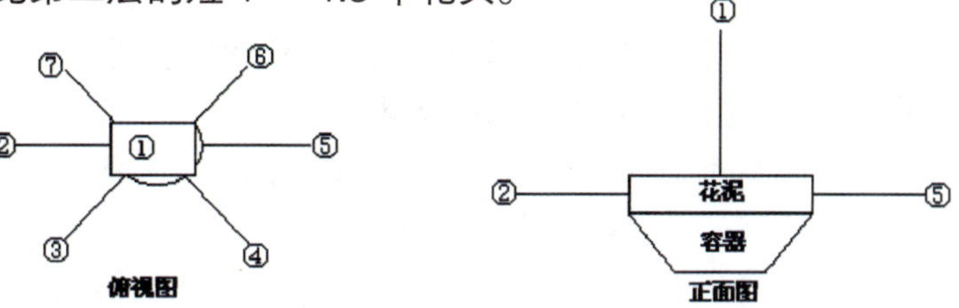

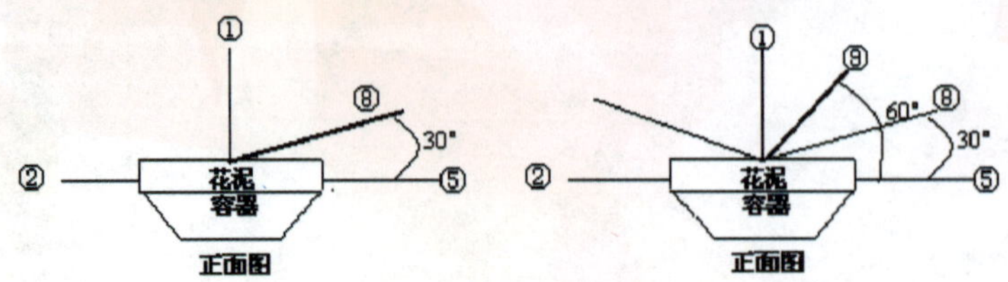

补花、整理花型

1. 插花人员需在主花之间插入填充花或叶，如可在第一层花的基部插入 5 ~ 10 片的肾蕨衬叶，防止造型呆板、生硬。

2. 插花人员需整理花材的高低与角度，使其从俯视角度成椭圆状，从正面观看，弧线呈彩虹状。

技能 11　半椭圆形插花图解

准备花泥

插花人员需比照插花容器的形状，将花泥切好，放入容器内，其中，要求花泥高出容器口 2 ~ 3 厘米。

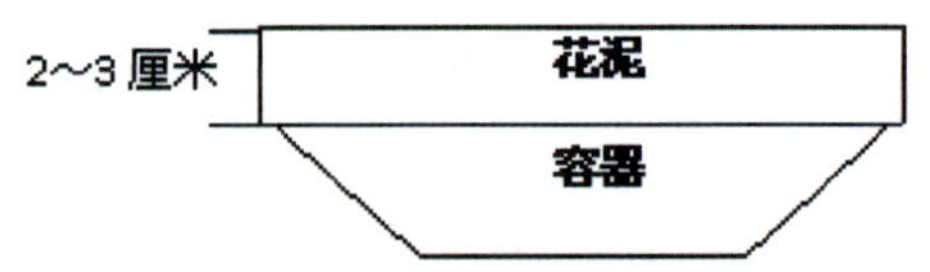

骨架花设计

1. 中心花为①，其高度要求为 20 ~ 30 厘米，且需垂直插于正中间。

2. 第一层花有六枝，即② ~ ⑦，需等间隔地插成水平状，长直径为 40 ~ 60 厘米，短直径为 20 ~ 30 厘米。

3. 第二层花有五枝（如⑧、⑨），需以 30° 角斜插入第一层花的空当，且每枝花的长度需要比第一层花枝短 1 ~ 1.5 个花头。

4. 第三层花有五枝（如⑩、⑪），需以 60° 角斜插入第二层花的空当，且每枝花的长度需比第二层的短 1 ~ 1.5 个花头。

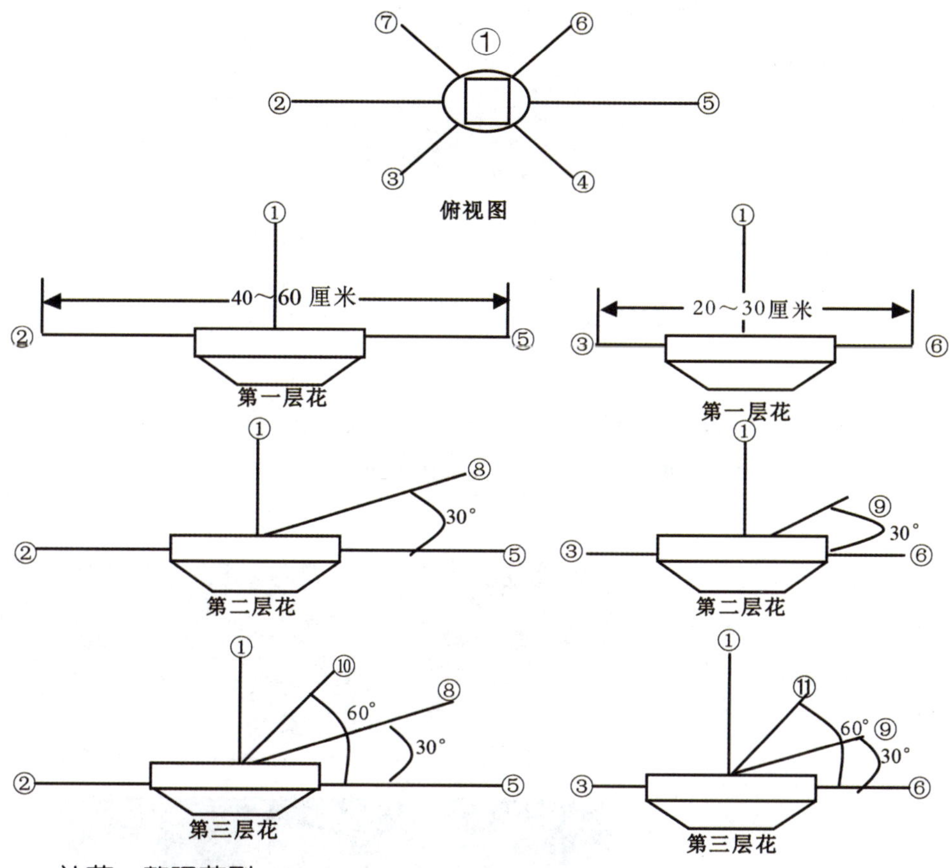

补花、整理花型

1. 插花人员需在主花之间插入填充花或叶，如在第一层花的基部插入 5 ～ 10 片的肾蕨衬叶，确保造型生动、自然。

2. 补花完毕后，插花人员需整理花材的高低与角度，使其圆滑、丰满，表面整齐。

岗位任务 4 餐巾杯花折花

技能 12　鸵鸟折法图解

1. 将餐巾摆成菱形，将下部的巾角向上翻折一次，再向下翻折一次，另一对角先向下翻折，再向上翻折，并将餐巾翻面。

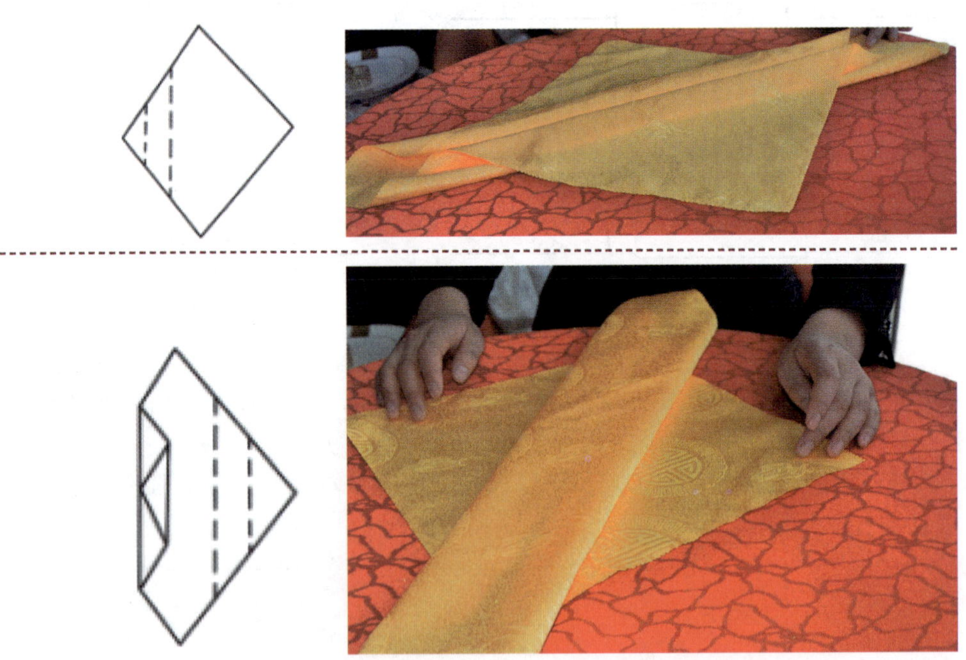

2. 从餐巾中央向两端捏褶。

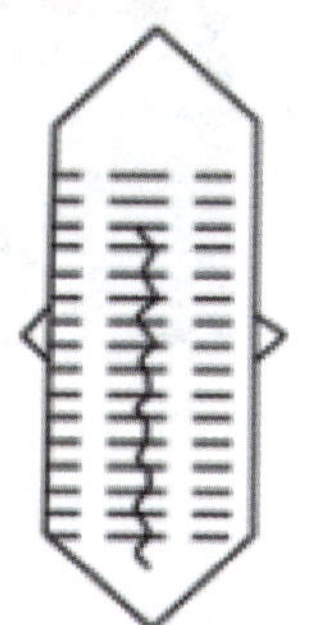

3. 把餐巾向下对折，并将餐巾放入杯内，再捏出头部。

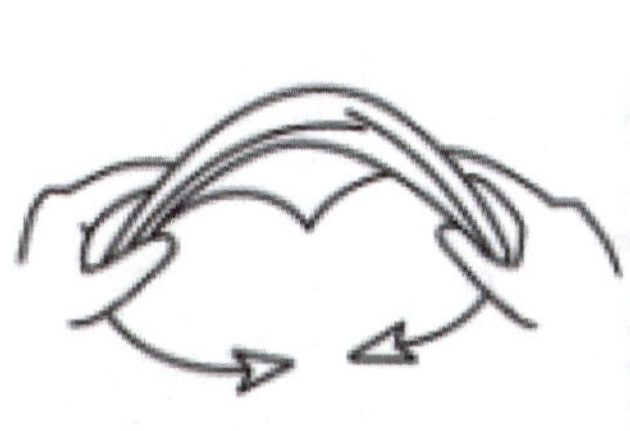

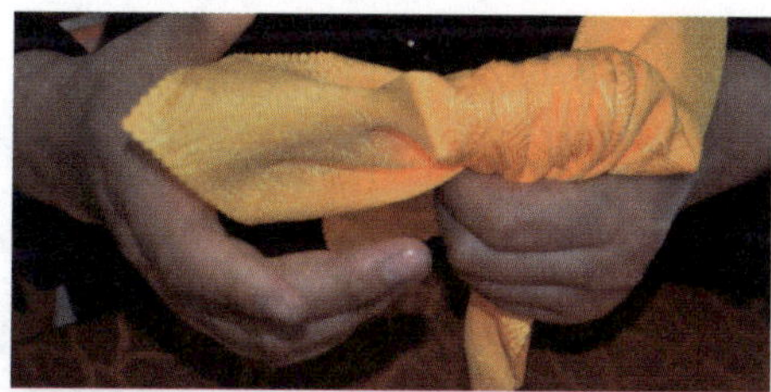

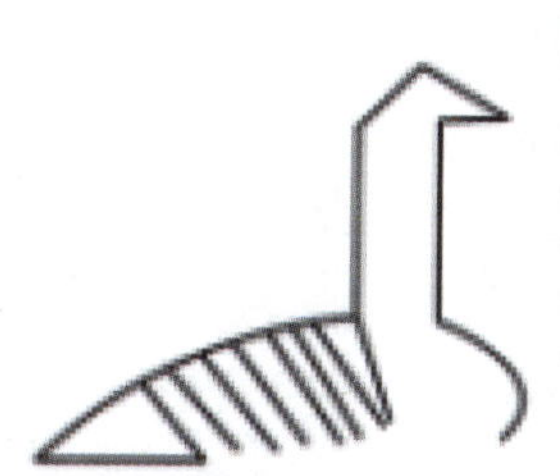

4. 整理成型。

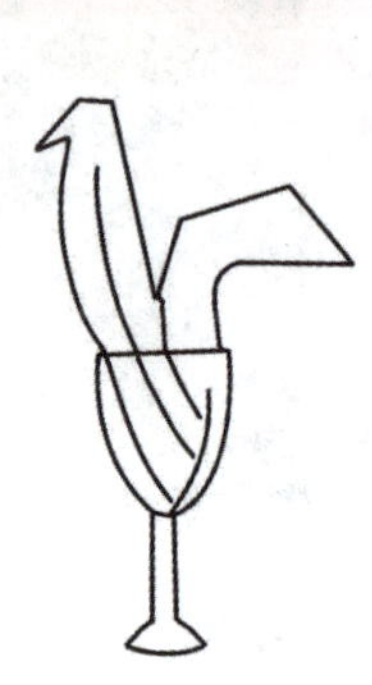

技能 13　枫叶折法图解

1. 将餐巾对折，形成错位长方形。

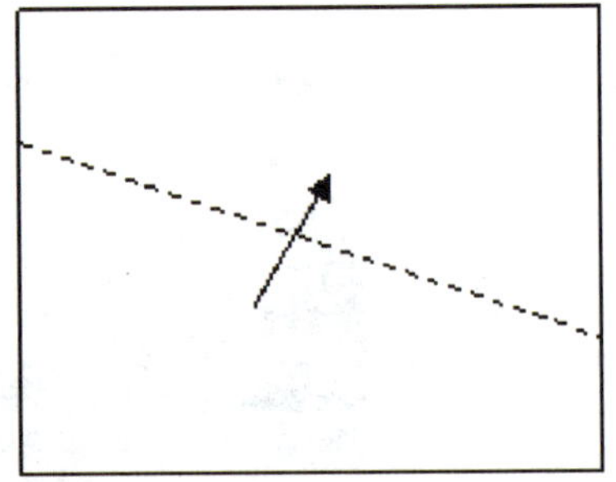

2. 将餐巾继续对折，形成错位正方形，并将底角向上翻折，折在四个巾角之间。

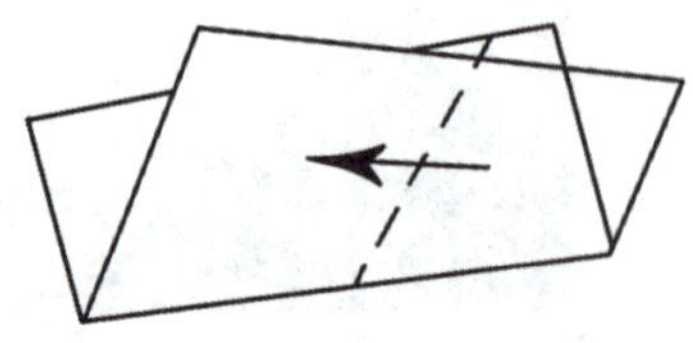

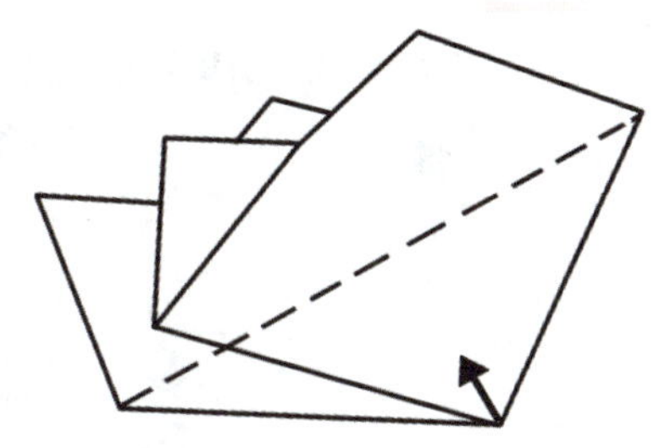

3. 从餐巾的一端向另一端均匀捏褶。

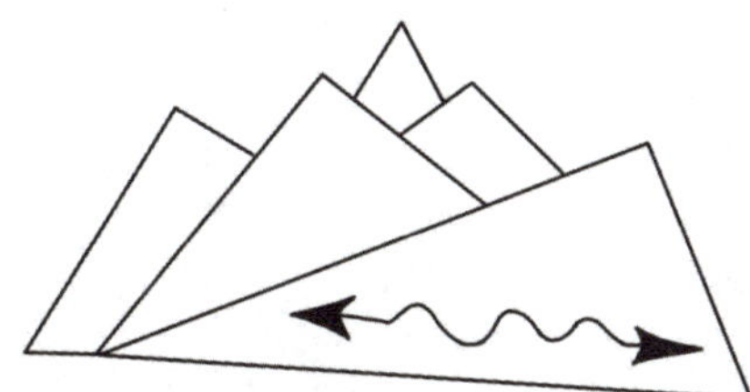

4. 将餐巾放入杯内，整理定型。

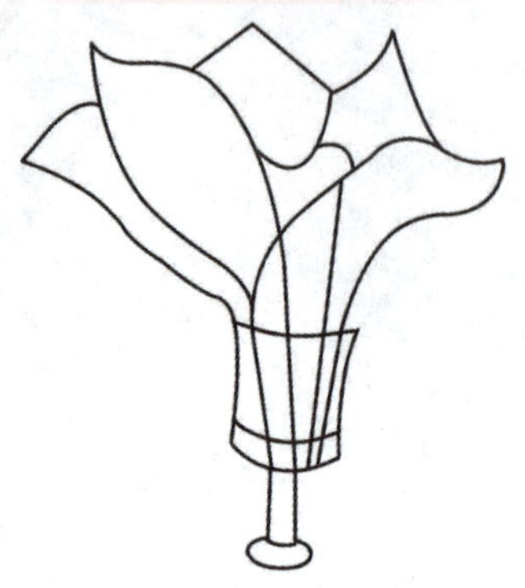

技能 14　白鹤折法图解

1. 从餐巾一个巾角的两边向中间斜卷，并将两卷合并。

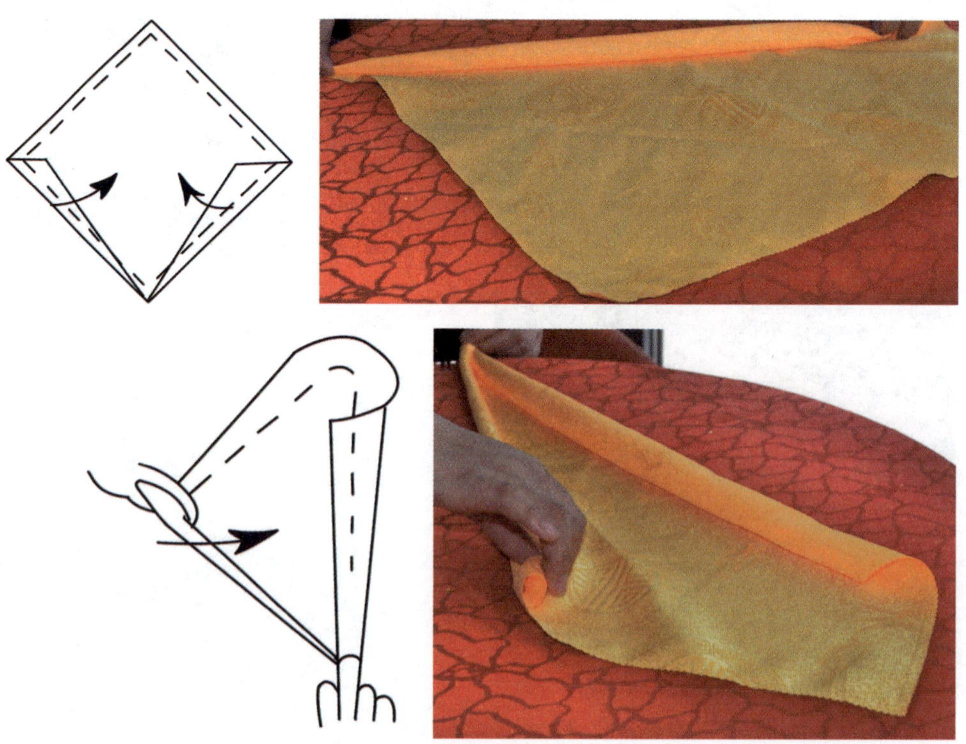

2. 将尖头部位反折成 W 形作为白鹤的身体。

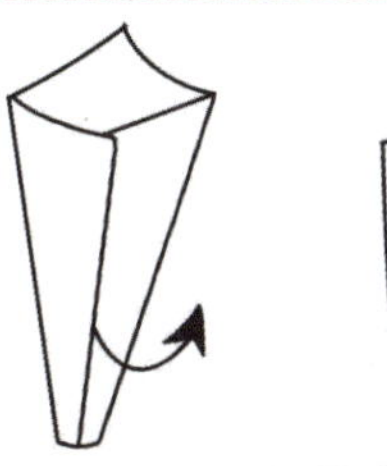

3. 将餐巾装入杯中，并将餐巾尖角捏成白鹤的头。

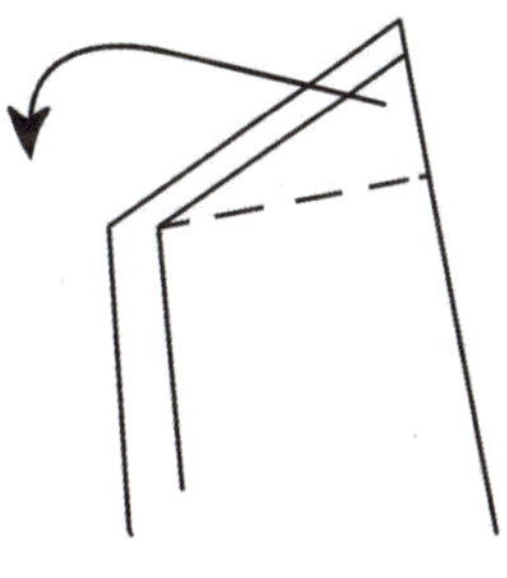

4. 整理成型。

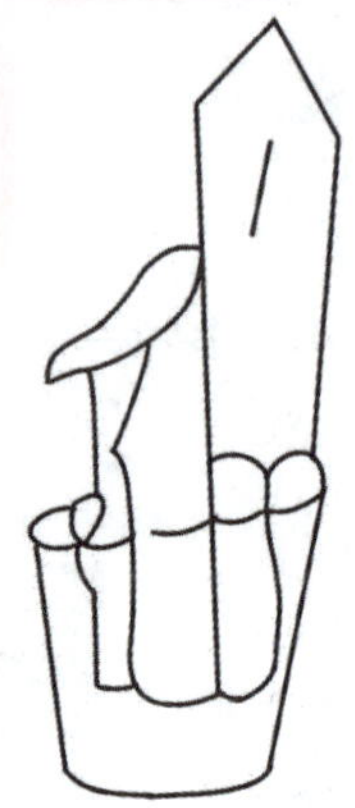

技能 15　和平鸽折法图解

1. 将餐巾对折，形成长方形。将餐巾一端一片巾角翻折成三角形，并将另一端对折。

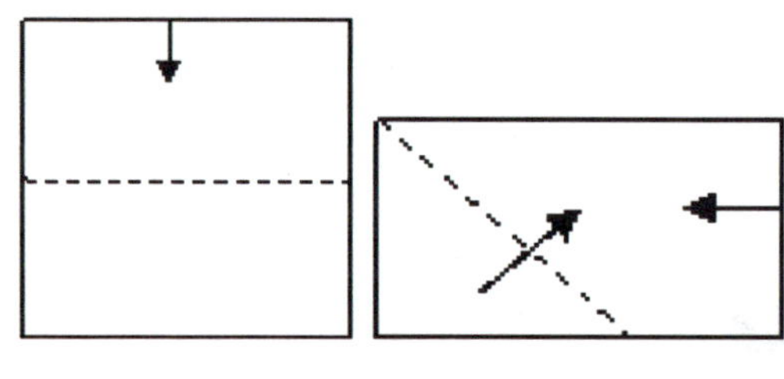

2. 从餐巾中央向两端捏褶。

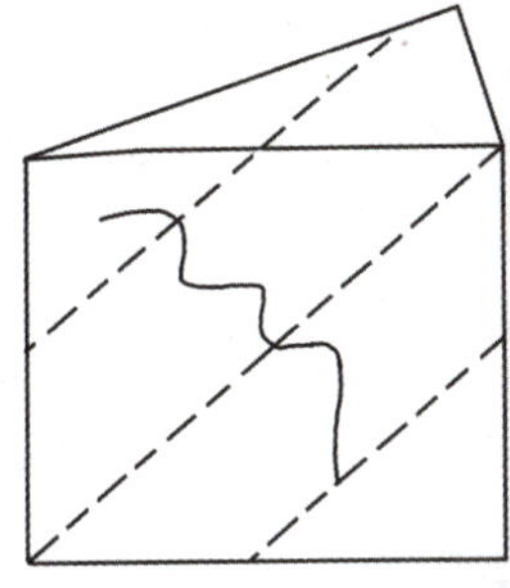

3. 将餐巾放入杯内，将剩下的三片巾角中中间的巾角翻拉成头部，两侧的巾角翻拉成翅膀。

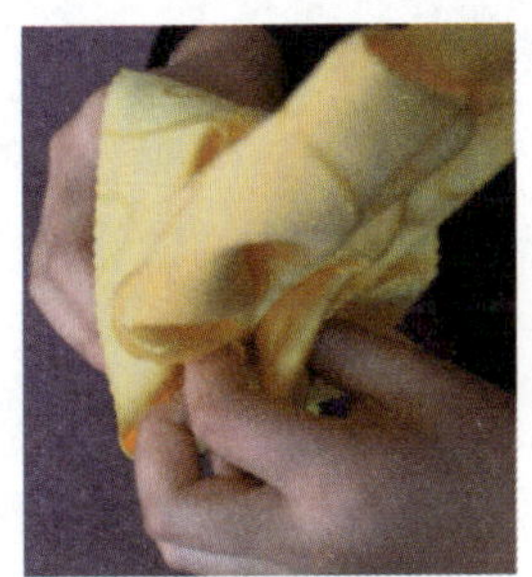

4. 整理成型。

技能 16　单荷花折法图解

1. 将餐巾对折两次，形成正方形。

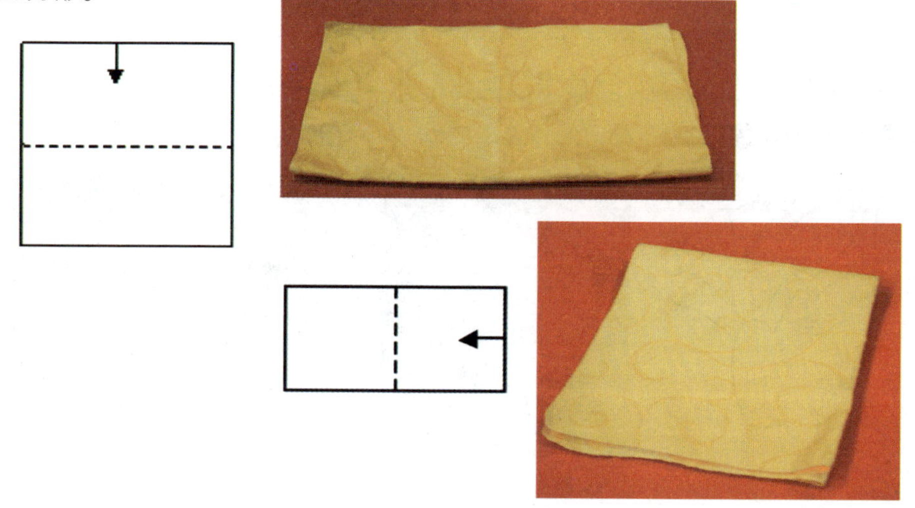

2. 沿正方形的对角线，从中间向两端捏褶。

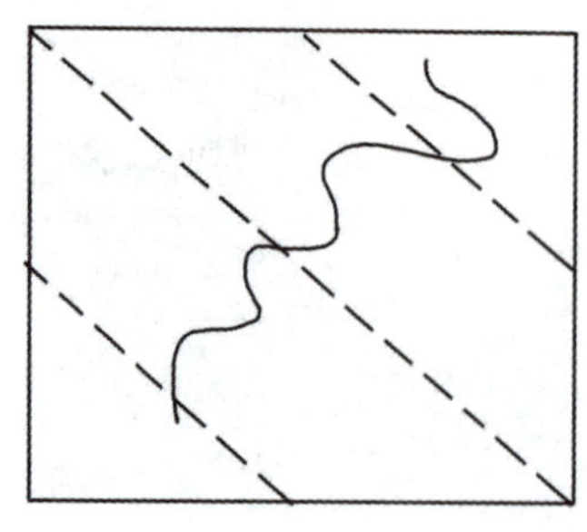

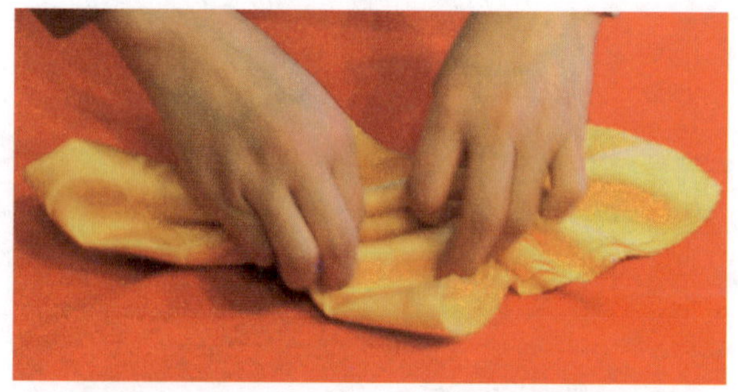

3. 将餐巾放入杯内，整理四片花叶，定型。

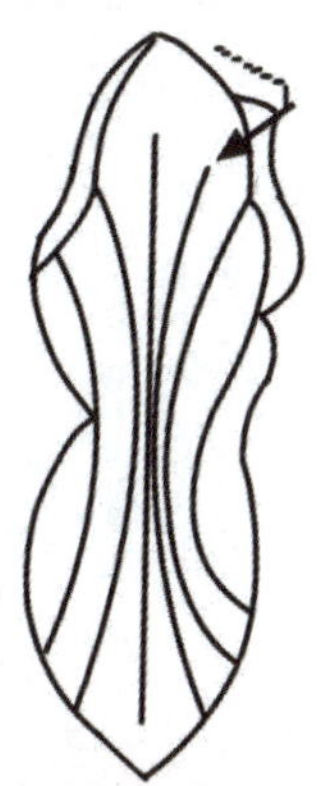

技能 17　仙人掌折法图解

1. 将餐巾对折，形成长方形，并将长方形对折，形成正方形。

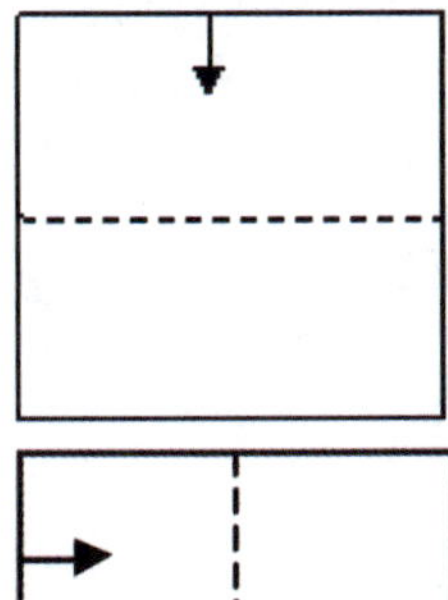

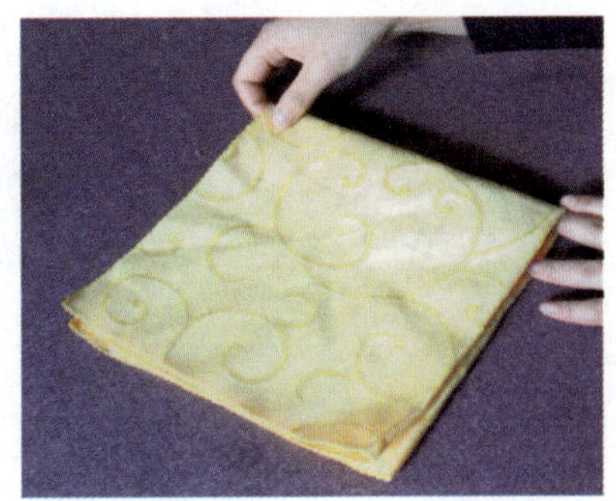

2. 将正方形的四片巾角端的两片巾角向上对折，翻过餐巾，再将另两片巾角向上对折。

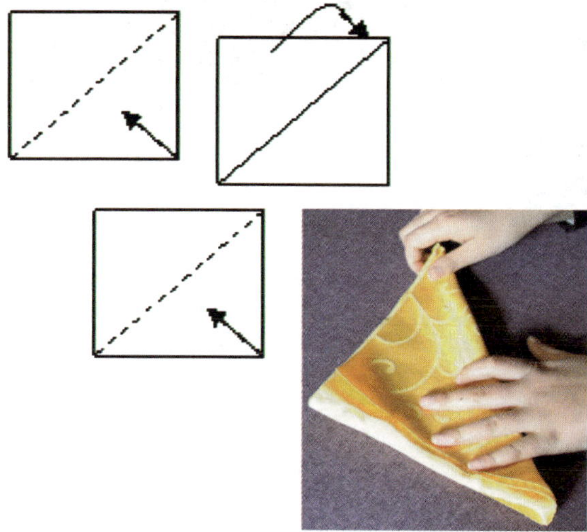

3. 从三角形长边的一端，以斜折裥方法进行推折。

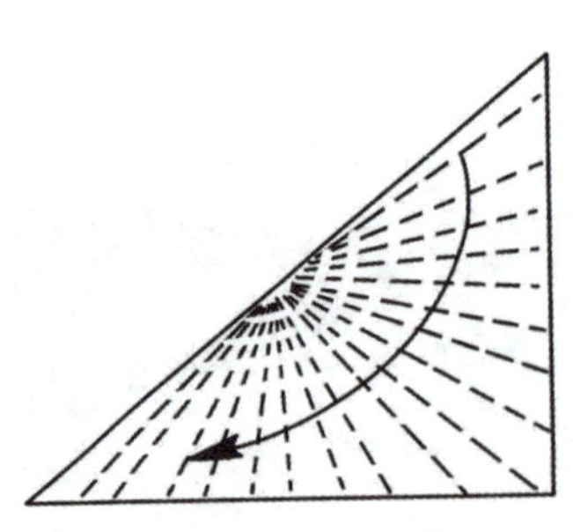

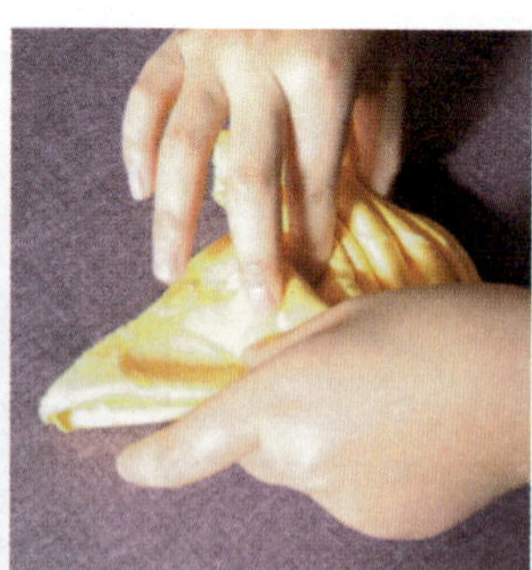

4. 握住餐巾底部，放入杯内，整理成型。

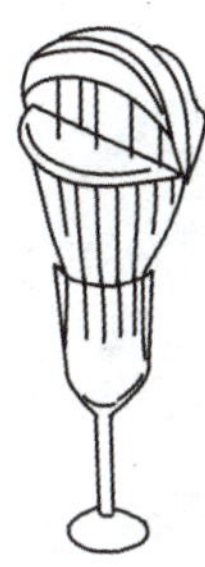

技能 18　双荷花折法图解

1. 将餐巾对折两次，折成正方形。

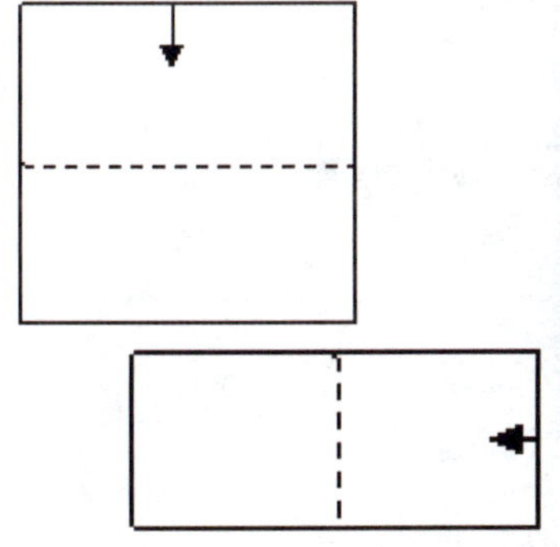

2. 将上两片巾角向上翻折，下两片巾角向后翻折，形成三角形。

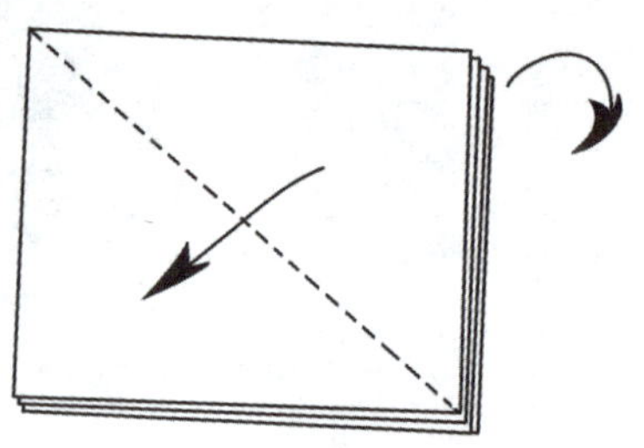

3. 从三角形的一端向另一端推折，形成折裥。

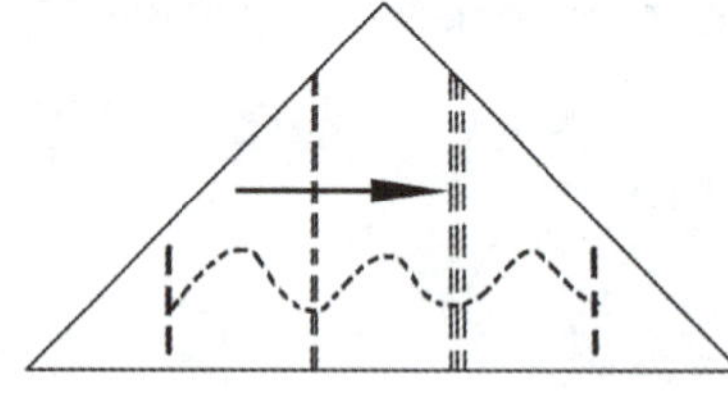

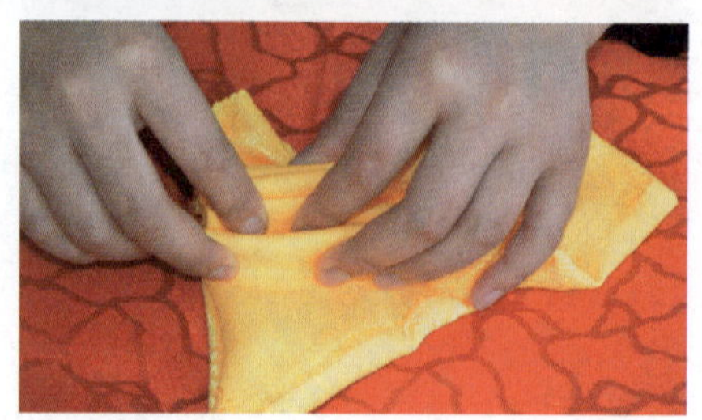

4. 将餐巾握在手中，将左右最外面的两层翻折成花瓣，放入杯内，整理成型。

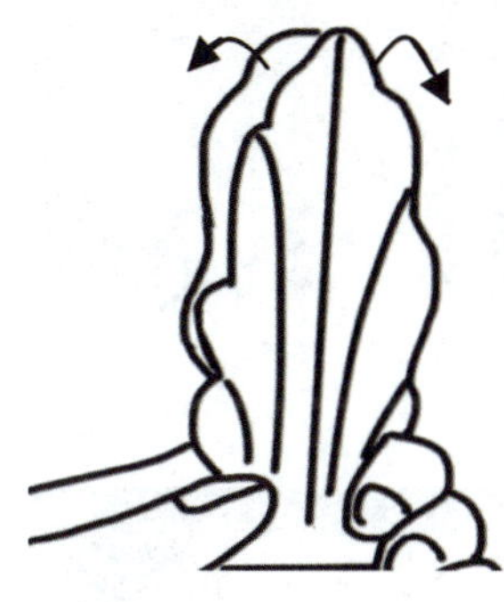

技能 19　卷芯花折法图解

1. 将餐巾围绕其中心点转动。

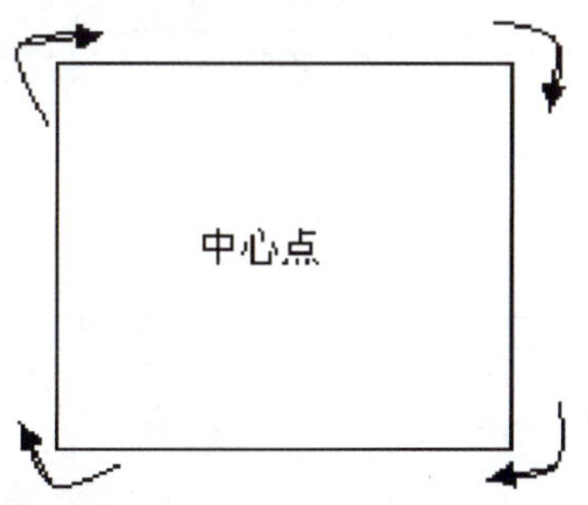

2. 将餐巾从中间提拉，并将餐巾卷紧。

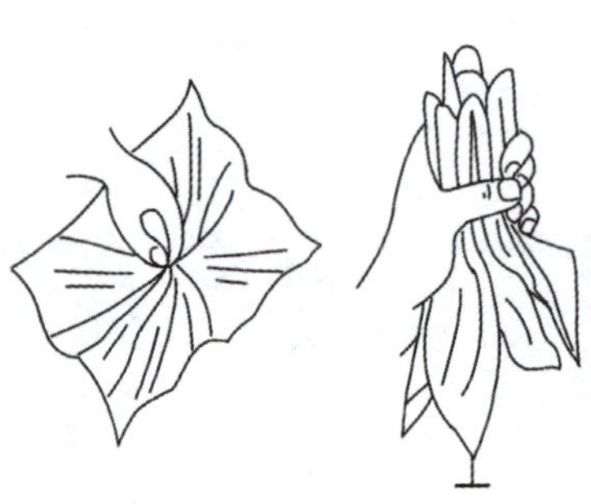

3. 向上翻折四个巾角，做成花叶。

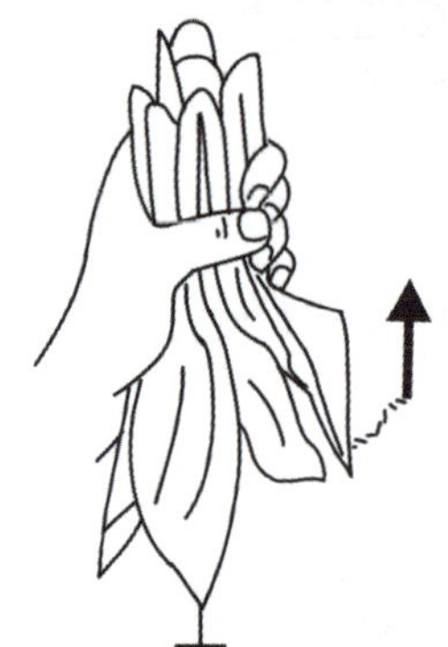

4. 将餐巾放入杯内，整理成型。

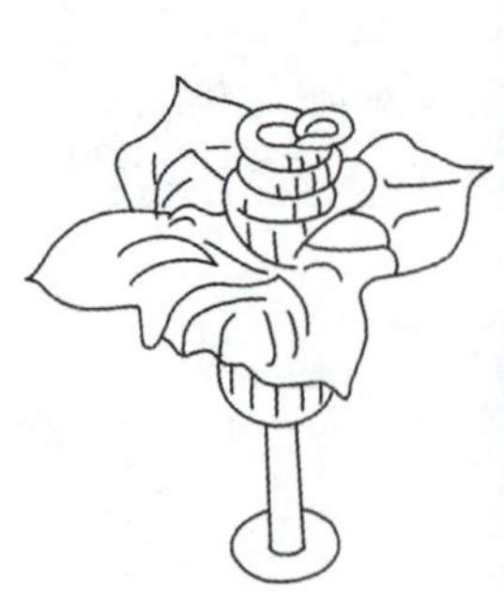

技能 20　花背鸟折法图解

1. 将餐巾摆成菱形，将下部的巾角先向上翻折，再向下翻折，另一对角先向下翻折，再向上翻折。

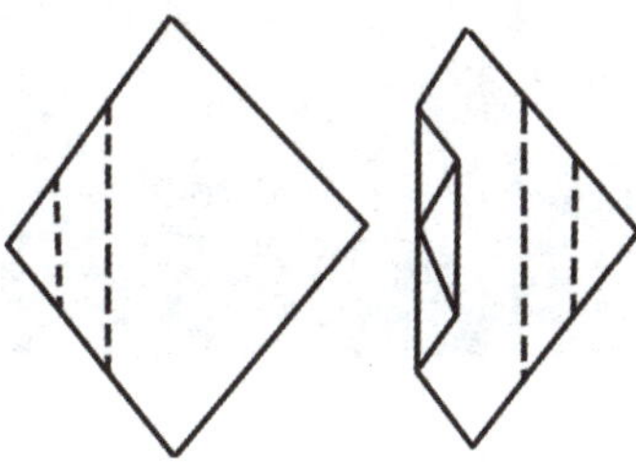
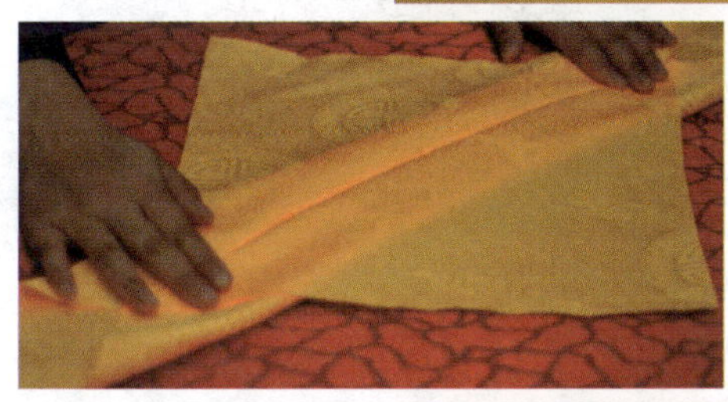

2. 将餐巾从中间向两端捏褶，折裥完成后，将餐巾向下对折。

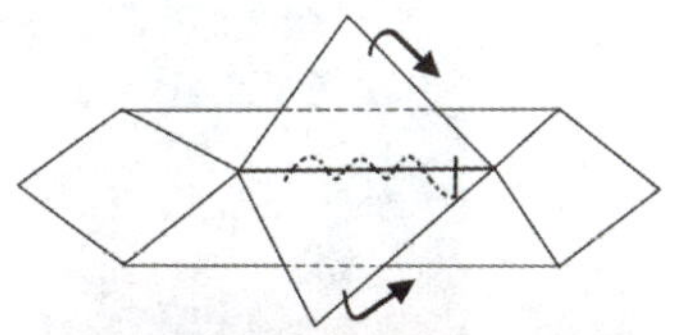

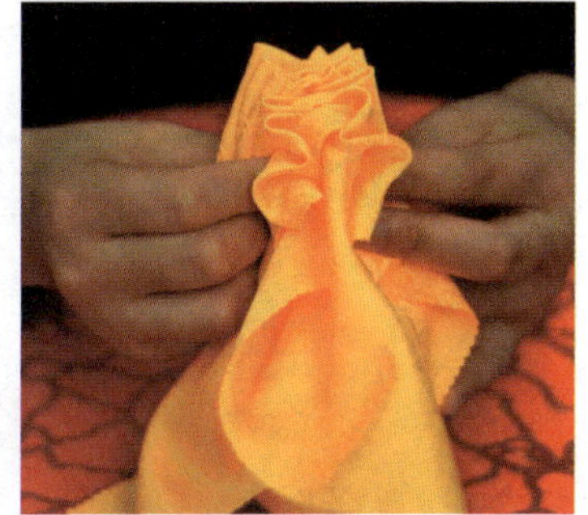

3. 将餐巾放入杯内，将四片巾角分别折成头部、尾部和翅膀。

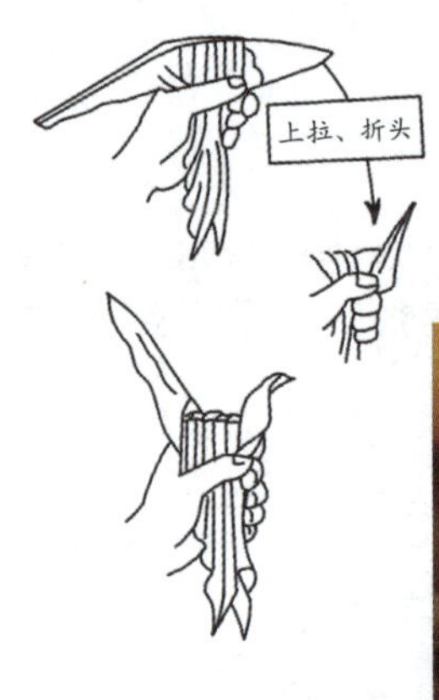

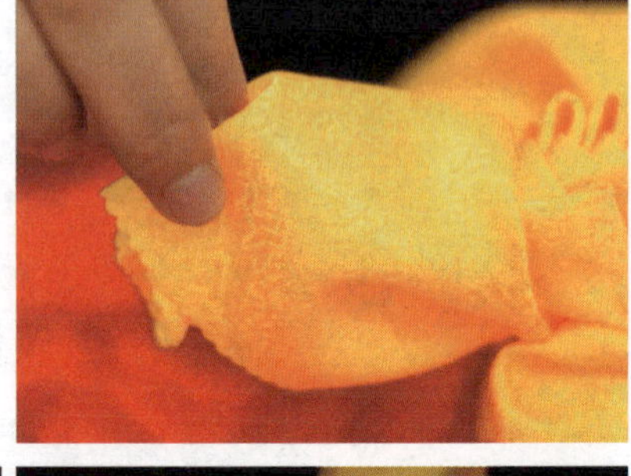

4. 整理成型。

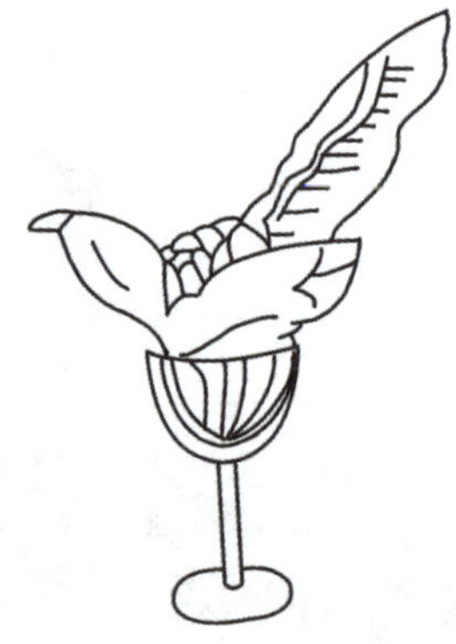

技能 21　翘尾鸟折法图解

1. 将餐巾菱形放置，沿对角线对折，形成三角形，并将三角形底边向上卷筒。

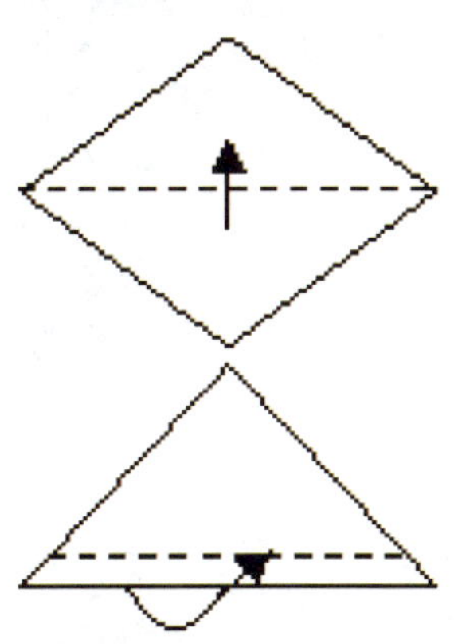

2. 卷筒时留下高为 10 厘米的三角形，并将三角形上面的一层巾边向下翻折。

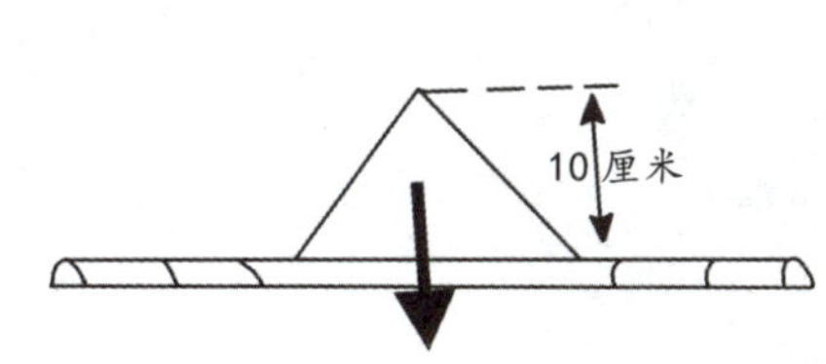

3. 将餐巾以 2 ∶ 5 的比例对折，并将短卷按照 W 形状折叠。

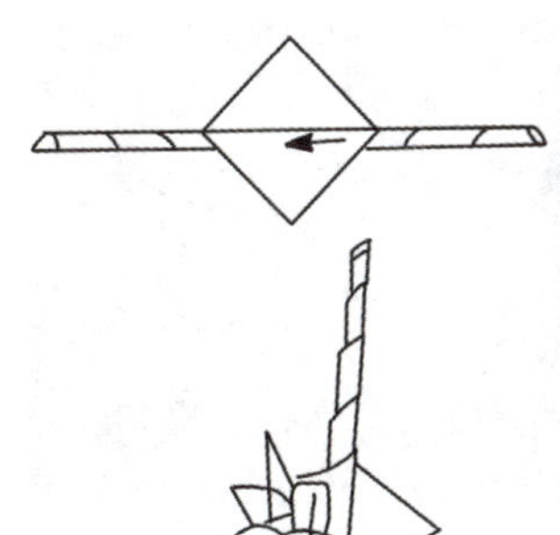

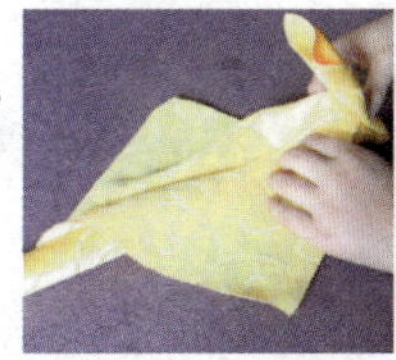

4. 将餐巾放入杯内，并将短卷顶端做头部，翻折两边的巾角做翅膀。

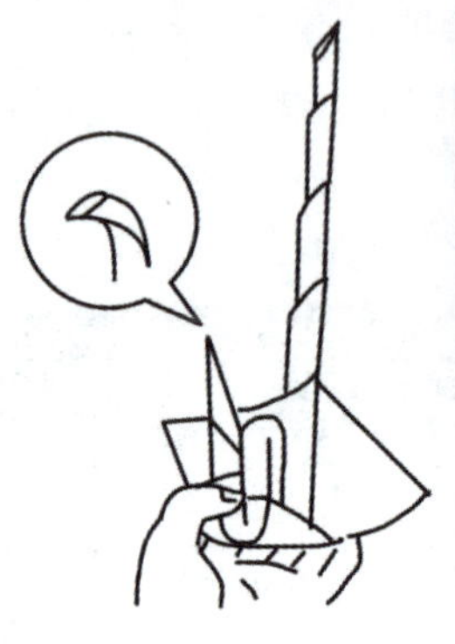
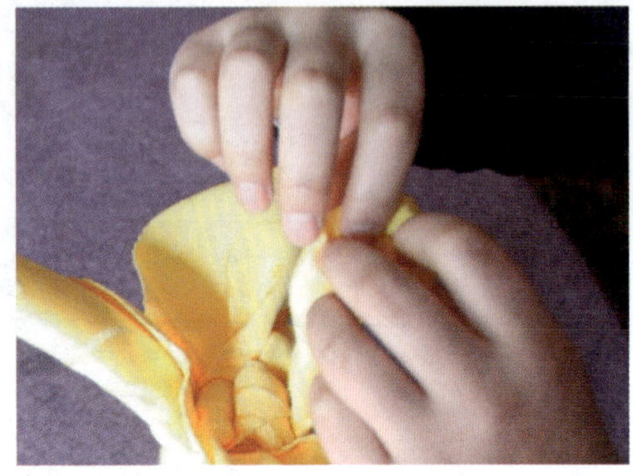

5. 整理成型。

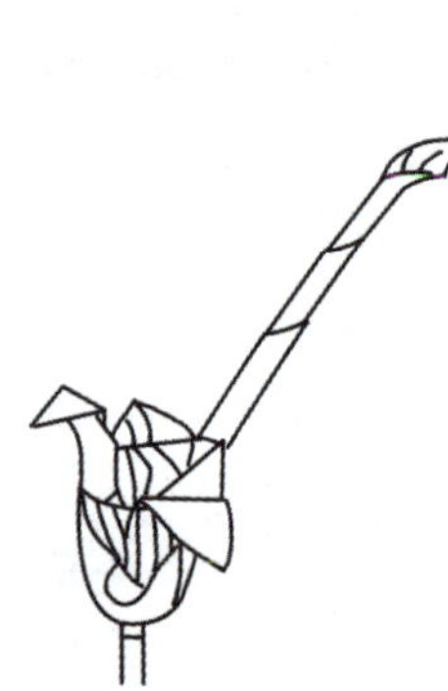

技能 22　迎宾花篮折法图解

1. 将餐巾菱形放置，对折成三角形。

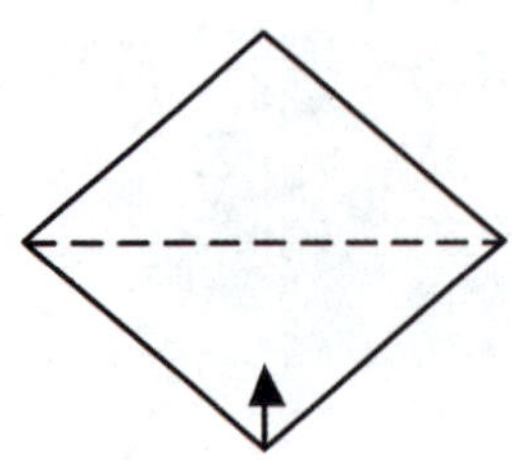
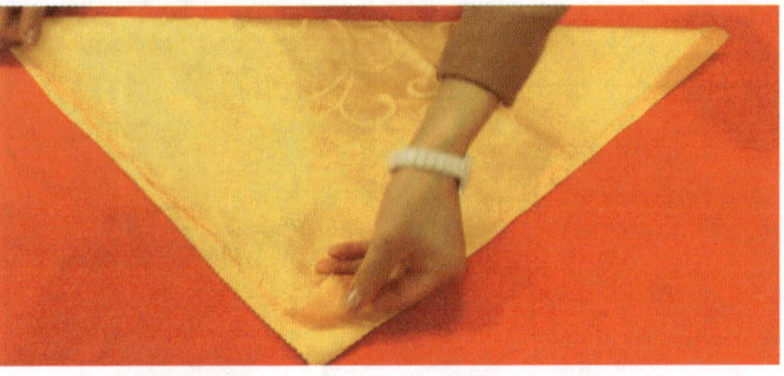

2. 从三角形底边向上卷筒，直至留下一个高约10 厘米的小三角，并将小三角上面一层向后回折。

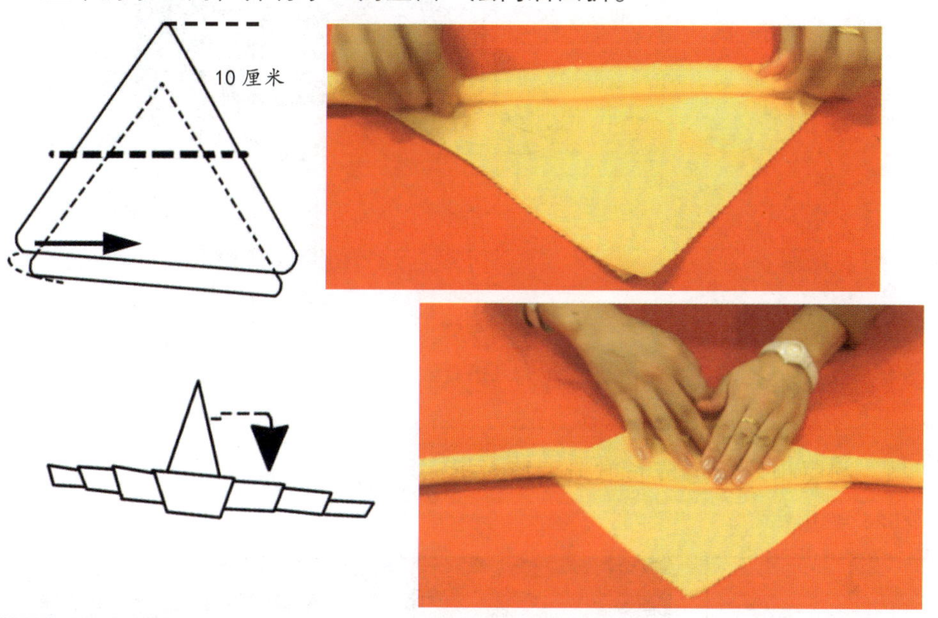

3. 从卷中间进行对折，使卷筒成 V 形，将餐巾花装入杯内，然后将卷筒的一端插入另一端。

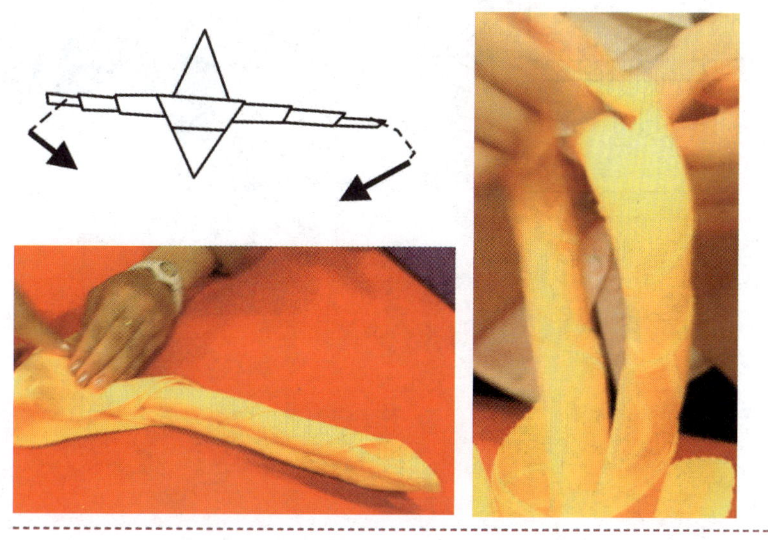

4. 整理花叶，成型。

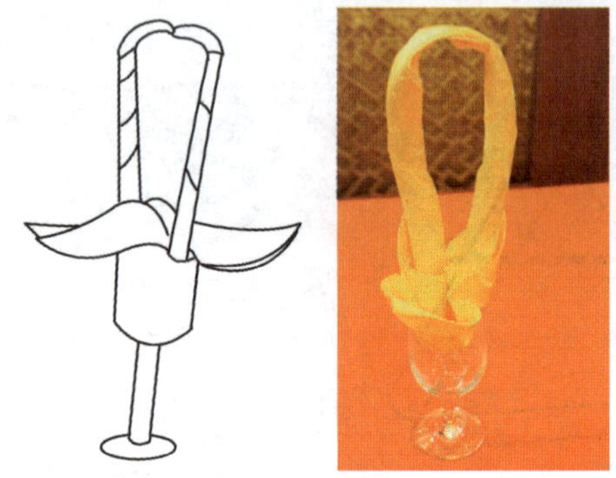

技能 23 松花结蒂折法图解

1. 将餐巾对折形成长方形，再对折一次，形成正方形。

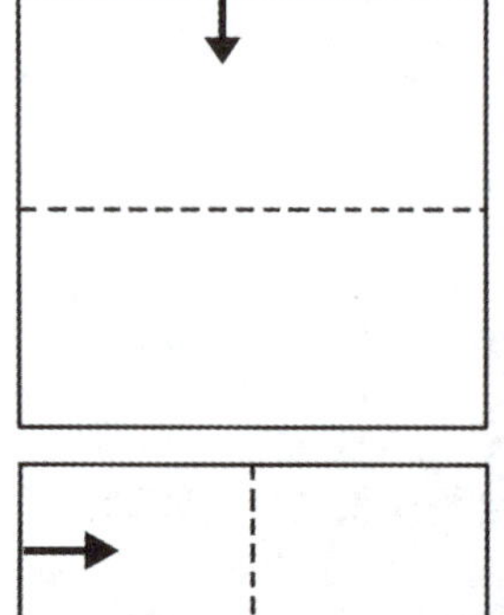

2. 将餐巾的四片巾角依次向上翻转，并留有 1 厘米左右的间距。

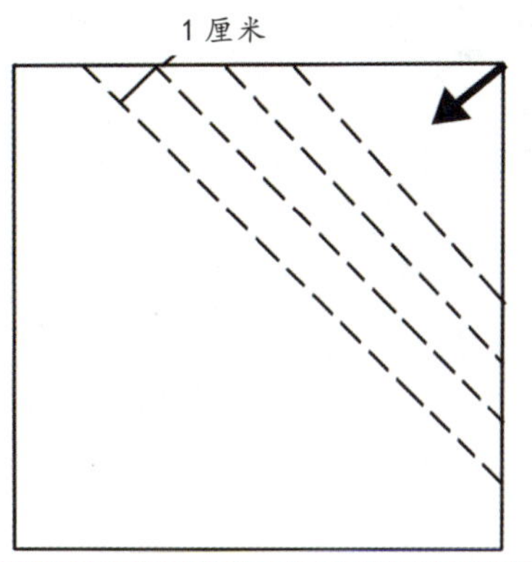

3. 从餐巾中间位置向两端捏褶。

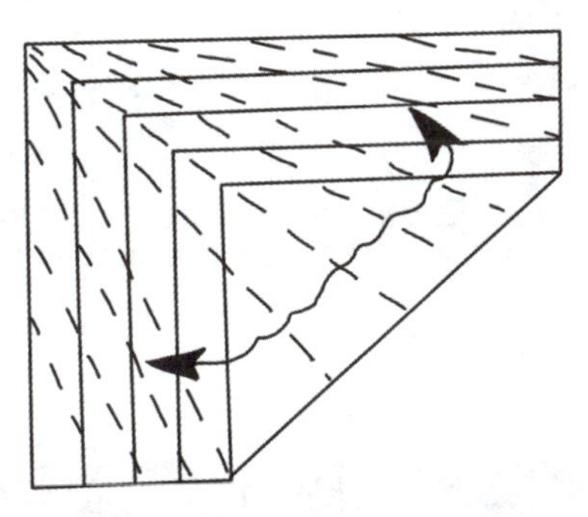

4. 将餐巾放入杯内，整理成型。

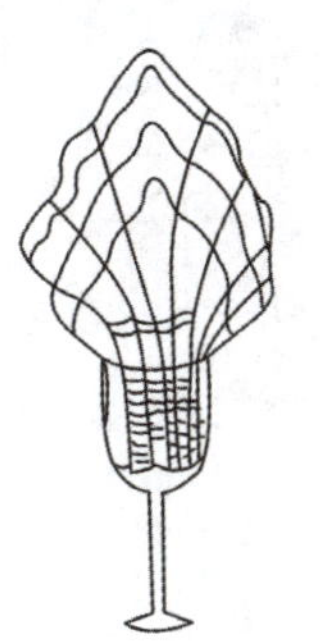

技能 24　四尾金鱼折法图解

1. 将餐巾错位对折两次，折叠成锯齿形状。

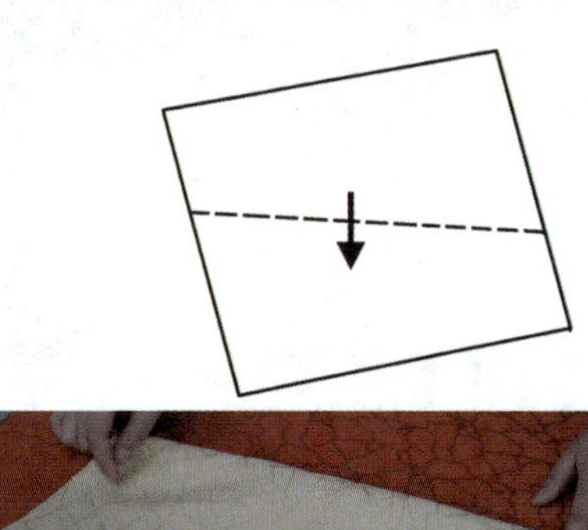

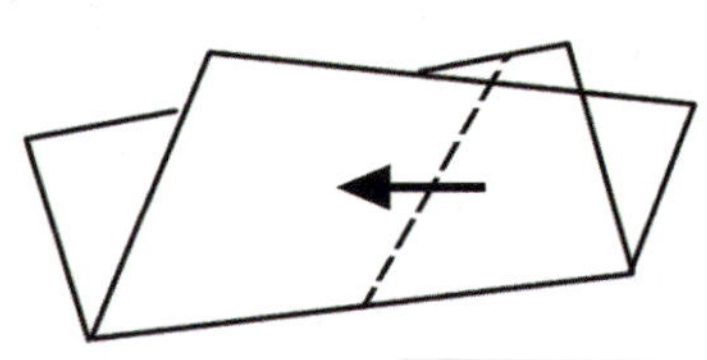

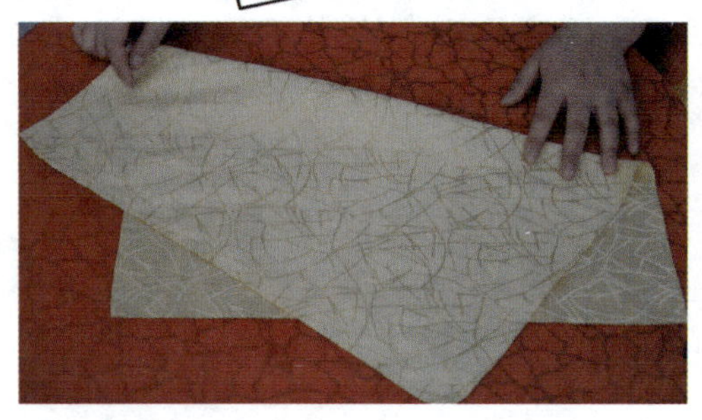

2. 将餐巾从中间向两端折裥。

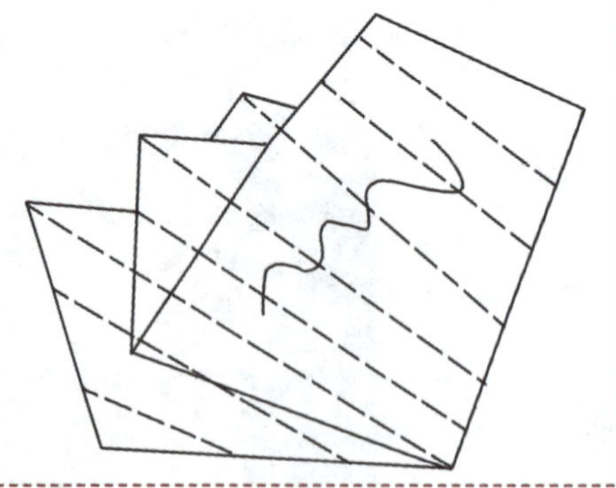

3. 将餐巾对折，四片巾角端作为尾部，另一端作为头部。

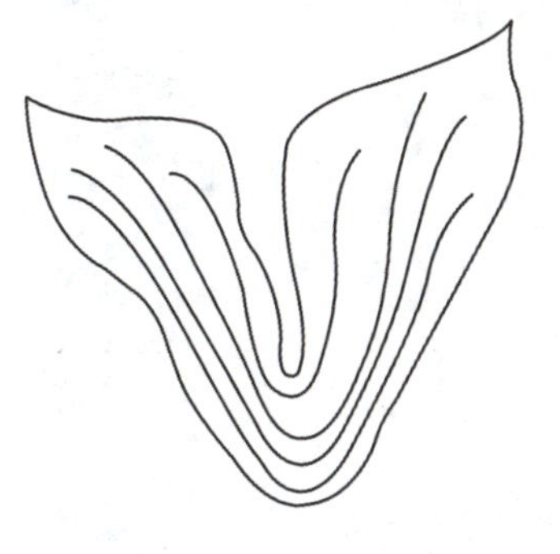

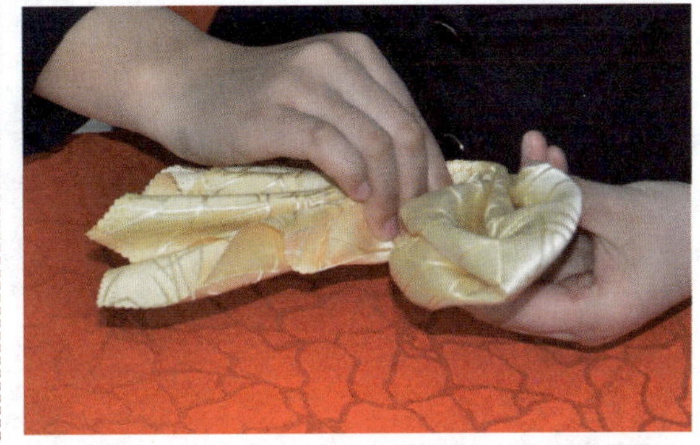

4. 将餐巾放入杯内，整理成型。

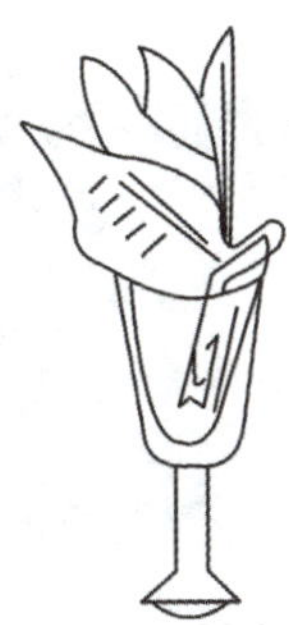

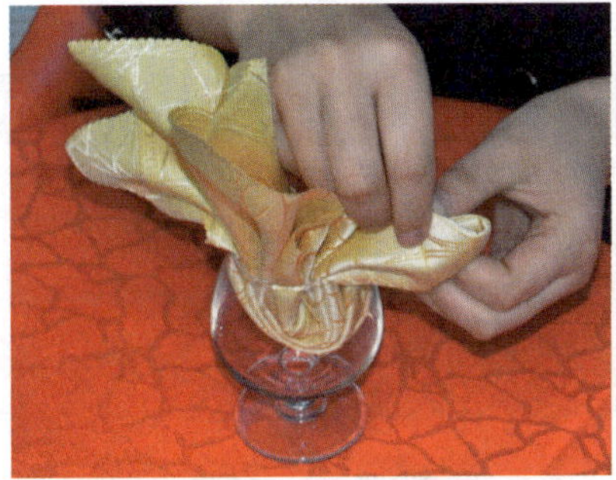

技能 25　卷蝴蝶折法图解

1. 将餐巾两条对边向中心线对折。

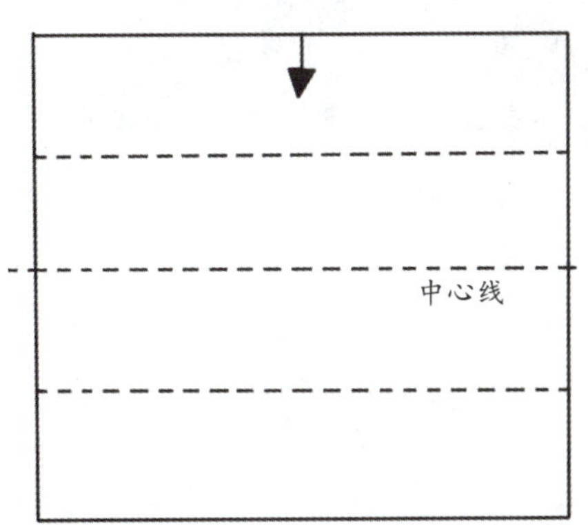

2. 将餐巾的四个巾角分别向外翻折。

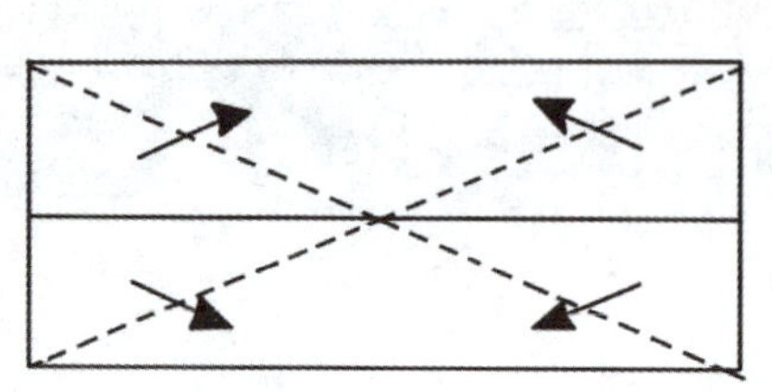

3. 从餐巾一端向中心处卷筒，并在中心处翻折打褶。

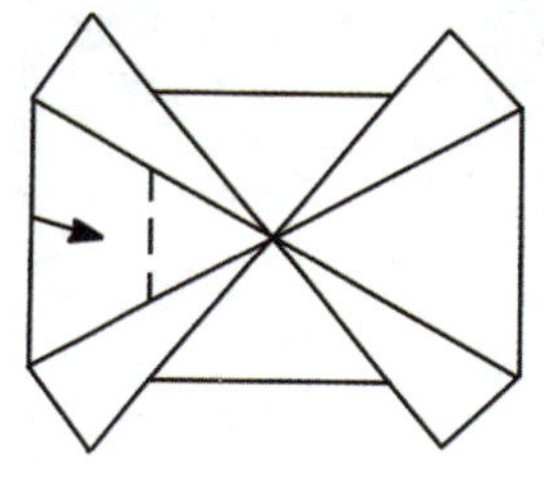

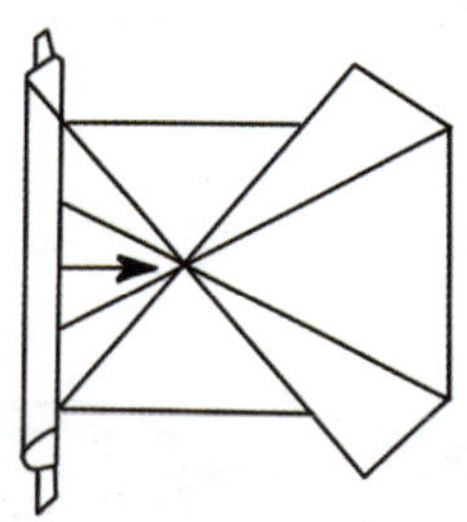
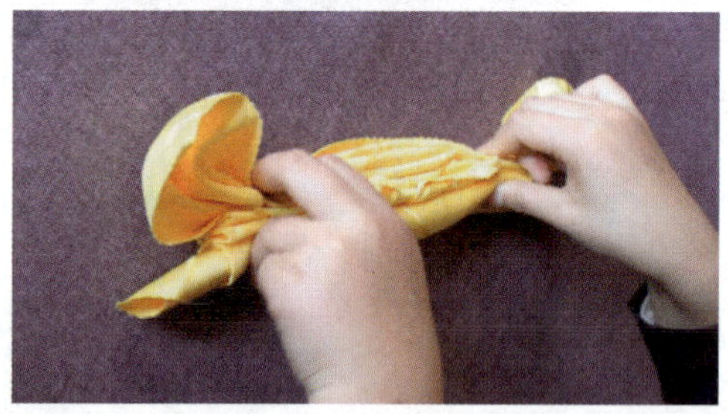

4. 对折餐巾，放入杯中，整理成型。

技能 26　彩蝶纷飞折法图解

1. 将餐巾对折两次，形成正方形，并将上面两层巾角向上错位翻折，翻过餐巾，将剩下的两层巾角做类似翻折。

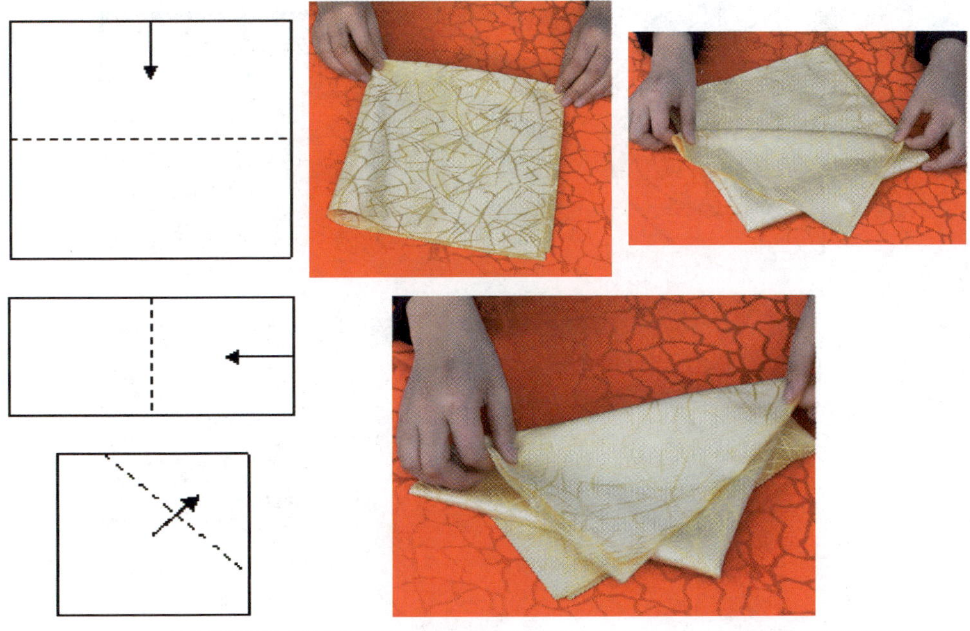

2. 从餐巾一端向另一端推折。

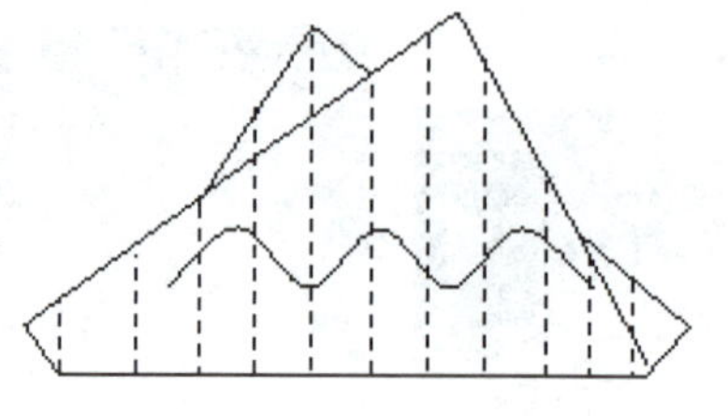

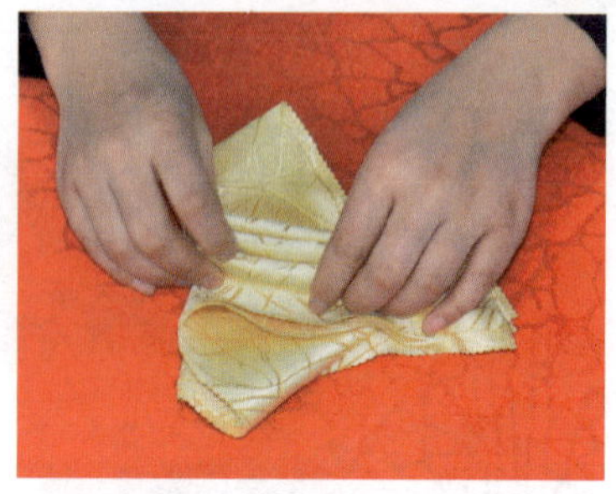

3. 将筷子穿过餐巾折裥。

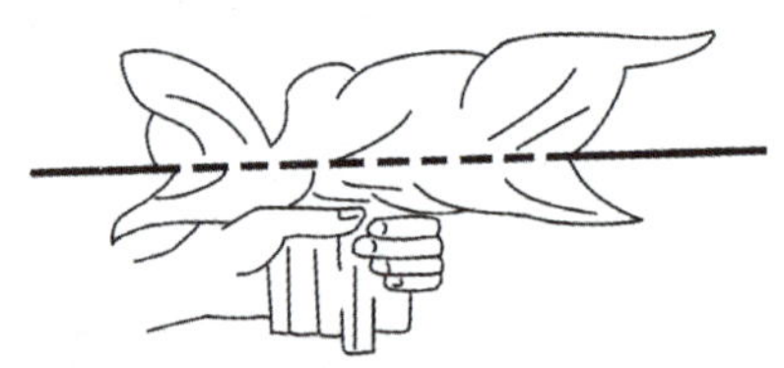

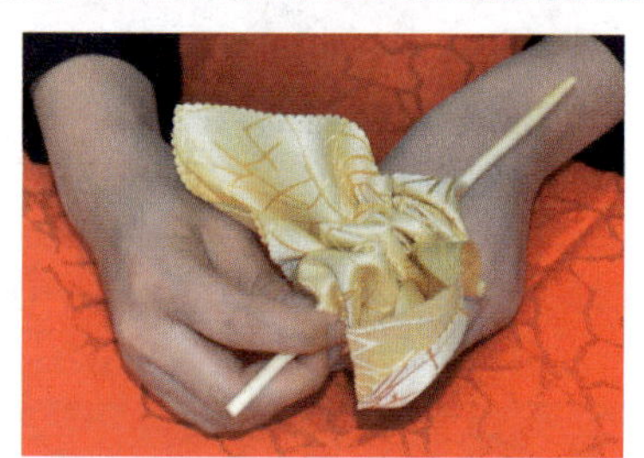

4. 将餐巾放入杯中，翻拉餐巾形成蝴蝶翅膀，抽出筷子，整理成型。

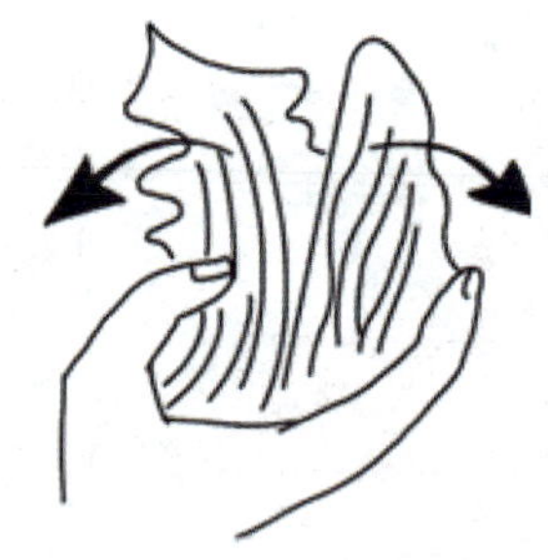

技能 27　月季花折法图解

1. 将餐巾对折，并略微错开一角，成错位的长方形。

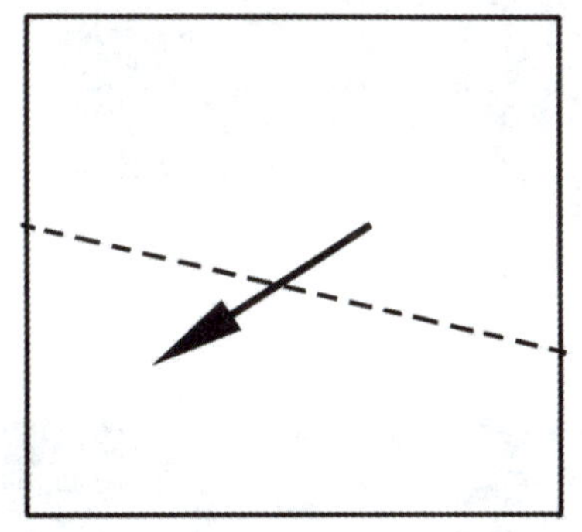

2. 再将餐巾对折，成错位正方形。

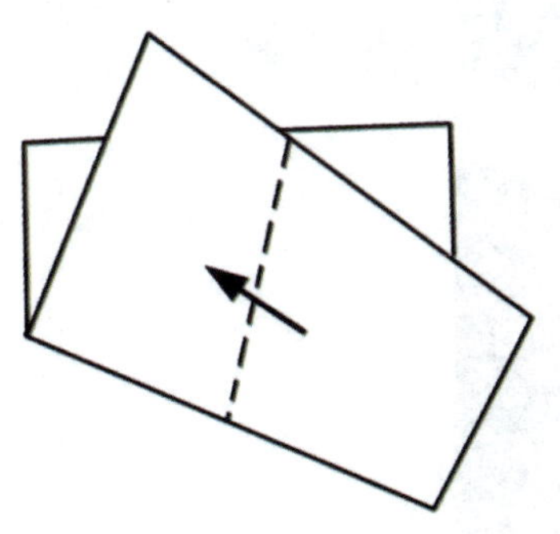

3. 从顶角处推折折裥。

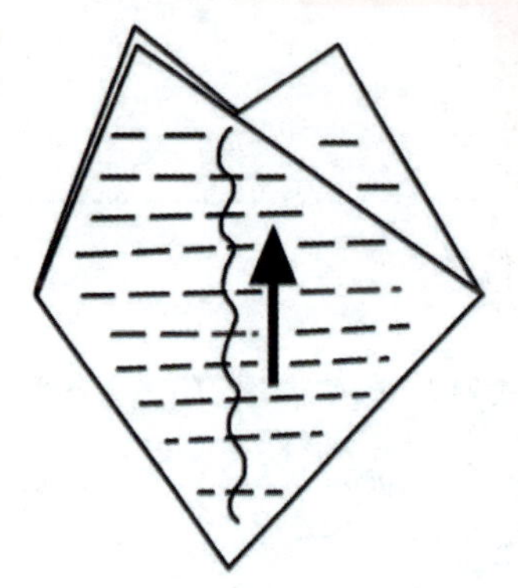

4. 将花瓣依次掰出，并整理成型。

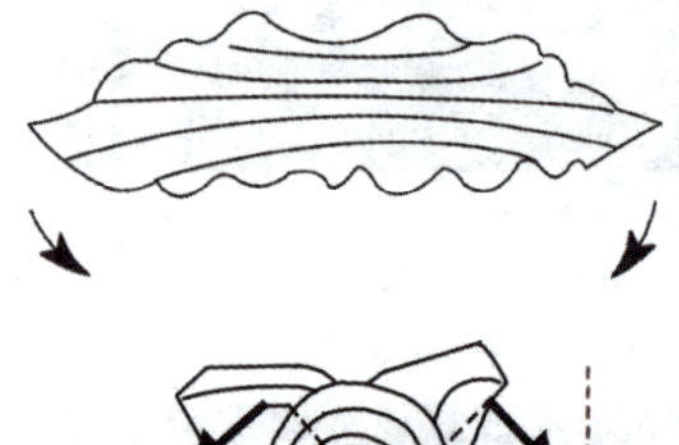

技能 28　孔雀开屏折法图解

1. 把餐巾菱形放置，将餐巾一个巾角向对角方向翻折，使对角处留下高为 10 厘米的三角，向下翻折巾角，然后再次将巾角向上翻折，与第一层间距 1.5 厘米，再向下翻折，最后将巾角向上翻折。

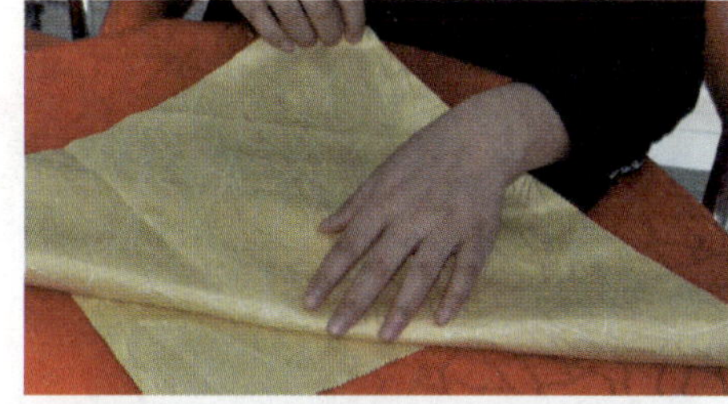

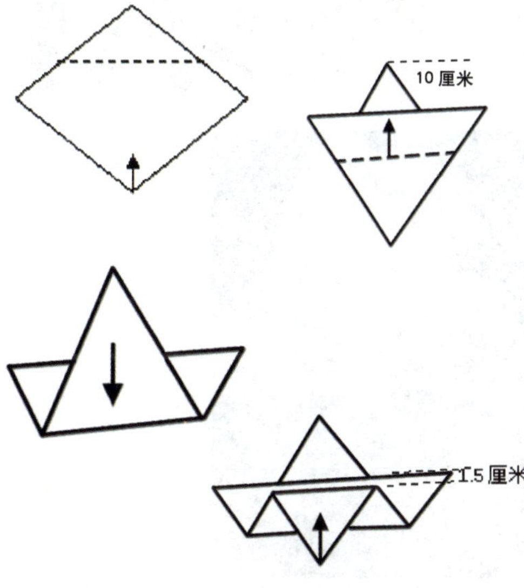

2. 将餐巾从中间向两端捏褶。

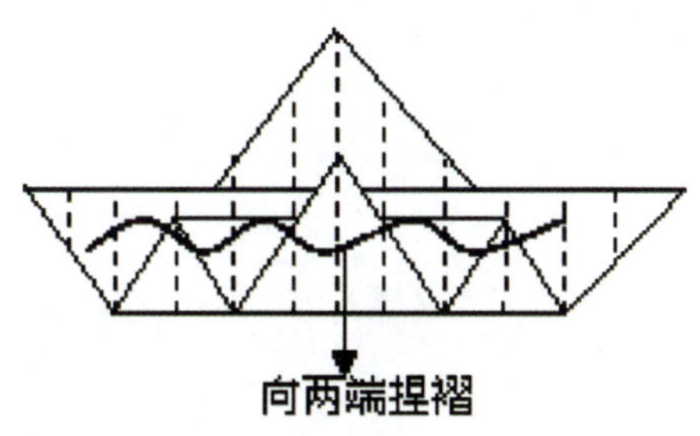

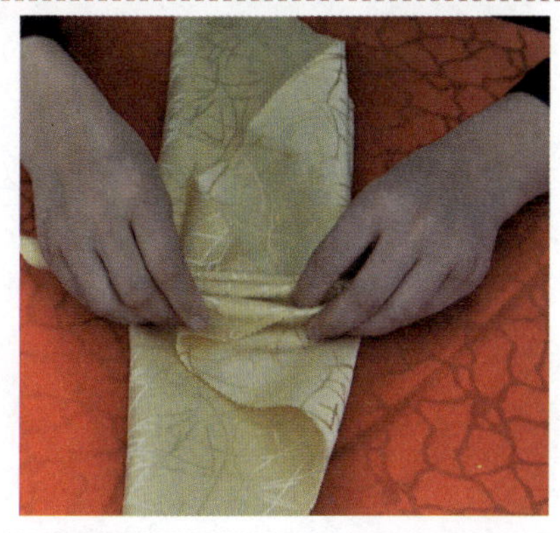

3. 将餐巾放入杯内，并将最前方的巾角捏成头部。

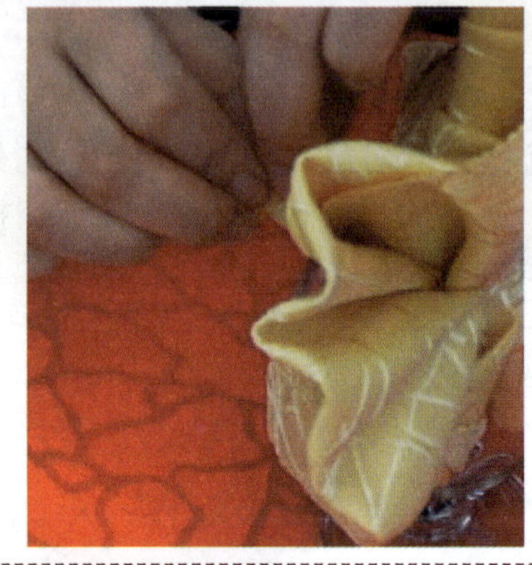

4. 整理成型。

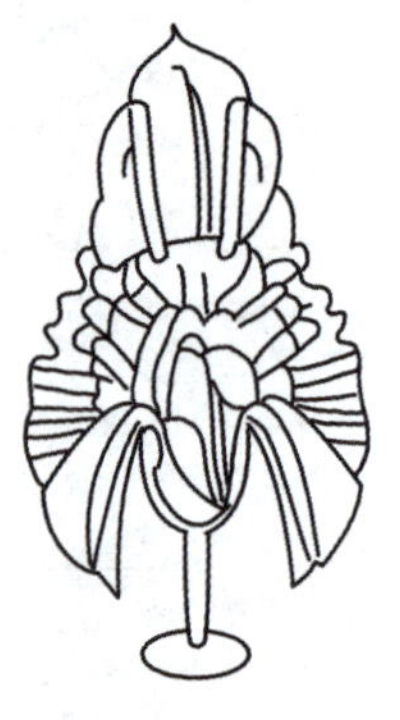

技能 29　圣诞火鸡折法图解

1. 将餐巾对折形成长方形，再将餐巾对折成正方形。

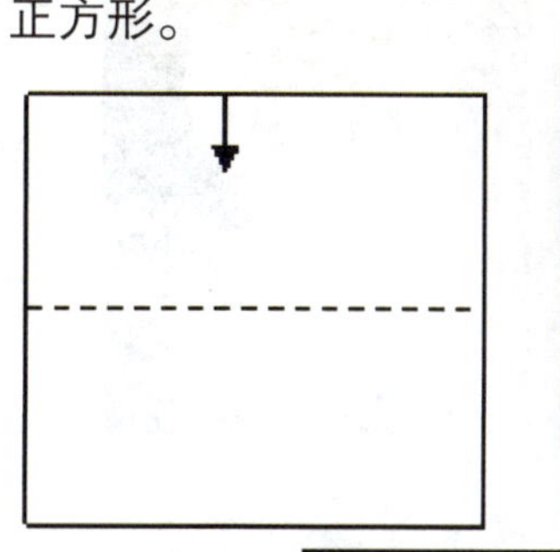

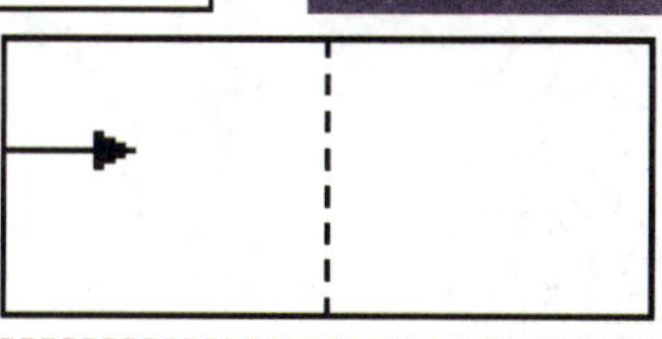

2. 将餐巾四片巾角中的三片依次翻转，留有 3 厘米的间隔，并将餐巾从中间向两端捏褶。

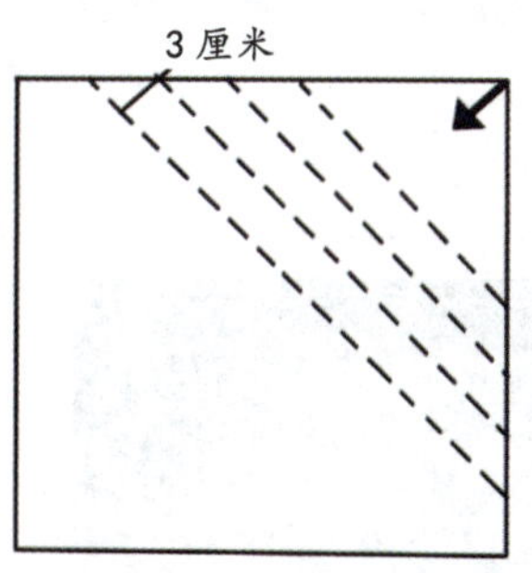

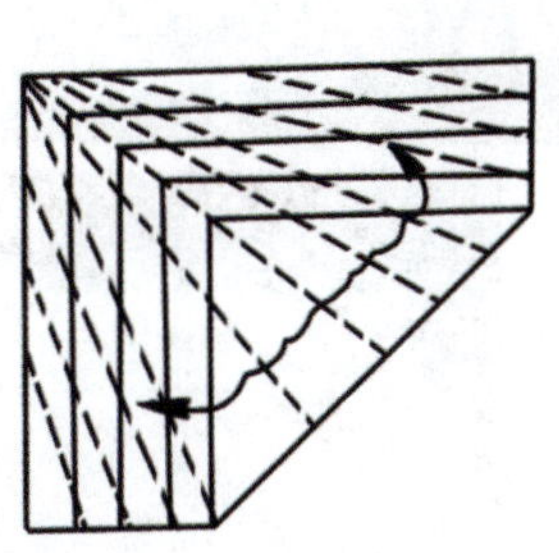

3. 将剩下的一片巾角向上翻拉，并捏出头部。

4. 将餐巾放入杯内，整理成型。

技能 30　雨后春笋折法图解

1. 将餐巾对折形成长方形，再将长方形餐巾对折成正方形。

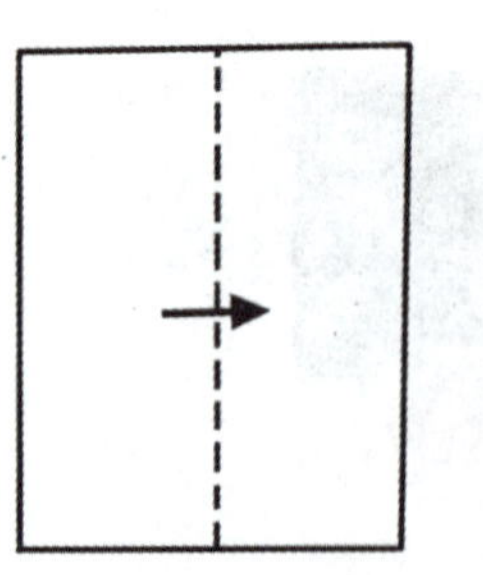

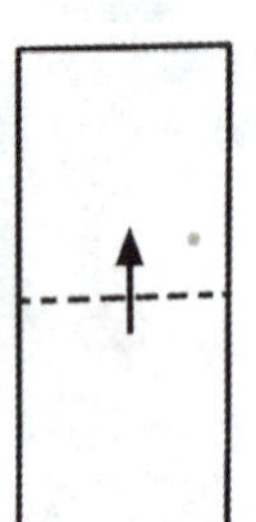

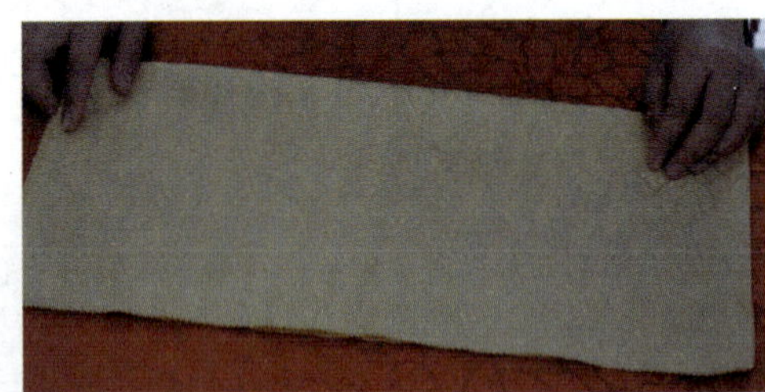

2. 将餐巾的第一片巾角向上对折，将剩下的三片依次对折，留存2厘米的巾角边距。

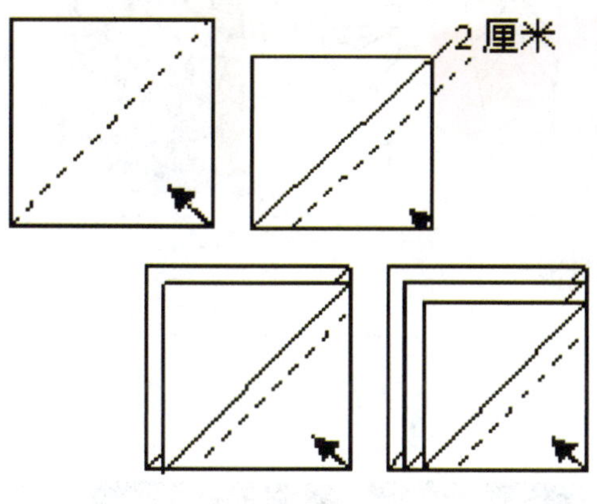

3. 将餐巾翻过来，将一底边顶角向另一边顶角卷筒，并将餐巾一端插入另一端。

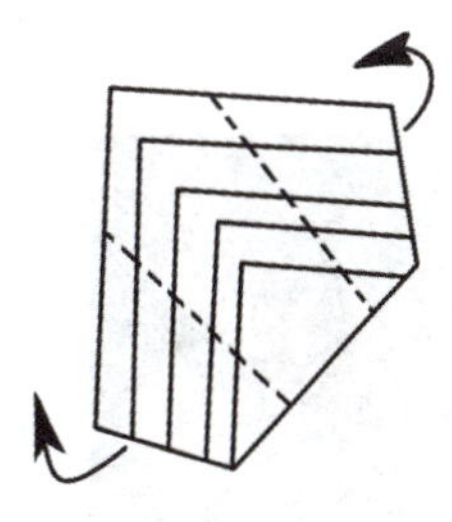

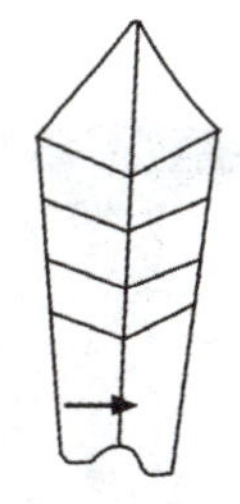

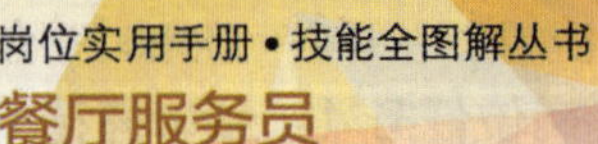

4. 翻过餐巾，将餐巾放入杯中，整理成型。

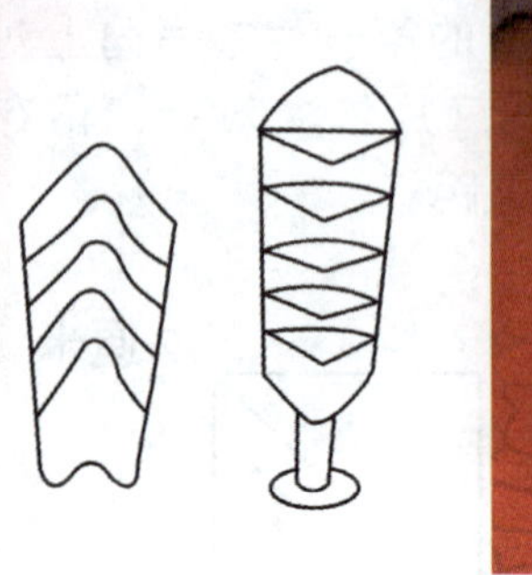

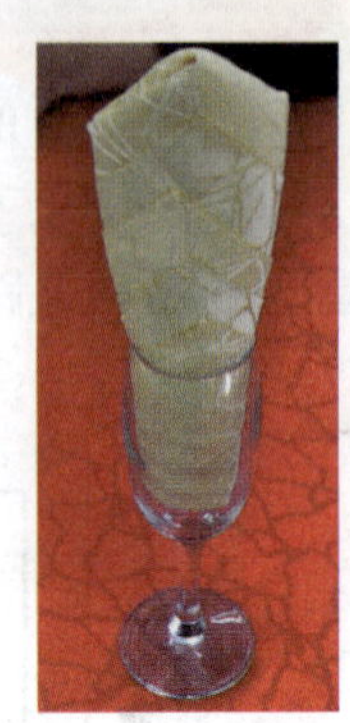

技能 31　水上睡莲折法图解

1. 将餐巾的两个对角向中间对折。

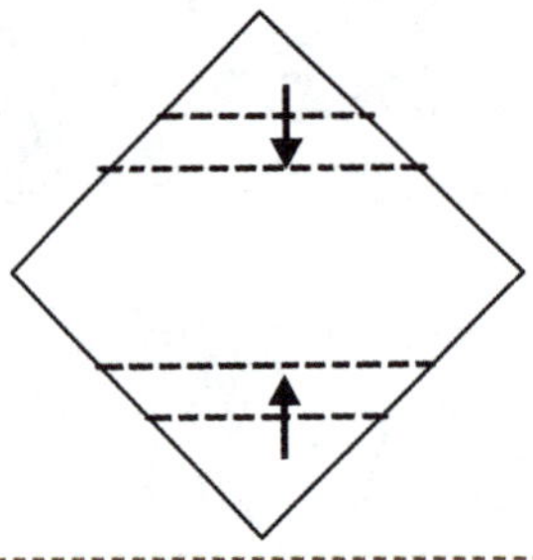

2. 从中间向两边均匀捏褶。

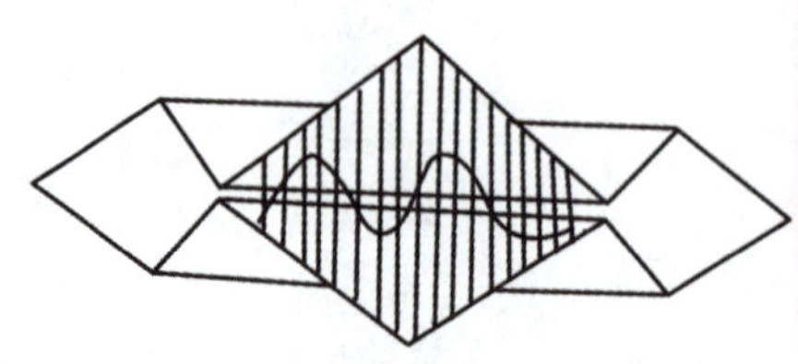

3. 将折裥两端向下弯折。

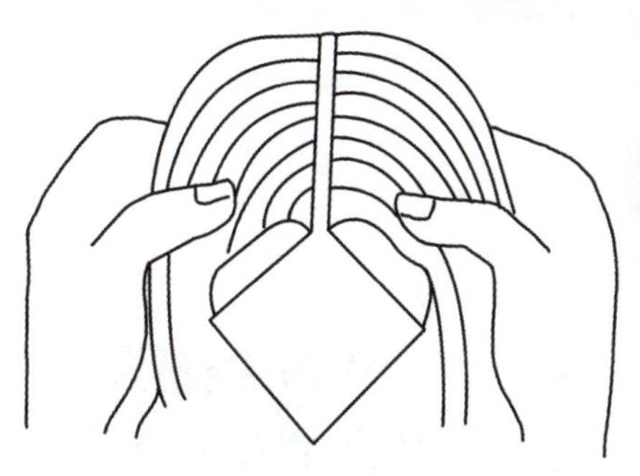

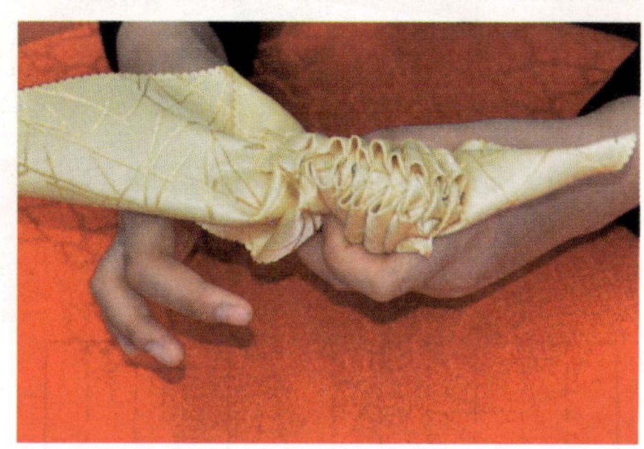

4. 攥住餐巾，将餐巾的四个巾角向上翻折，并将餐巾放入杯中，整理成型。

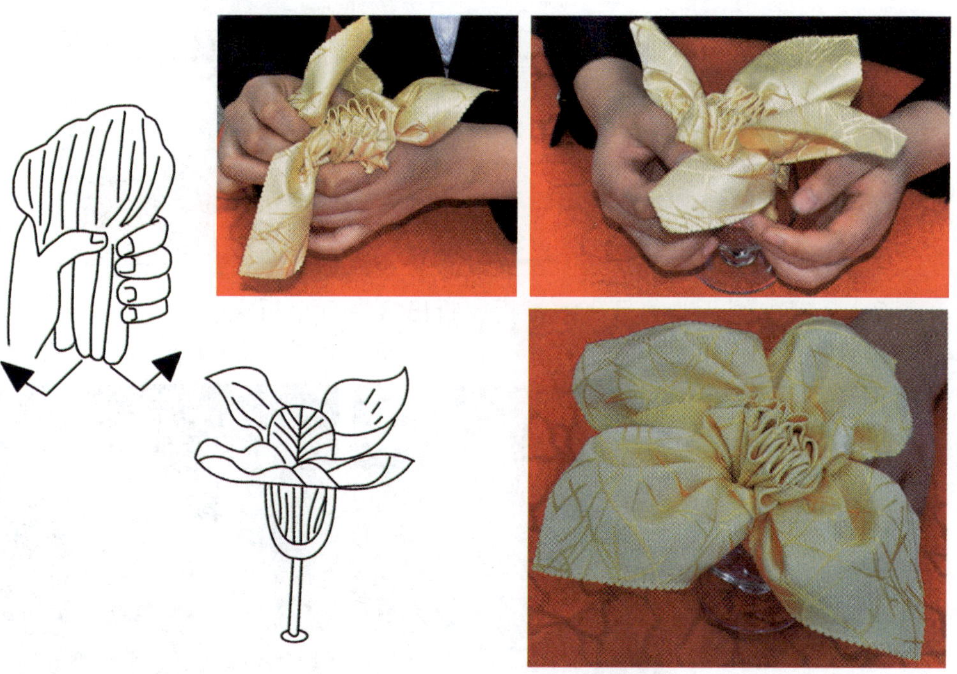

技能 32　三尾金鱼折法图解

1. 将餐巾两边先沿 1/6 线向中间对折，再将对折后的两边 1/3 线向中间对折。

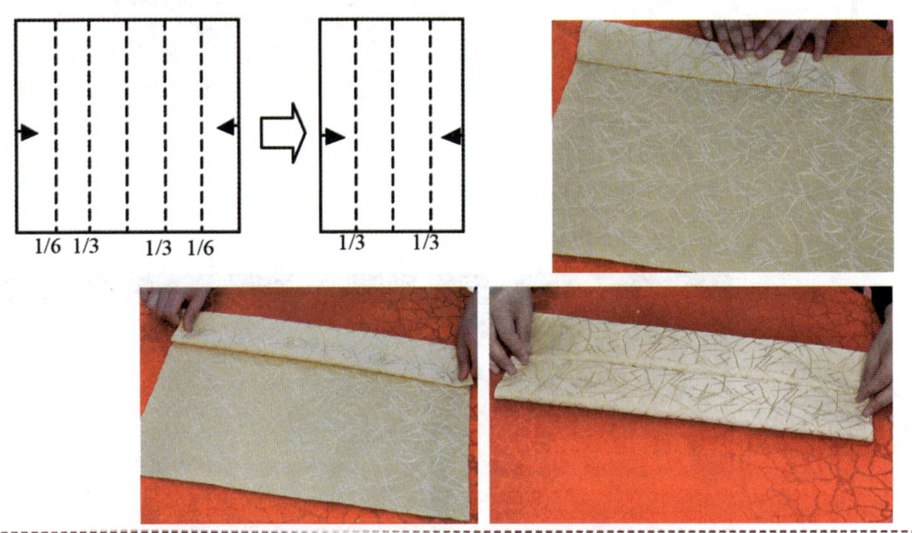

2. 从餐巾的一端向另一端推折，折出 8 ~ 9 个折裥，另一端剩一小部分作为金鱼尾巴。

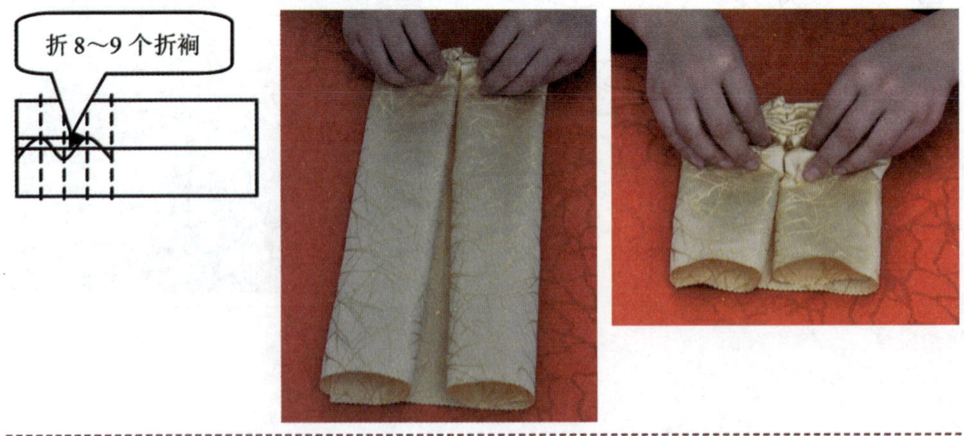

3. 将餐巾向下对折，并将夹层外翻制作金鱼的眼睛。

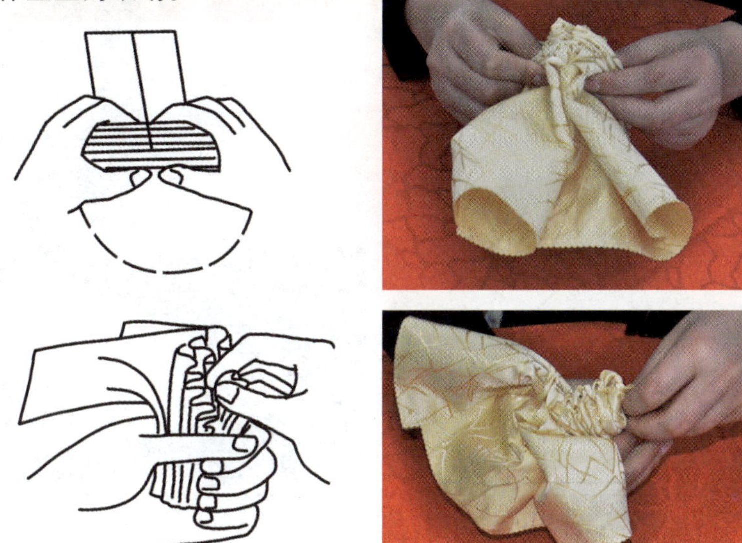

4. 将餐巾放入杯内，整理成型。

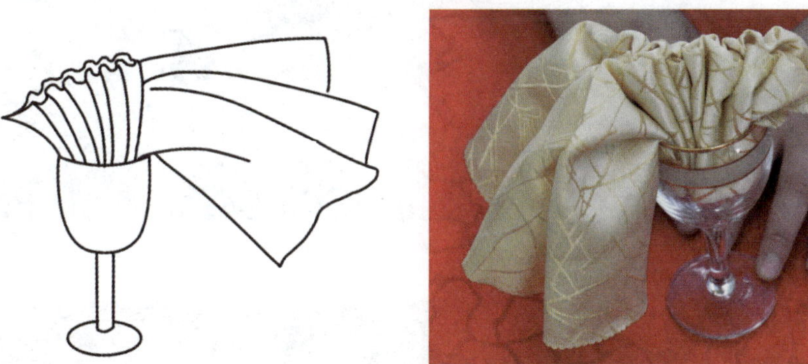

技能 33　马蹄莲花折法图解

1. 将餐巾菱形放置，对折成三角形，并将三角形再次对折，形成更小的三角形。

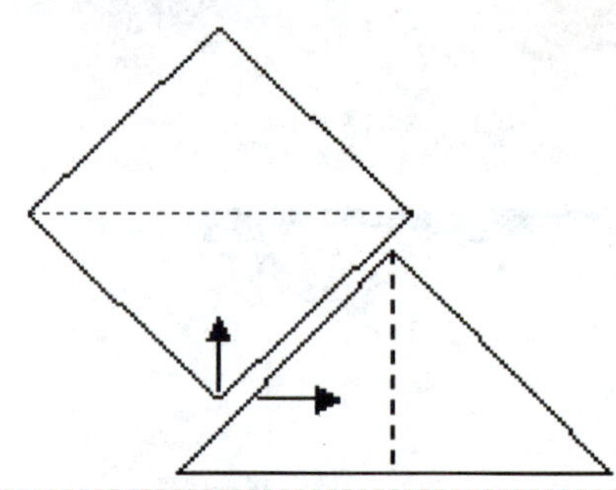

2. 从餐巾一角向上卷筒，然后向一端均匀推折。

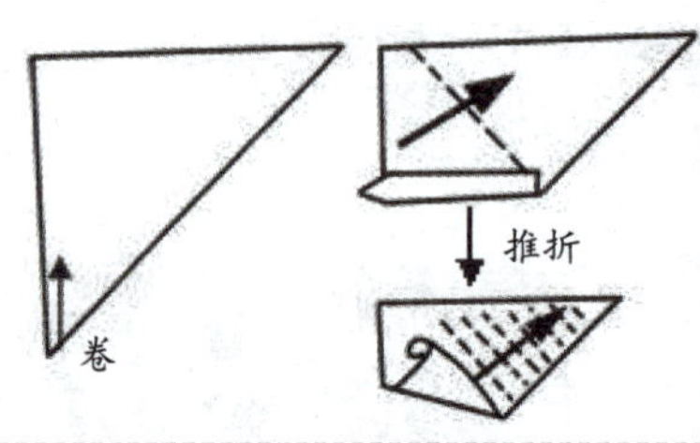

3. 将折裥围绕卷筒向下弯折。

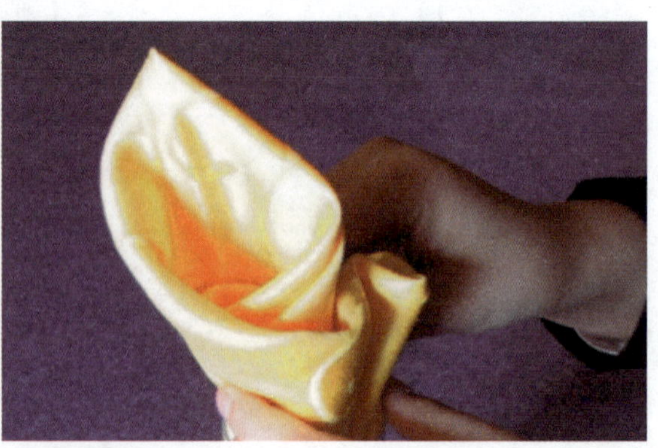

4. 将餐巾放入杯内，整理成型。

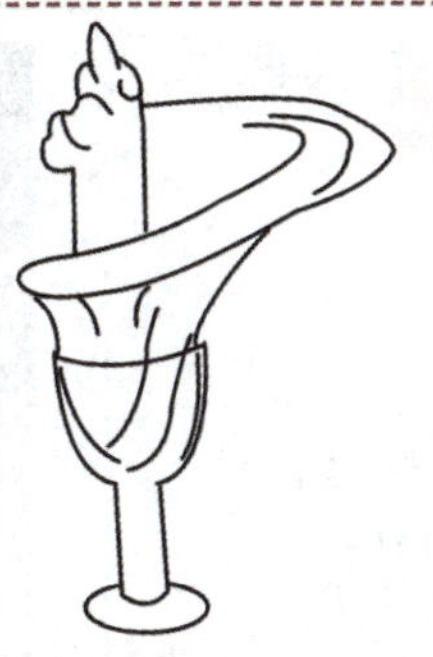

技能 34　鸳鸯戏水折法图解

1. 将餐巾菱形放置，并错位对折，形成错位三角形。再沿三角形底边推折，折出 10 ~ 11 个折裥。

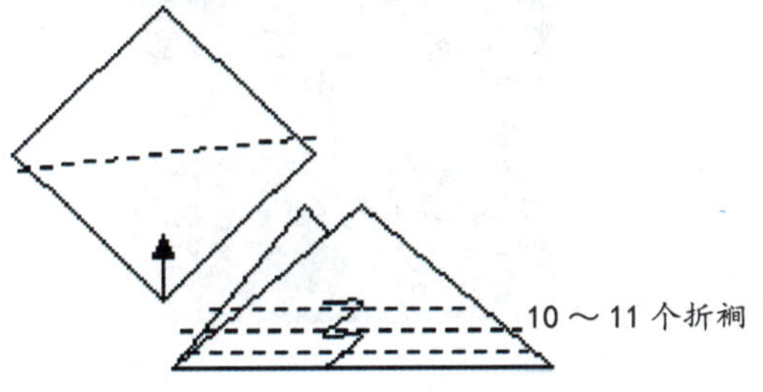

2. 从餐巾折裥中部将餐巾折成 W 形，并将两端作为尾部。

3. 将餐巾放入杯中，并将两片巾角捏成头部。

4. 整理成型。

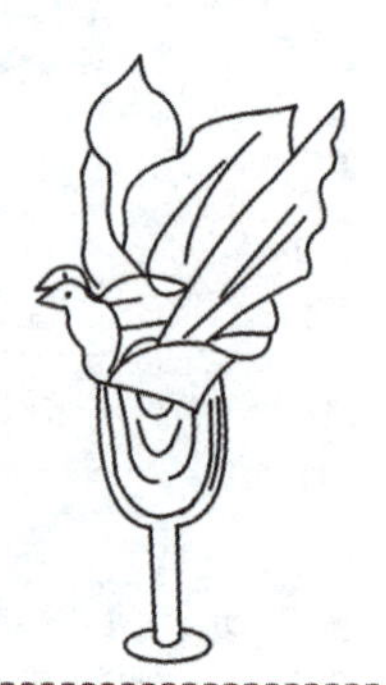

技能 35　大鹏展翅折法图解

1. 将餐巾对折成长方形，并将长方形长边的两个邻角异面对折，形成三角形，然后将三角形撑开，形成菱形。

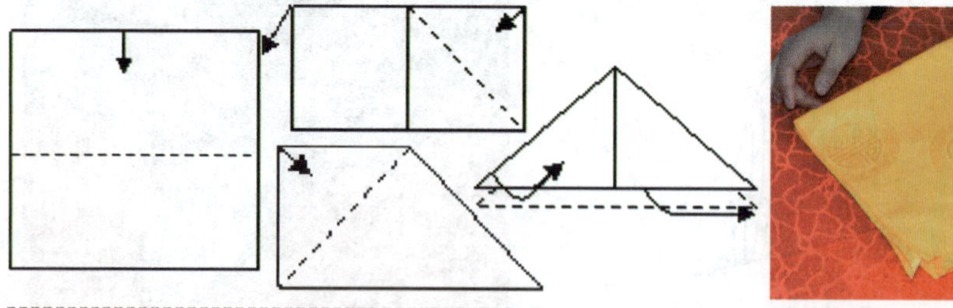

2. 将菱形的表层和夹层内两角沿菱形对角线向上翻折，然后再将另一面的巾角向上翻折。

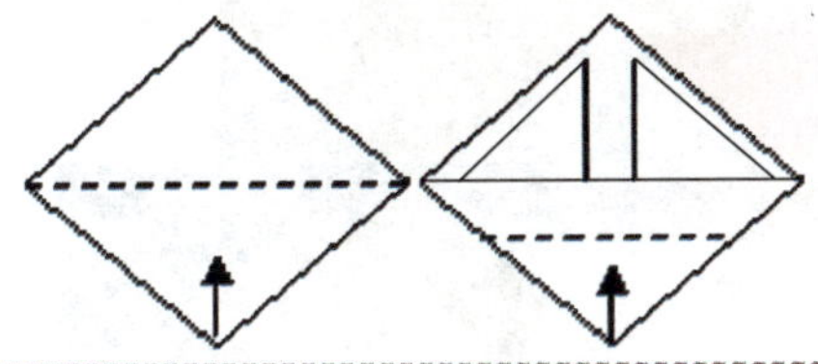

3. 从中间向两端打折裥。

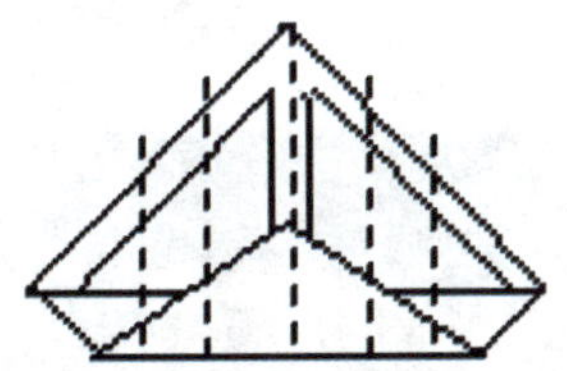

4. 将餐巾放入杯中，翻折整理餐巾巾角做大鹏的头、翅膀和尾巴。

5. 整理成型。

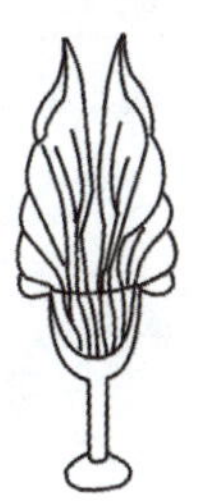

技能 36 彩凤翼美折法图解

1. 将餐巾错位对折两次，形成四片锯齿形状。

2. 将餐巾底角向上翻折，并由餐巾中间向两端推折。

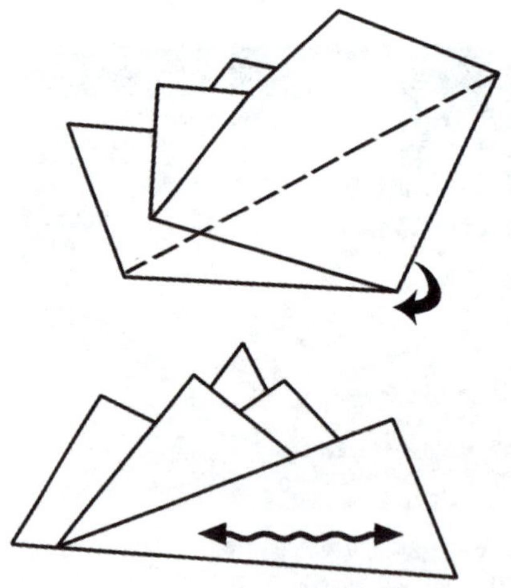

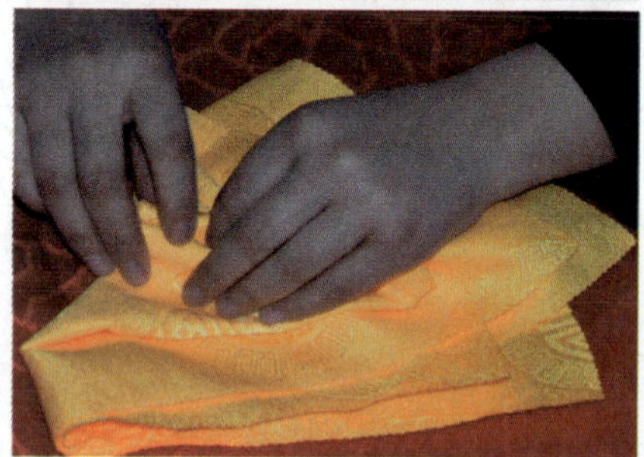

3. 将餐巾放入杯中，并将多层巾角捏成头部，整理成型。

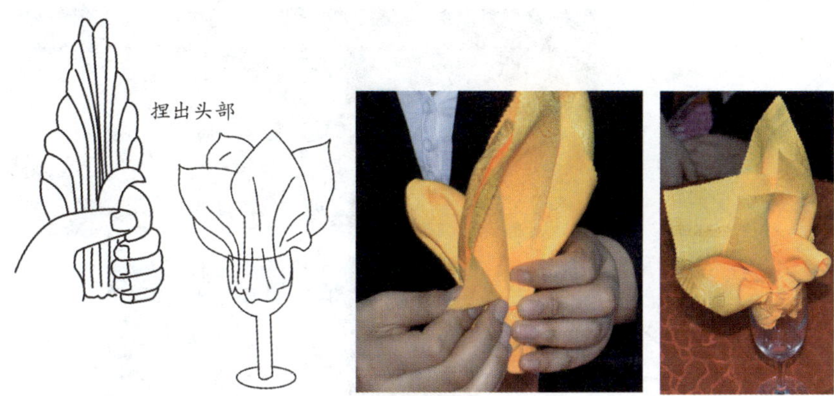

技能 37　长尾欢鸟折法图解

1. 将餐巾菱形放置，对折成三角形。分别将三角形两底角向顶角方向向内处对折，形成较小的菱形。

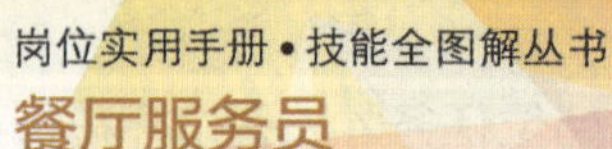

2. 将菱形的表面巾角和地面巾角向顶角处翻折，并将餐巾从中间向两端推折，折 7 ~ 8 个折裥。

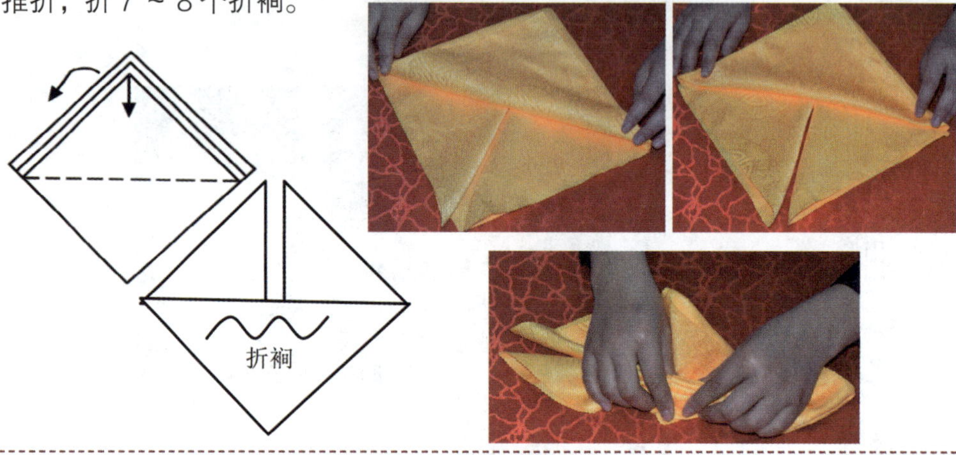

3. 将向上的两片巾角中的一片向下翻折作为身体，然后再向上翻折，作为头部，另一片巾角作为尾部; 向下的两片巾角向上翻折，作为翅膀。

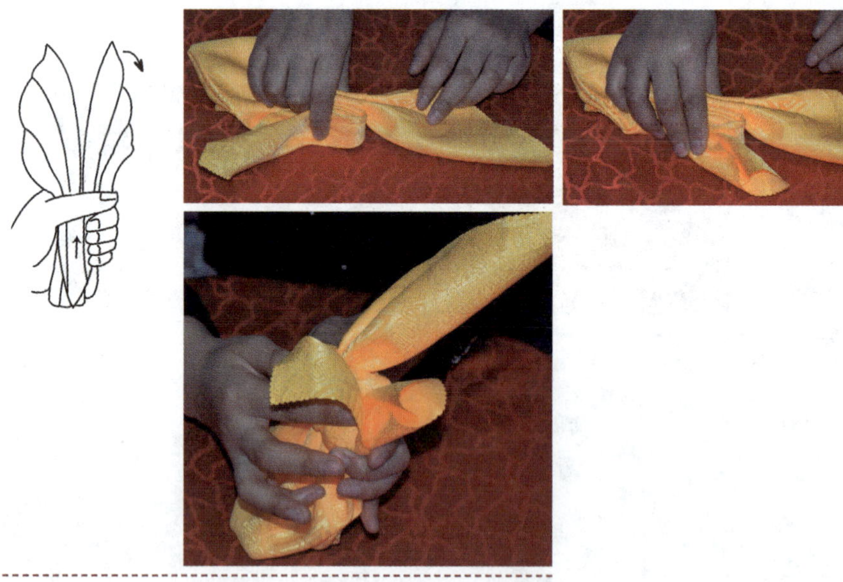

4. 将餐巾放入杯内，整理成型。

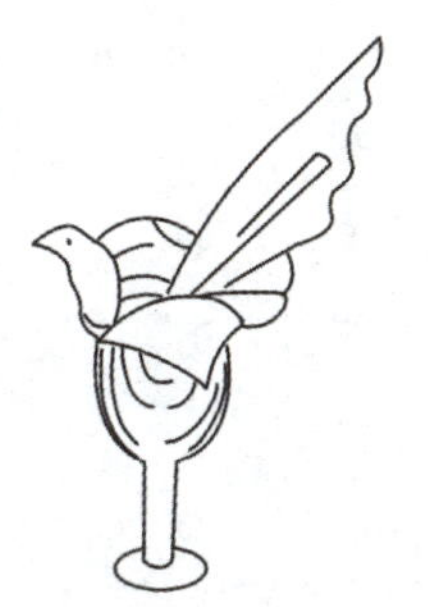

技能 38　曲院风荷折法图解

1. 对折餐巾形成长方向，并沿长方形的长边捏褶，形成长条状。

2. 将长条状的餐巾折成 W 形。

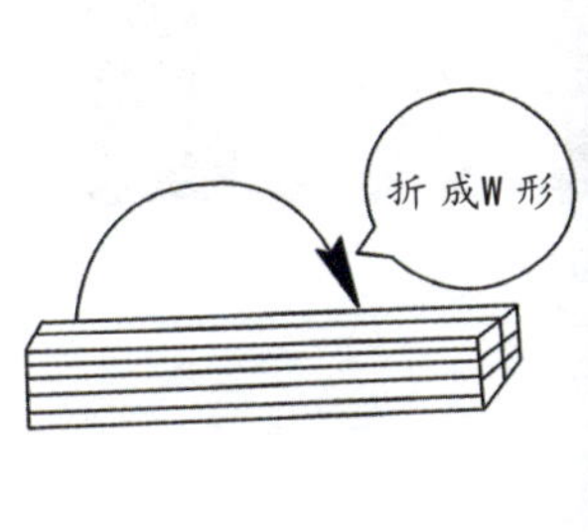

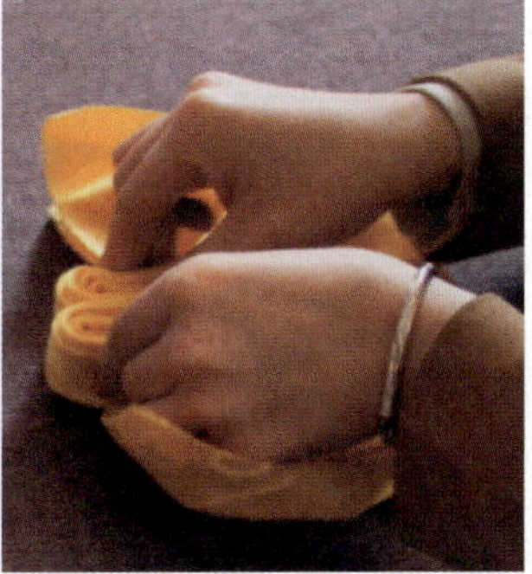

3. 将餐巾放入杯内，整理成型。

技能 39　冰玉水仙折法图解

1. 将餐巾对折两次，形成正方形。

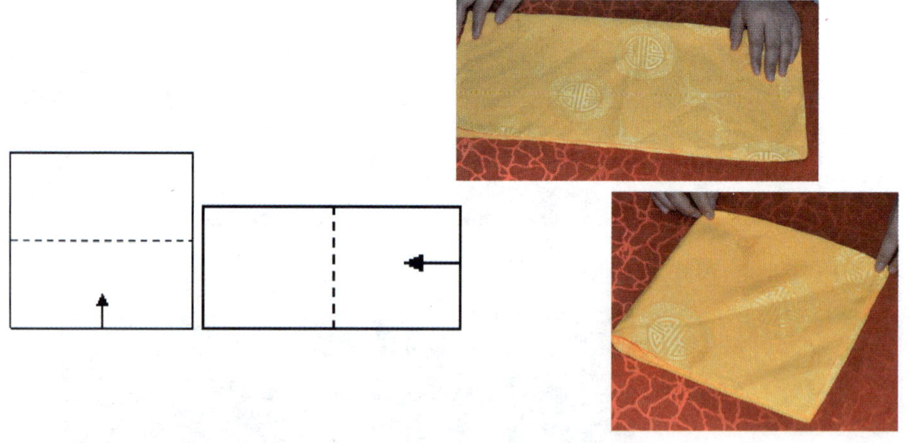

2. 将餐巾的一片巾角向下翻折，另外三片巾角向反面翻折。

3. 将餐巾由中间向两端均匀捏褶。

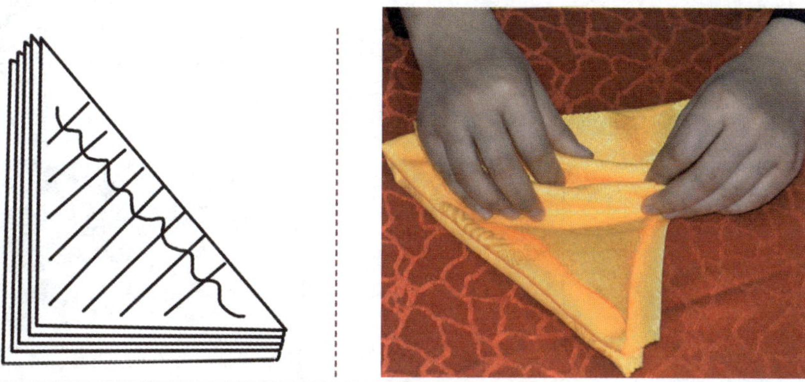

4. 将餐巾放入杯中，下拉各片巾角，整理成型。

技能 40　双芯结蒂折法图解

1. 将餐巾对折成长方形，再将长方形的四片巾角分别对折成三角形，使餐巾成三角形状。

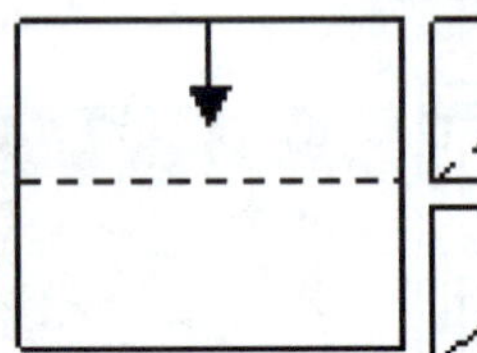

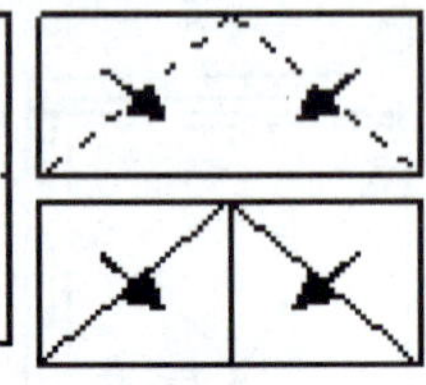

向后翻转

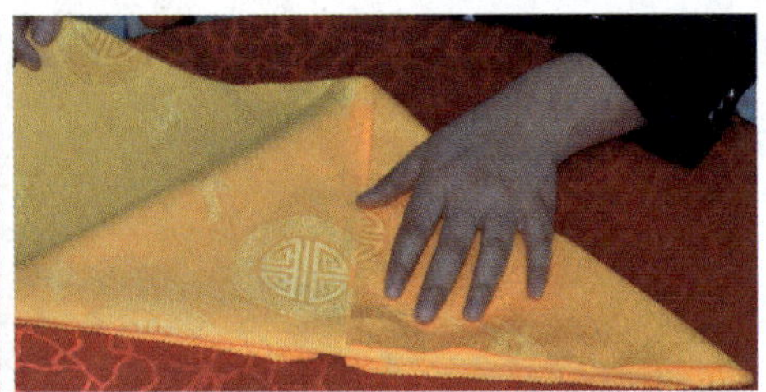

2. 将三角形沿中线对折成更小的三角形。

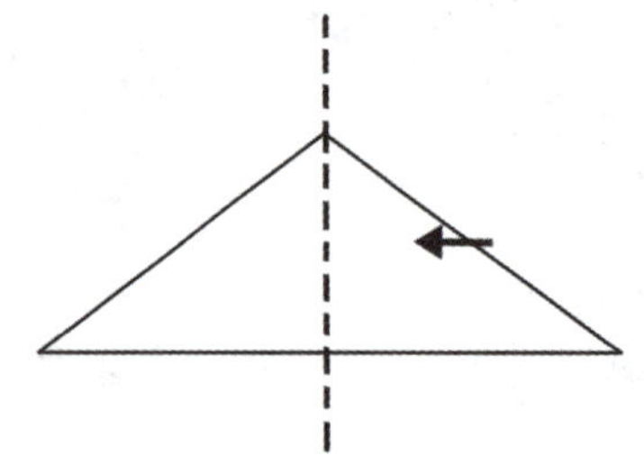

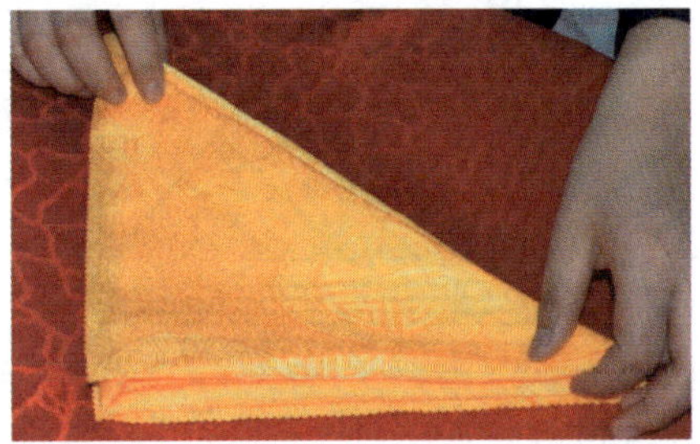

3. 从三角形的中间分别向两边打折裥。

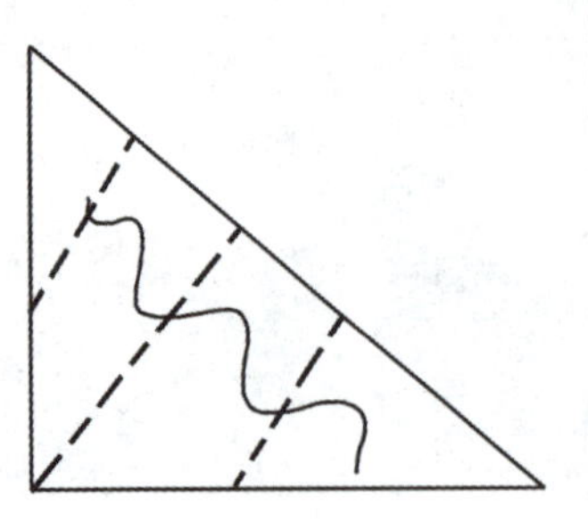

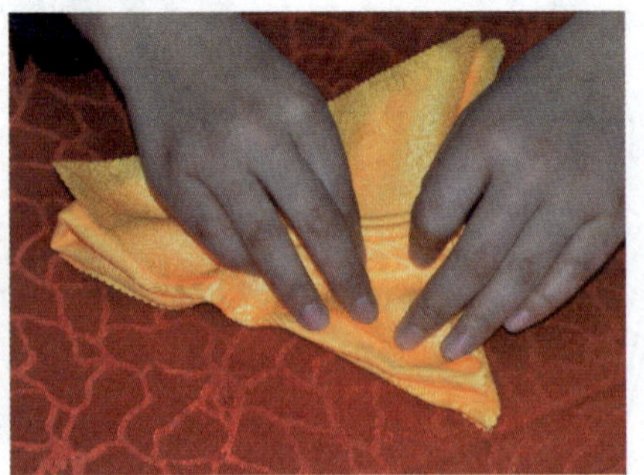

4. 将餐巾最外面两层翻折成花叶，再将中间夹层翻开，露出花芯。

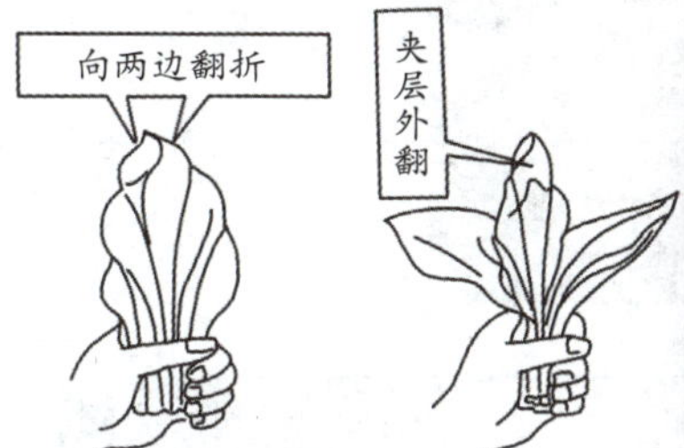

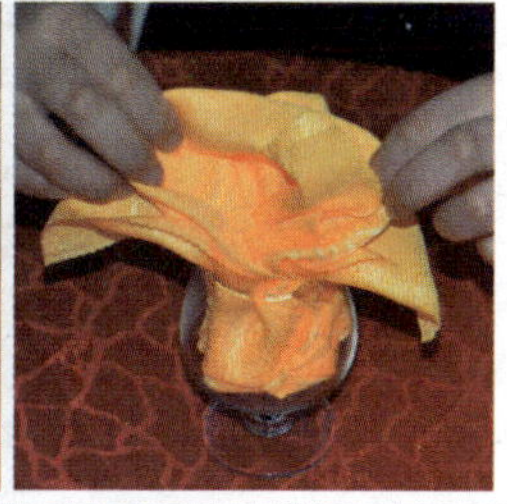

5. 整理成型。

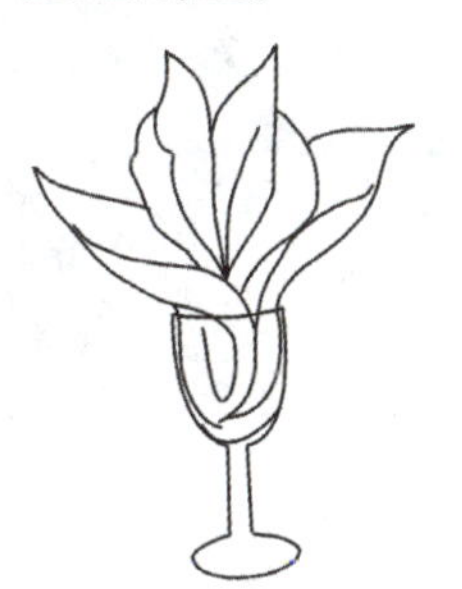

技能 41　梅枝雀跃折法图解

1. 将餐巾成菱形放置，对折成三角形。

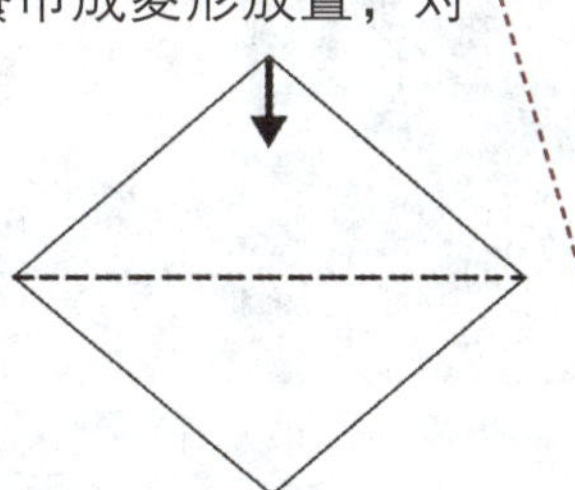

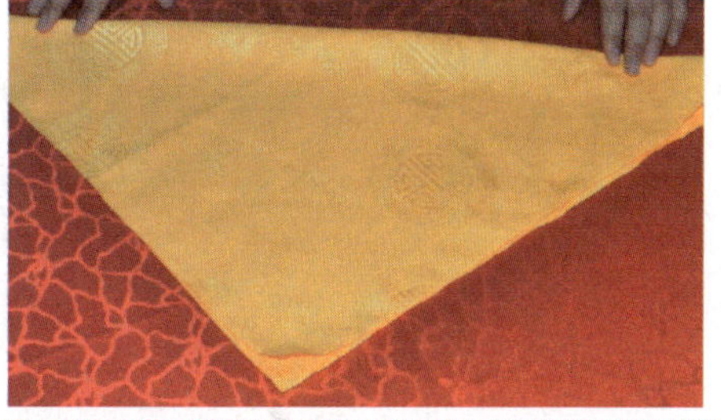

2. 从餐巾的一端向另一端卷筒，卷至一半处捏褶，捏出 5 ~ 6 个折裥。

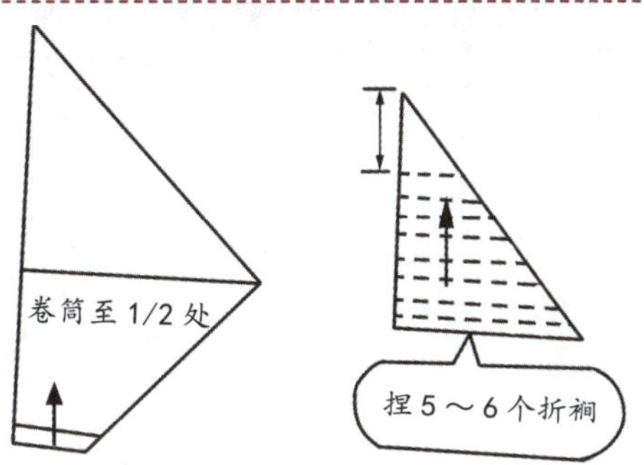

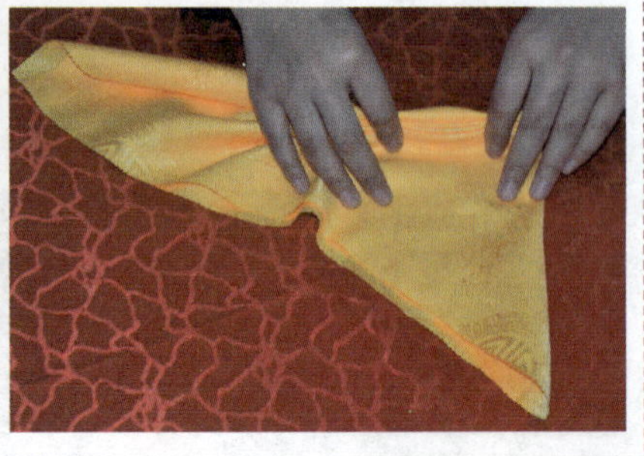

3. 向下对折餐巾。

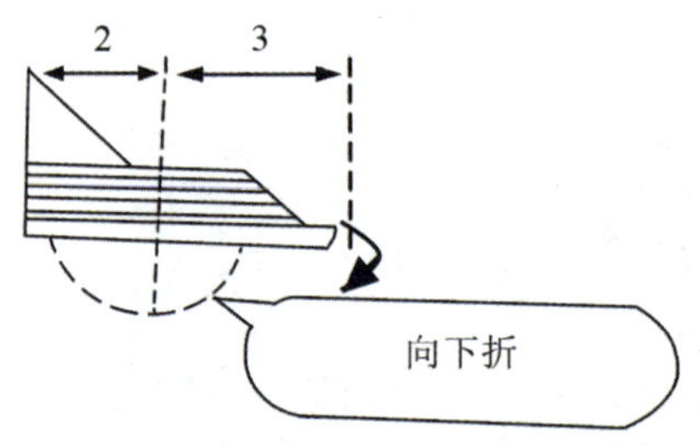

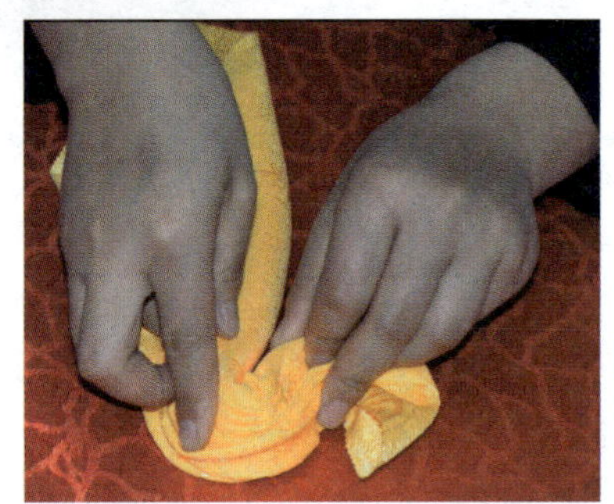

4. 捏出头部，整理成型。

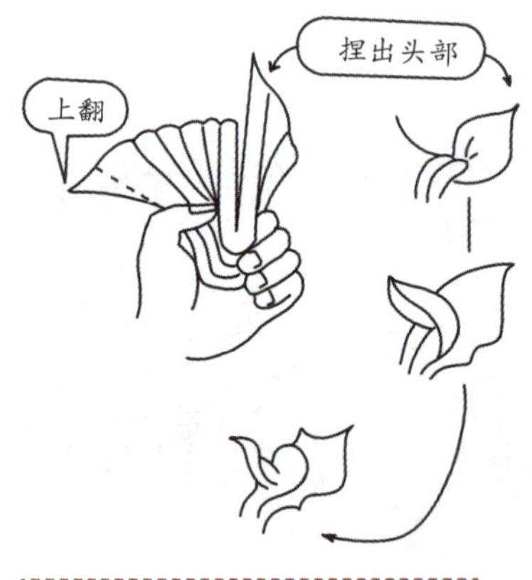

岗位任务 5 餐巾盘花折花

技能 42 皇冠折法图解

1. 将餐巾对折成长方形，再将长方形的两个对角向中线对折。

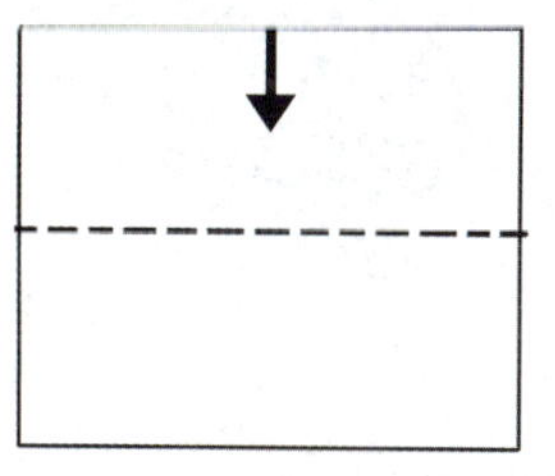

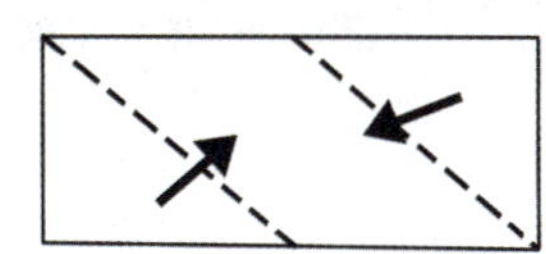

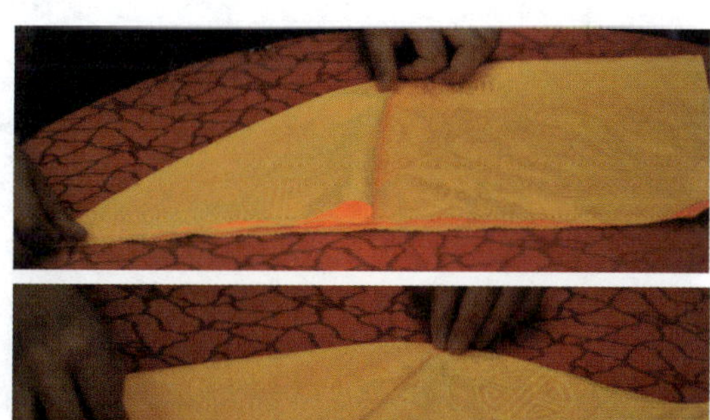

2. 把餐巾翻过来，然后将餐巾的一边向另一边对折。

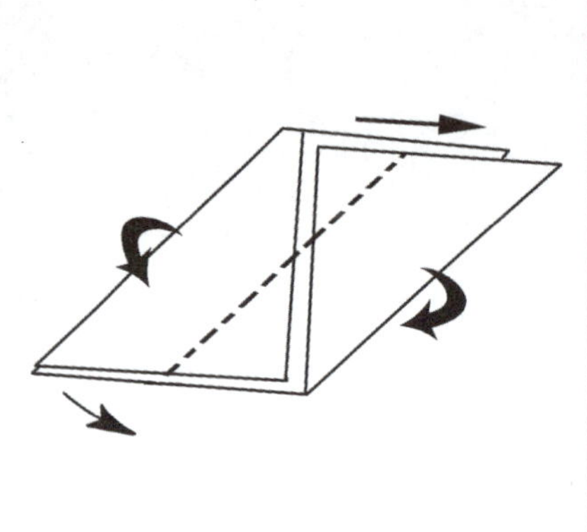

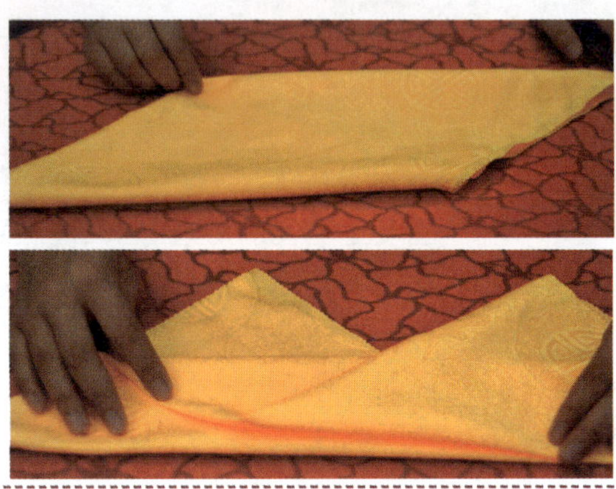

3. 将一端的巾角向另一端对折，并插入另一端的夹层中，然后翻过餐巾，将另一端的巾角向右对折，并插入夹层中。

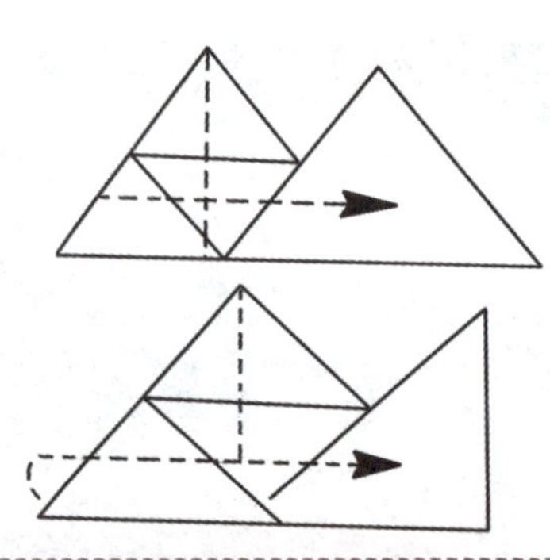

4. 拉开餐巾，形成皇冠形状。

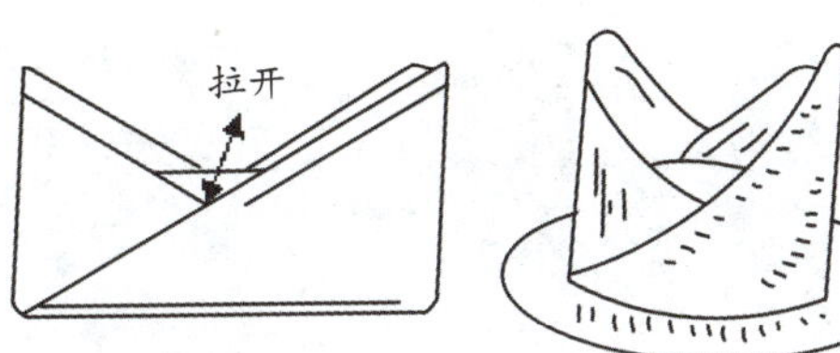

技能 43　领带折法图解

1. 将餐巾对折成长方形，再对折成正方形。

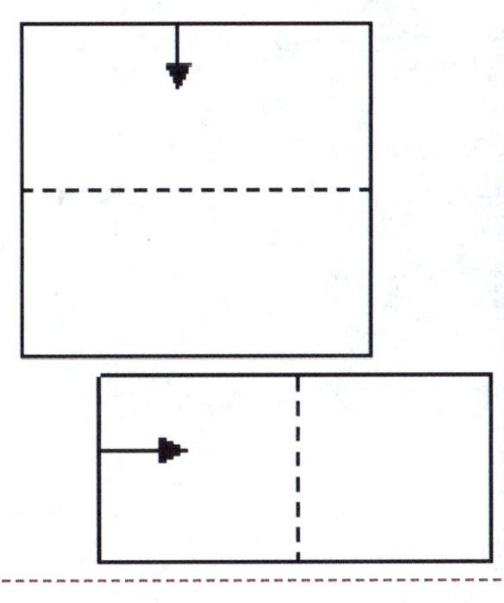

2. 将正方形的四层巾角的角向上翻折，形成三角形。

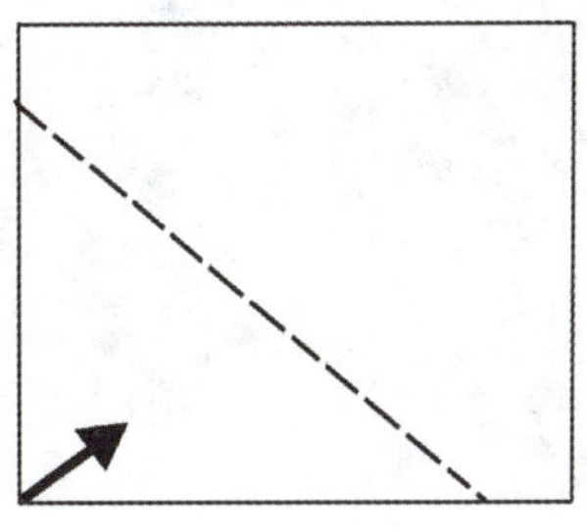

3. 将三角形长边的两个角向里对折，形成五边形。

4. 将五边形翻过来，放入盘中，整理成型。

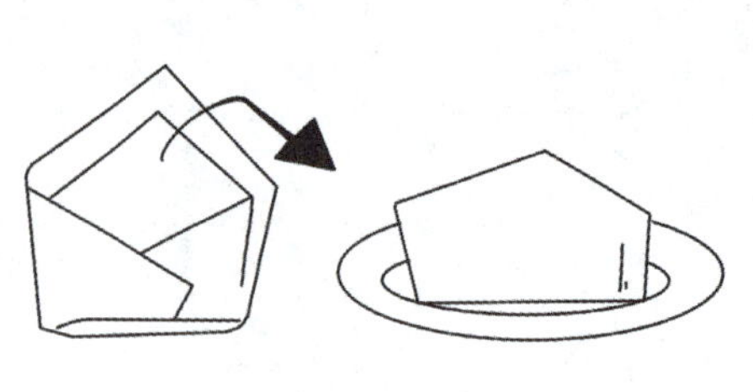

技能44　西装折法图解

1. 将餐巾菱形放置，对折成三角形。

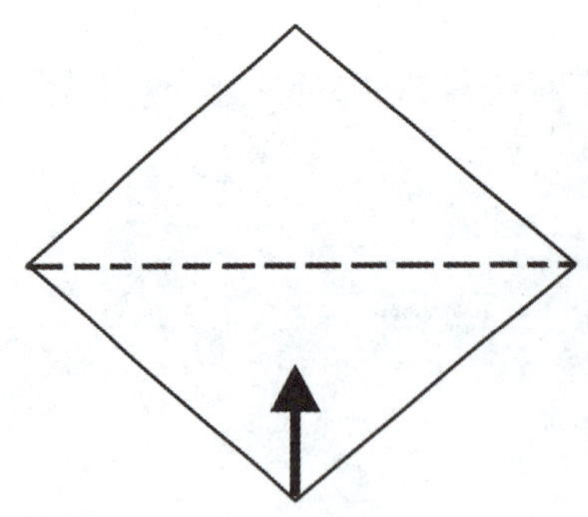

2. 将三角形的两个底角向顶角处错位对折。

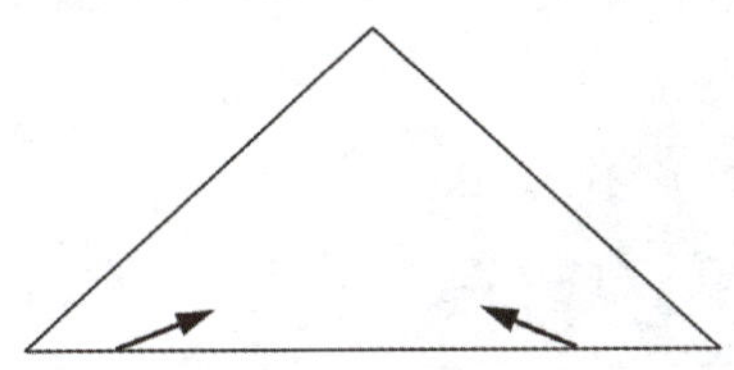

3. 将餐巾翻面，并将餐巾的底角向上翻折，两端的巾角翻折后一端插入另一端的夹层中。

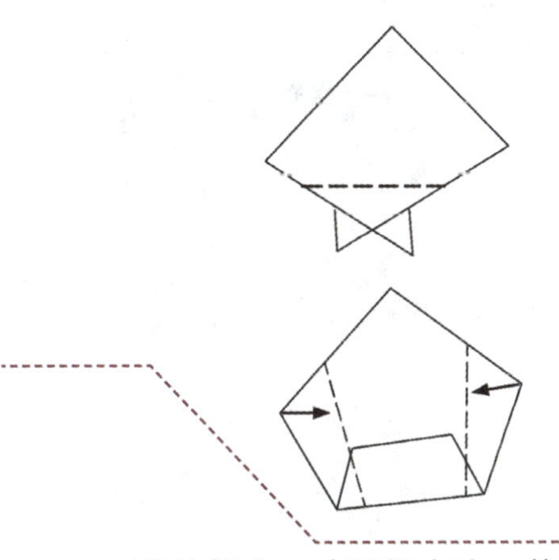

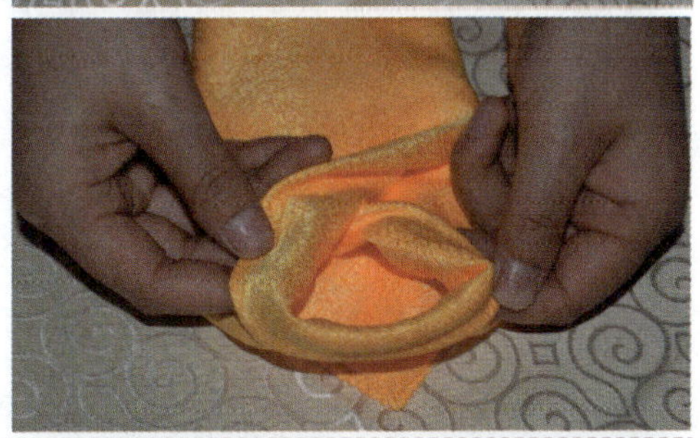

4. 翻转餐巾，外翻餐巾边，整理成型。

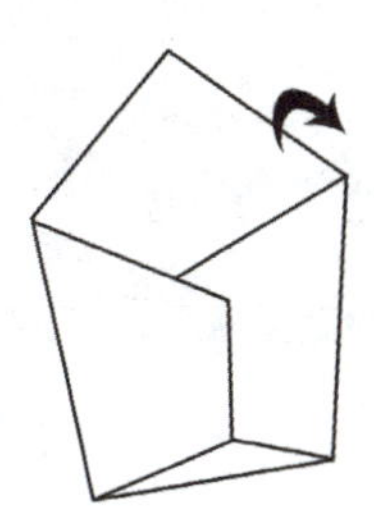

技能 45　蜡烛折法图解

1. 将餐巾对折成三角形，再将三角形的底边向上翻折 6 厘米。

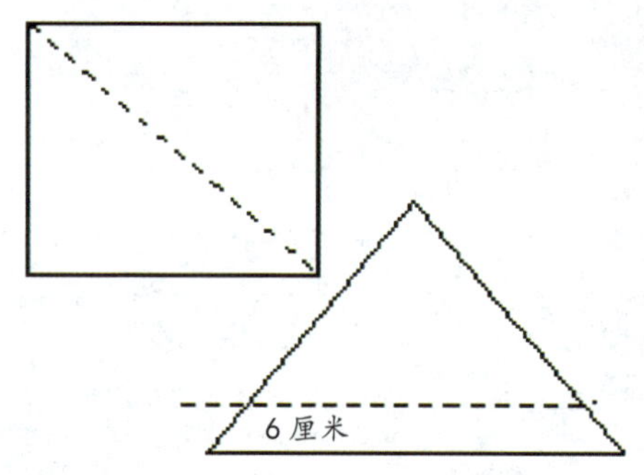

2. 将三角形翻过来，并从三角形底边的一端向另一端卷筒。

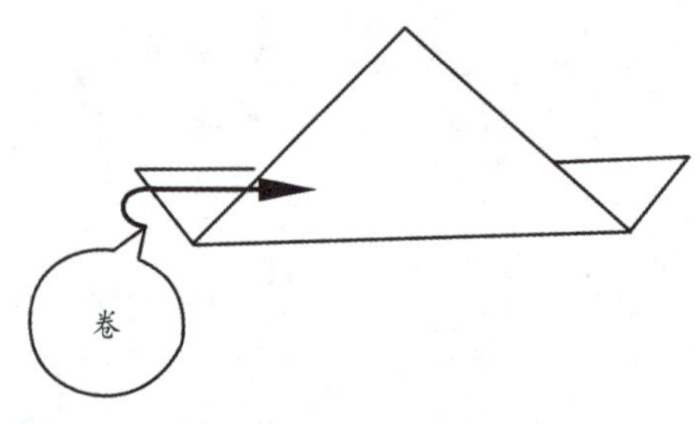

3. 将三角形的另一端插入夹层内。

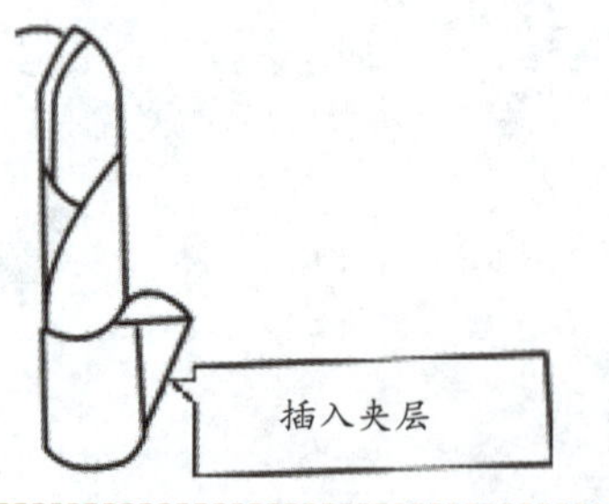

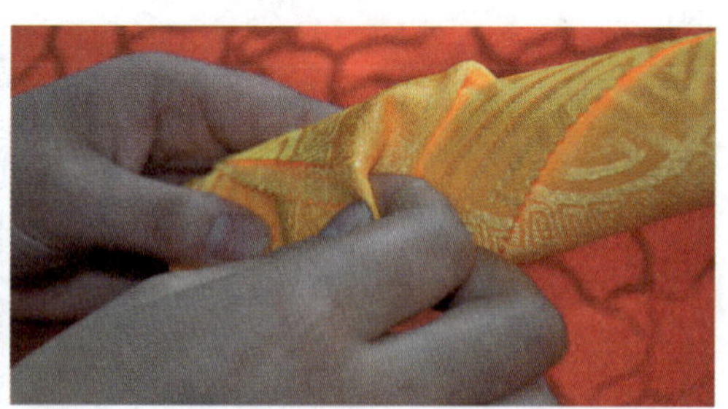

4. 将卷筒的顶端捏褶，形成烛焰。

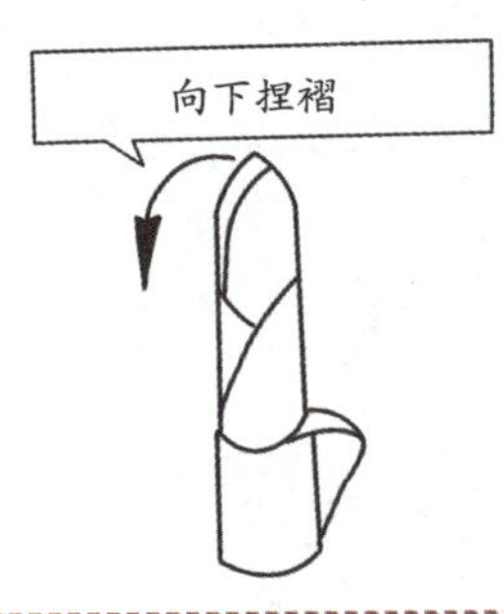

5. 整理卷筒，放在餐盘中定型。

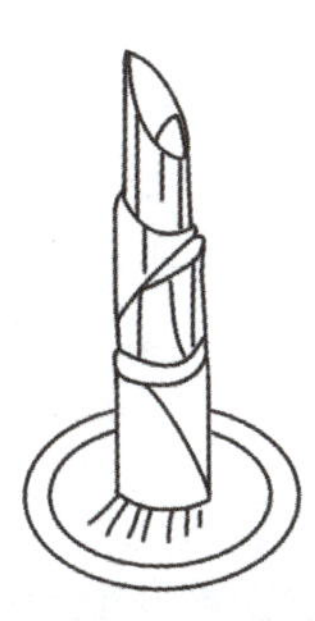

技能 46　帐篷折法图解

1. 将餐巾沿对角线对折，形成三角形。

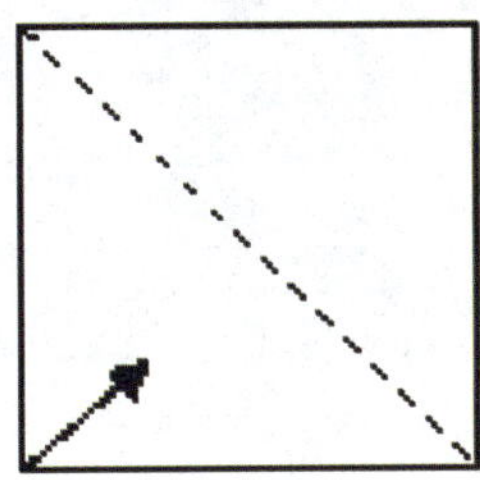

2. 将三角形的两个底角向顶角对折，形成菱形。

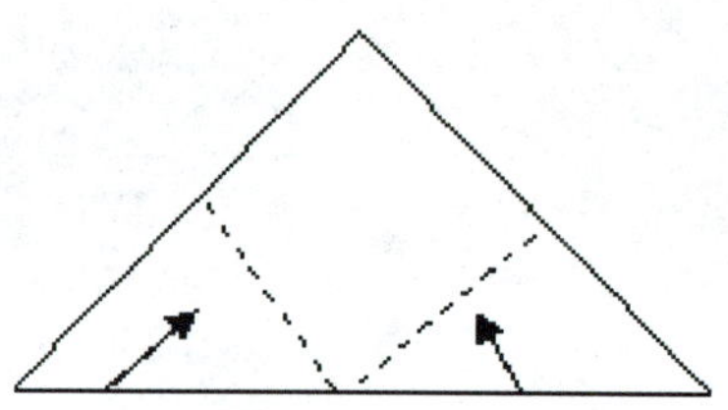

3. 翻转餐巾，并将餐巾对折成三角形。

4. 将三角形向反面对折，整理成型。

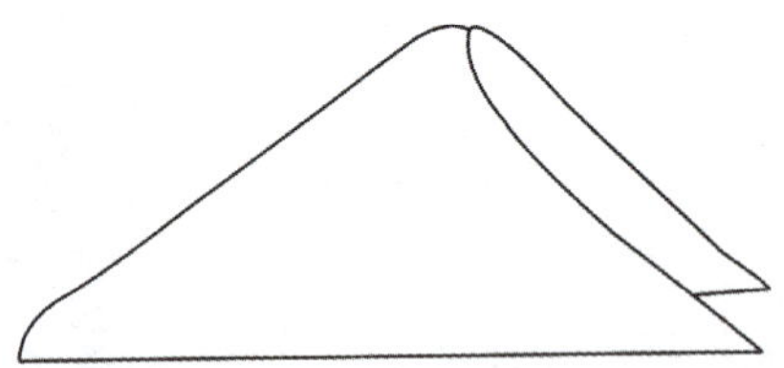

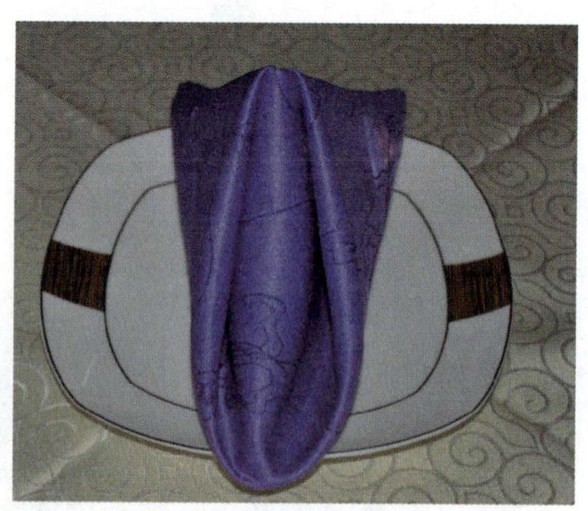

技能 47　主教帽折法图解

1. 将餐巾对角对折，形成三角形。

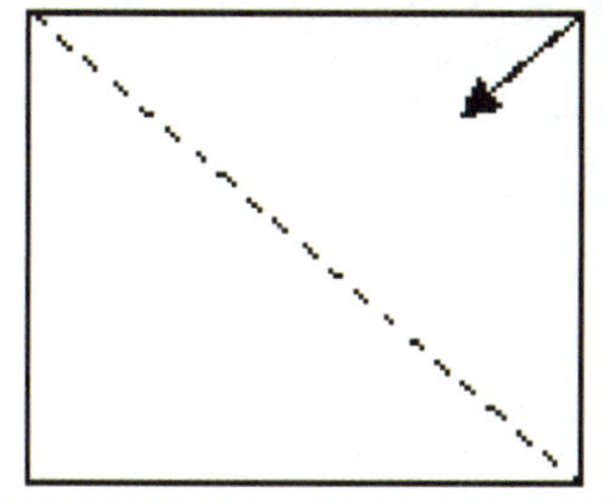

2. 将三角形的两个底角向顶角对折，形成菱形。

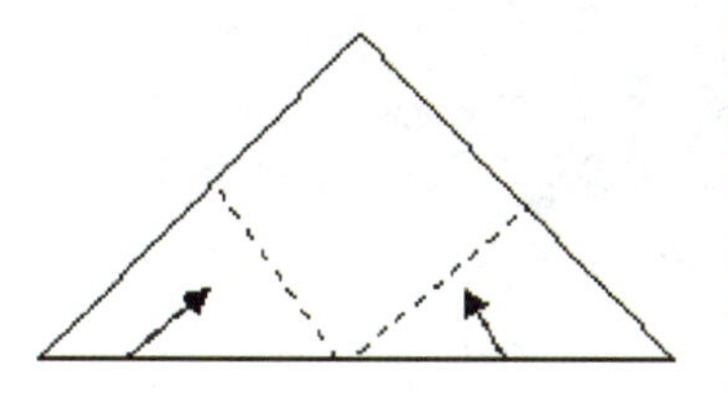

3. 将菱形的底角向顶角处对折，并将其继续向下对折。

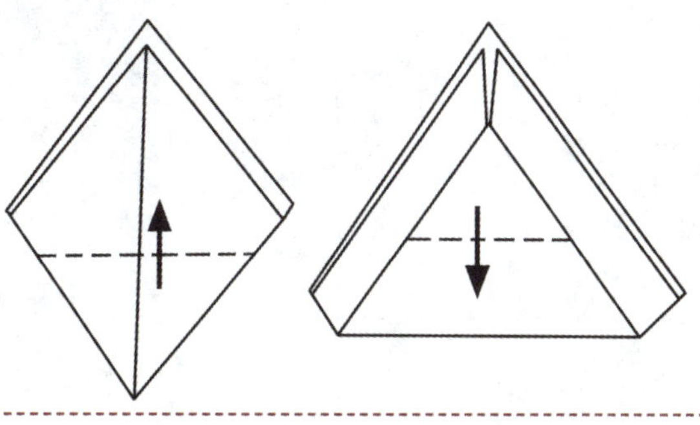

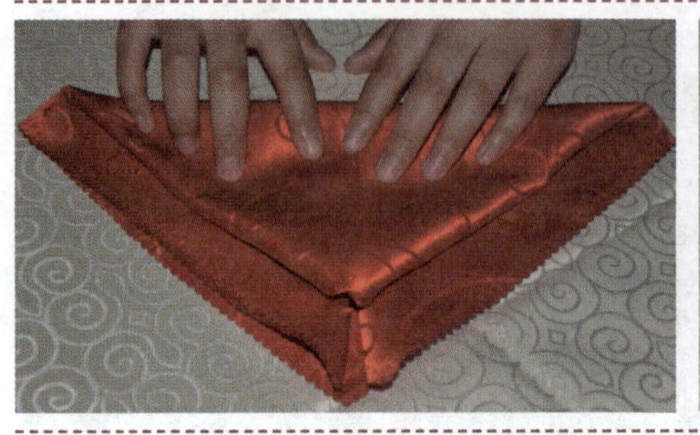
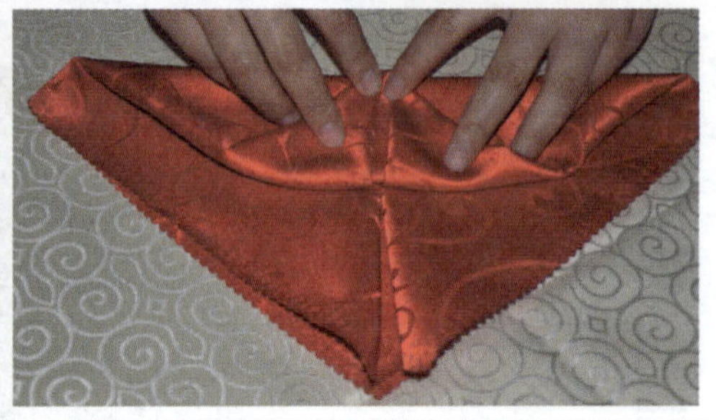

4. 将餐巾翻面，从餐巾一端向另一端卷筒，并将另一端插入夹层中。

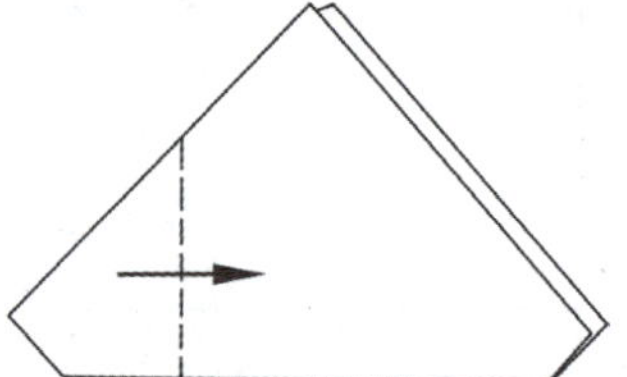

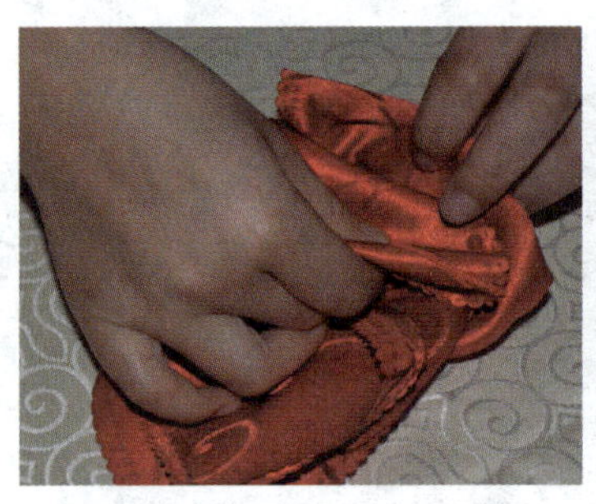

5. 将餐巾正面向前，整理成型。

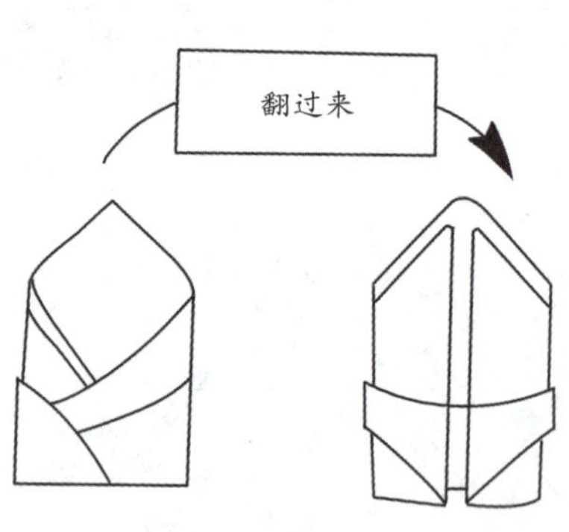

技能 48　三部曲折法图解

1. 将餐巾一边沿三等分线对折，再将对边沿另一条三等分线对折，形成长方形。

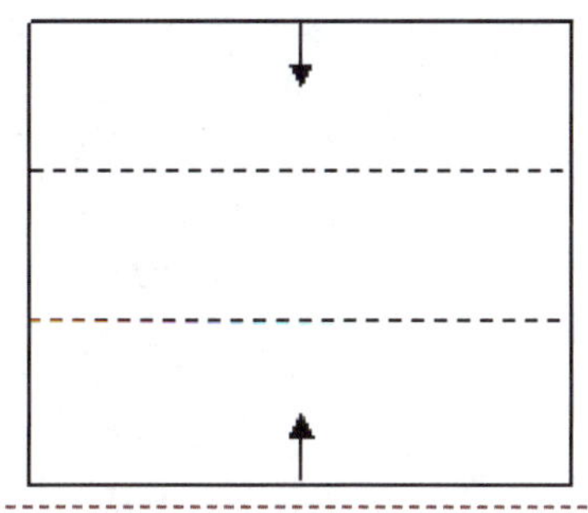

2. 将餐巾的两端向中间对折，形成宽度为 3 厘米的小长方形。

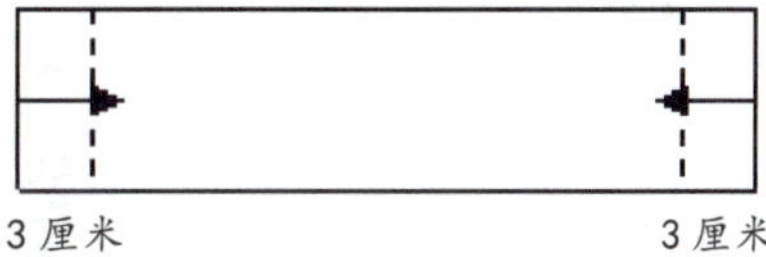

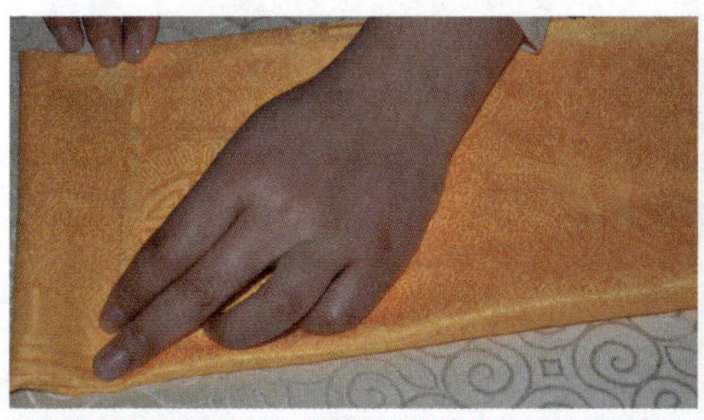

3. 将餐巾右端向左端对折，留出 2 厘米的宽度，再将右端向左端对折，留出 2 厘米宽度。

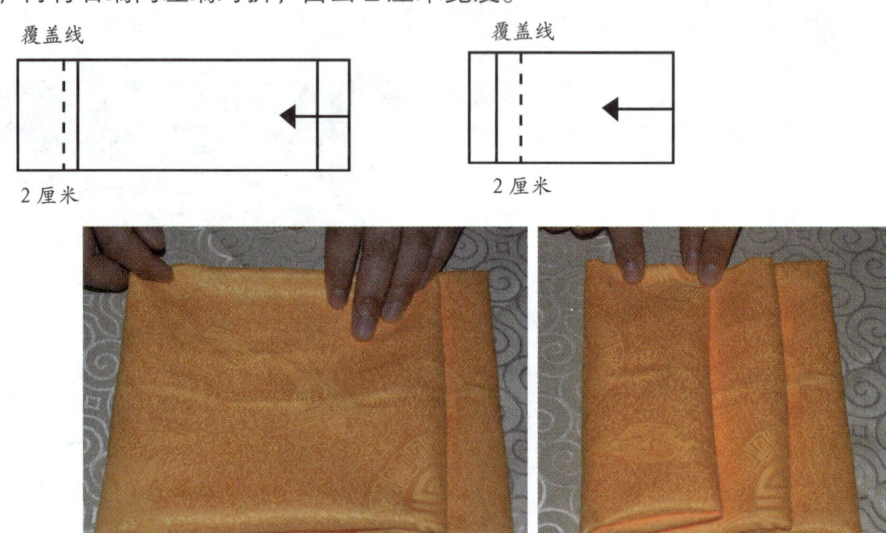

4. 整理成型。

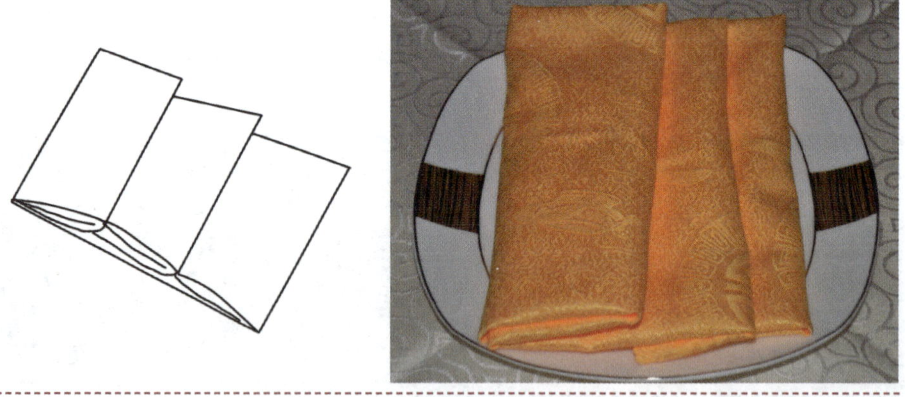

技能 49　宝石花折法图解

1. 将餐巾两个对边向中线对折，形成长方形。

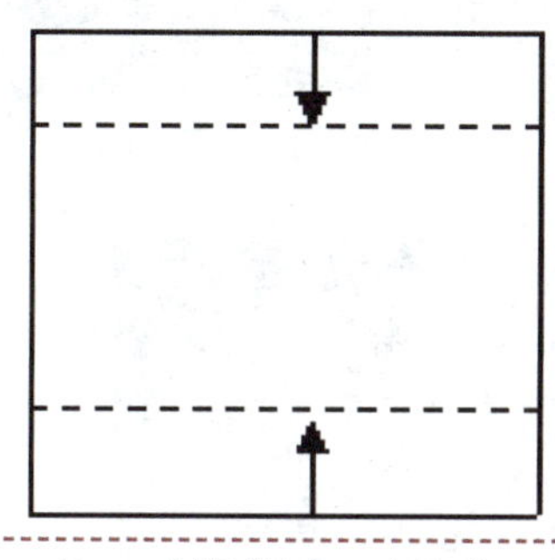

2. 对折餐巾，形成四层长方形，并从餐巾一端开始捏褶。

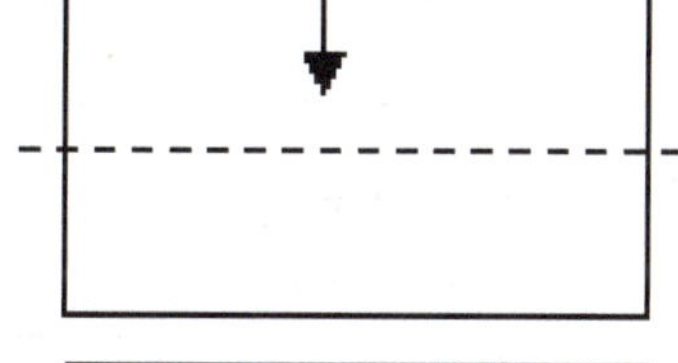

3. 折裥完成后，将餐巾垂直握在手中，并将餐巾两面凹进去的部位捏成锯齿状的三角。

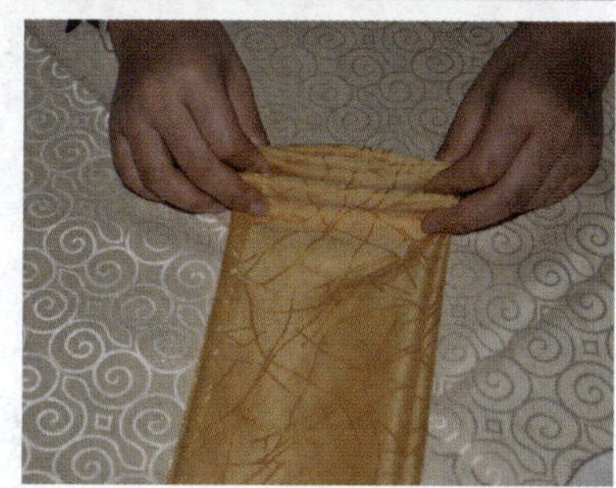

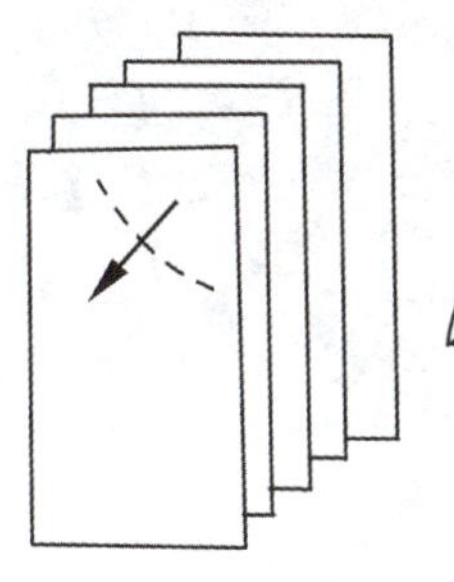

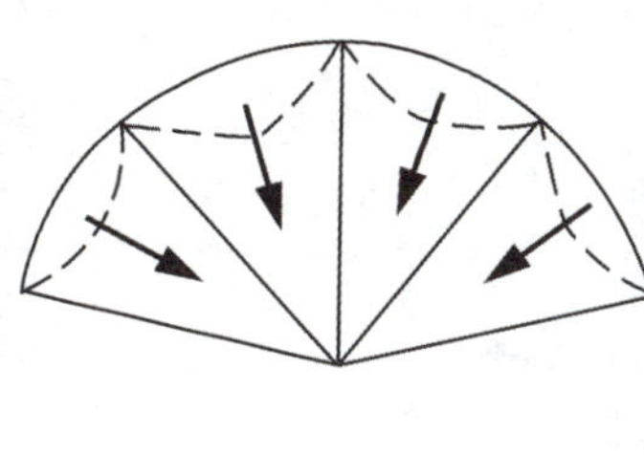

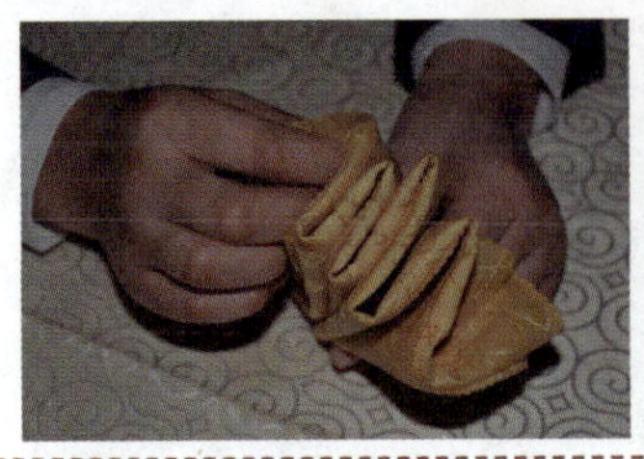

4. 将餐巾放入盘中，整理成型。

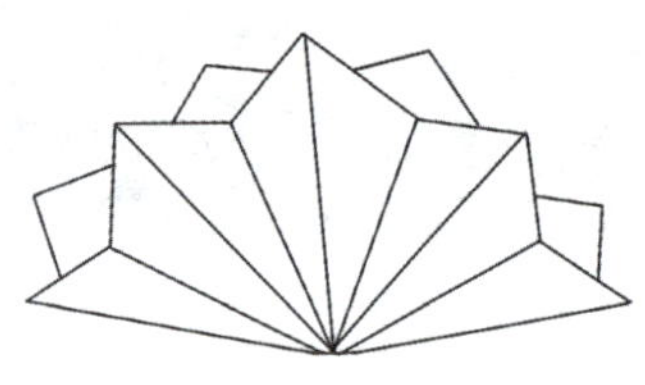

技能 50　一帆风顺折法图解

1. 将餐巾对折成长方形，再将长方形对折成正方形，并将正方形的四片巾角向上对折，形成三角形。

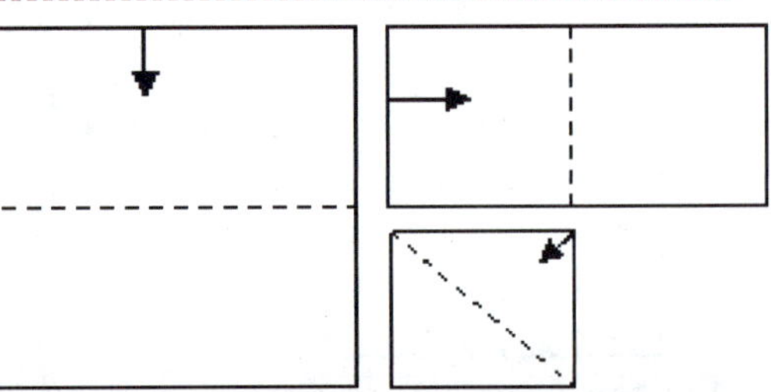

2. 将三角形的底边向下，并将两边由顶角向下翻折。

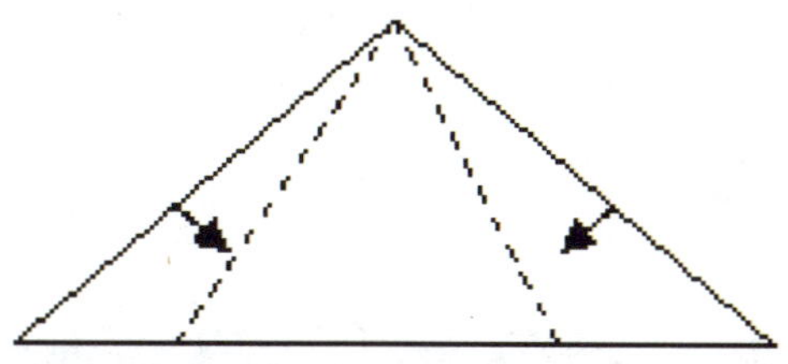

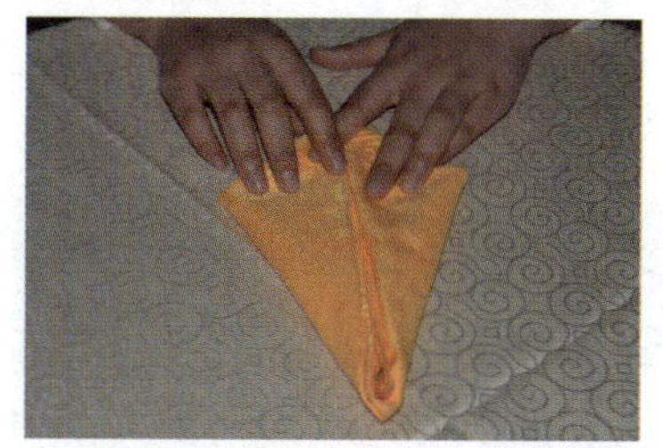

3. 将朝下的两个巾角向后翻折，并将餐巾整体向后对折。

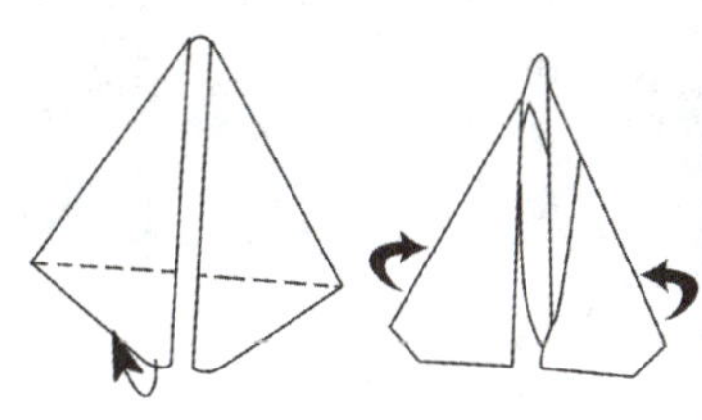

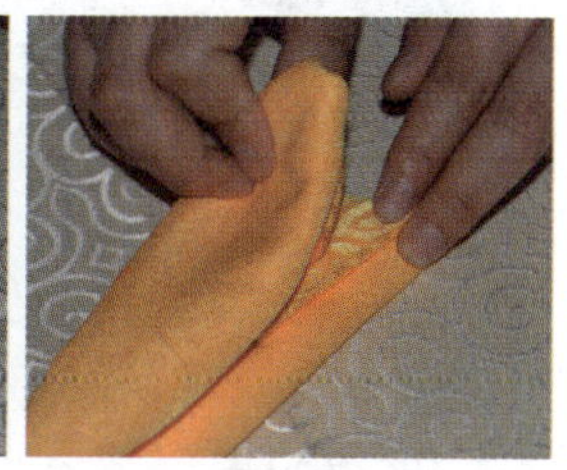

4. 将四片巾角依次拉出，并整理成型。

技能 51　梅花玉树折法图解

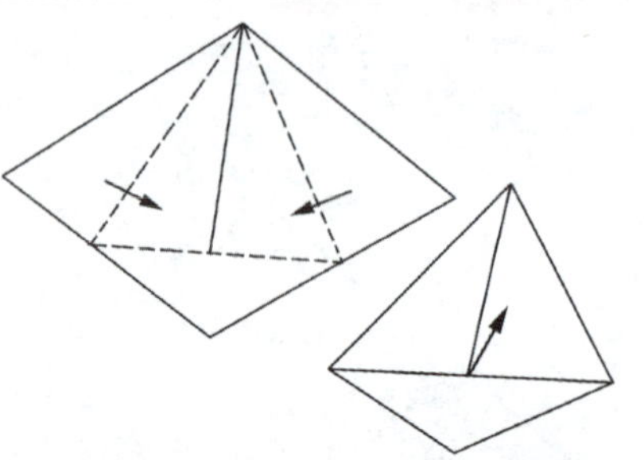

1. 将餐巾的两个对角向中线对折，并将两个巾角向上拉折成三角形。

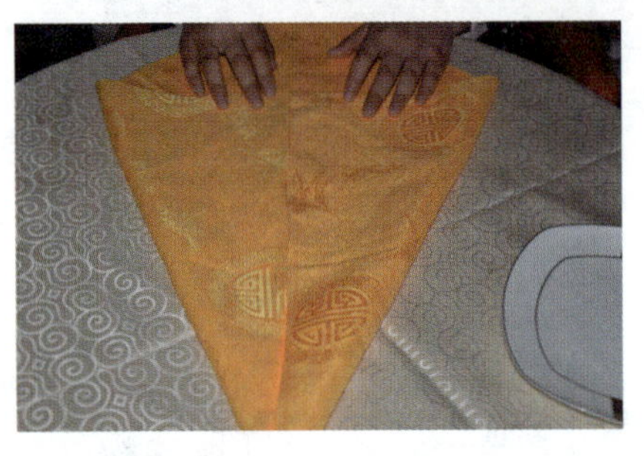

2. 将餐巾的底角向上翻折与中间的两个巾角相平，然后将底边向上翻折。

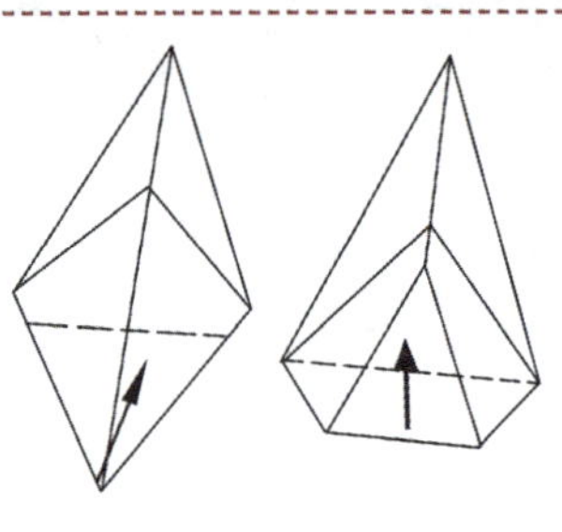

3. 将餐巾翻面，折成圆筒状，并将餐巾一端插入另一端的夹层中。

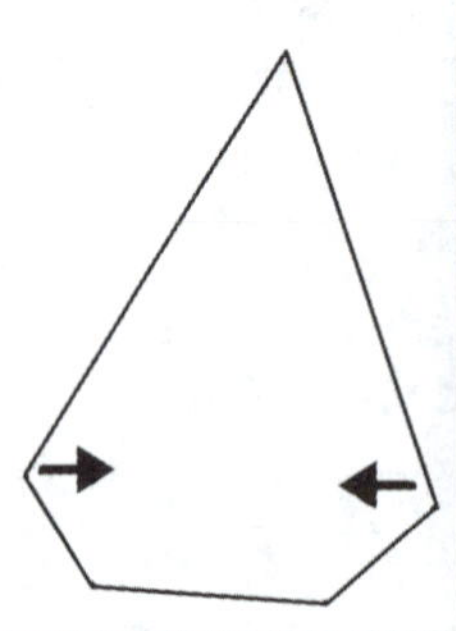

4. 将餐巾放入盘中，整理成型。

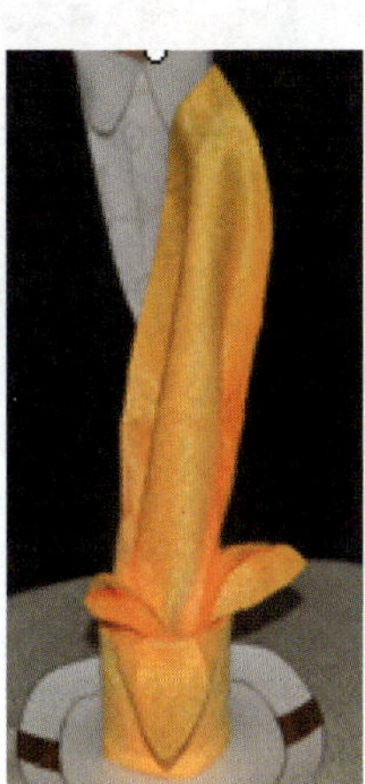

岗位任务 6 铺台布

技能 52　撒网式台布铺展法图解

1. 准备，检查台布后，打开台布。
2. 将台布平行对折。
3. 待对折完毕，抓起台布两端端脚，右脚在前、左脚在后，站好站姿。
4. 将台布向高空、向前抛撒出。
5. 整理、定位，直至台布平整。
6. 放上转盘，完成铺台。

1. 准备并打开桌布。

2. 平行对折。

3. 抓起，站好站姿。

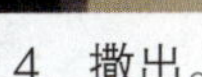

4. 撒出。

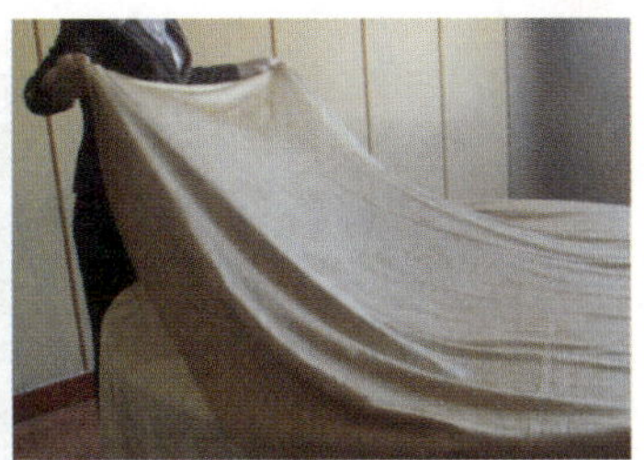

5. 整理 1。

5. 整理 2。

6. 放转盘。

技能 53　抖铺式台布铺展法图解

1. 准备，检查台布后，打开台布。
2. 将台布平行对折。
3. 抓起台布，两手要抓在台布 1/3 处，站好站姿。
4. 服务员手腕用劲，将台布一次性抖开，铺在台面上。
5. 整理、定位，直至台布平整。
6. 放上转盘，完成铺台。

1. 准备并打开桌布。

2. 平行对折。

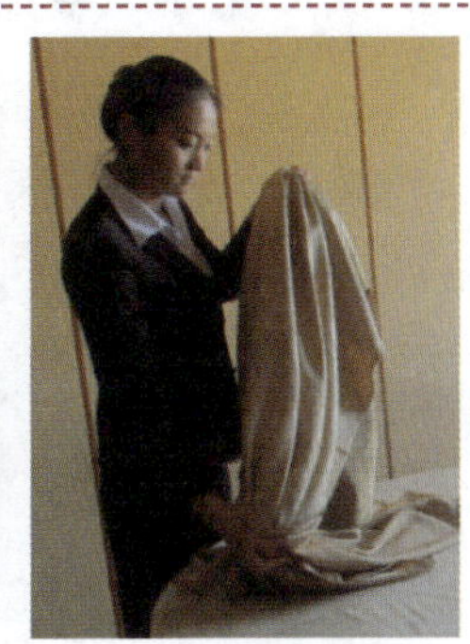

3. 抓起。

4. 抖出。

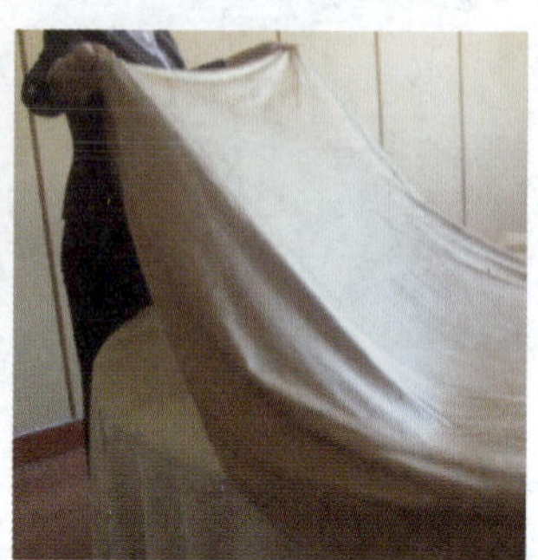

5. 整理 1。

5. 整理 2。

6. 放转盘。

技能 54　推拉式台布铺展法图解

1. 准备，检查台布后，打开台布。

2. 抓起部分台布，两手要抓在台布 1/3 处，站好站姿；同时，将余下未抓的台布推出去。

3. 顺手松开手中抓起的台布，并根据台布推出的幅度，将推出的台布拉回。

4. 整理、定位，直至台布平整。

5. 放上转盘，完成铺台。

1. 准备并打开桌布。

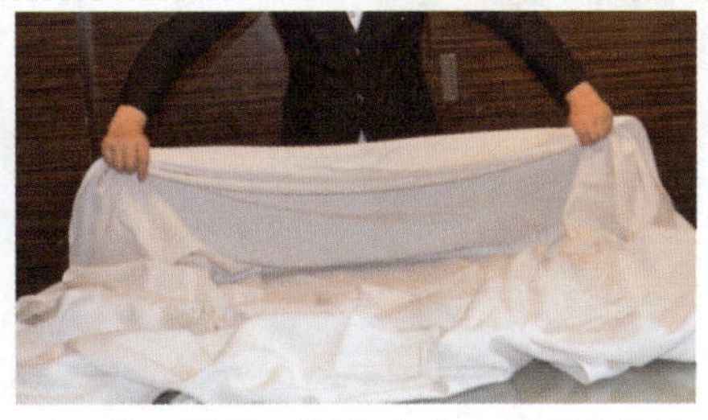

2. 抓起一部分台布，并将余下台布推出。

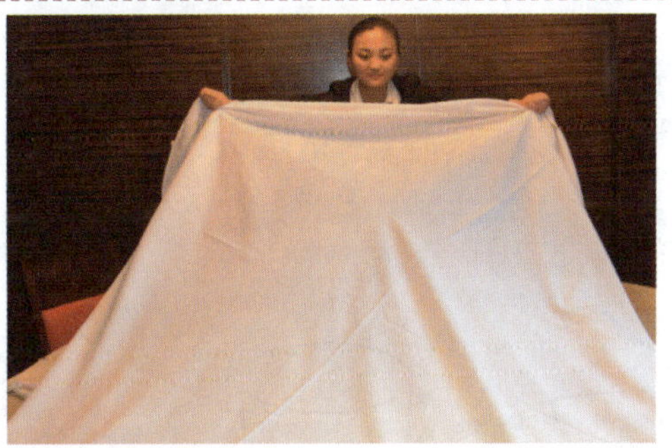

3. 将推出的台布拉回。

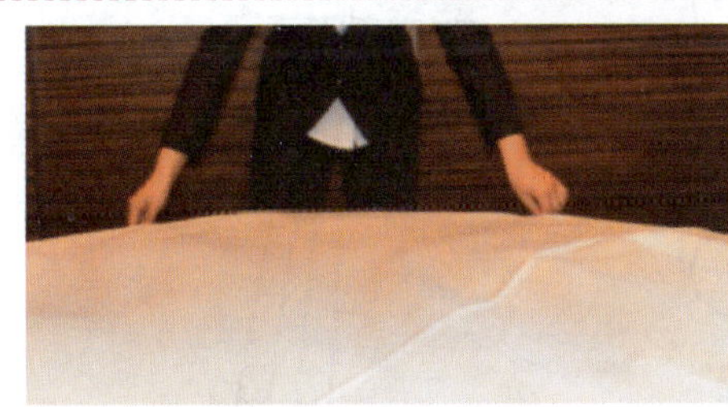

4. 整理。

5. 放转盘。

岗位任务 7 摆台

技能 55 中餐便餐摆台图解

1. 早餐个人餐具摆放图一

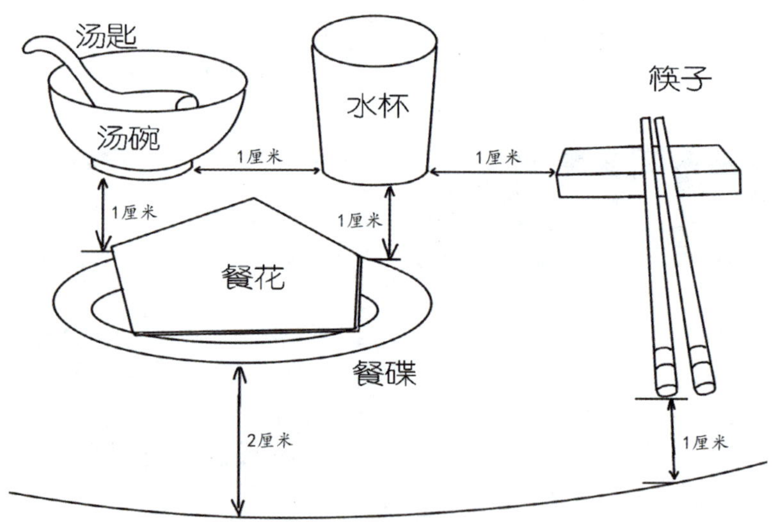

2. 早餐个人餐具摆放图二

3. 早餐公共餐具摆放图

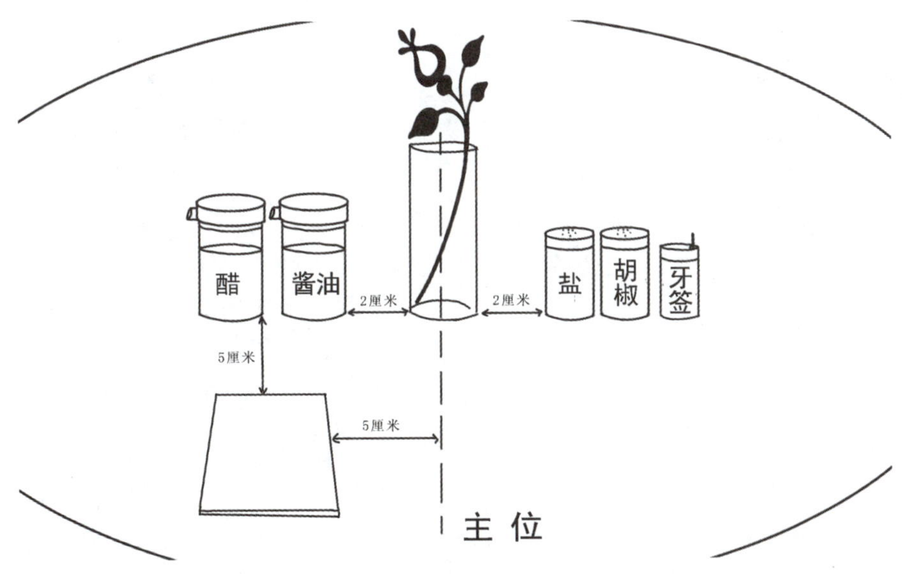

圆桌公共餐具摆放示意图

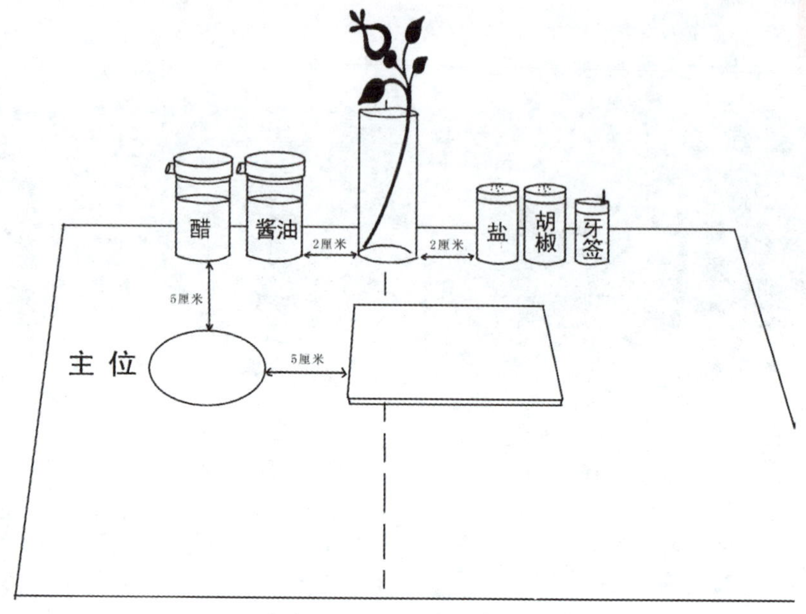

方桌公共餐具摆放示意图

4. 午晚餐个人餐具摆放图

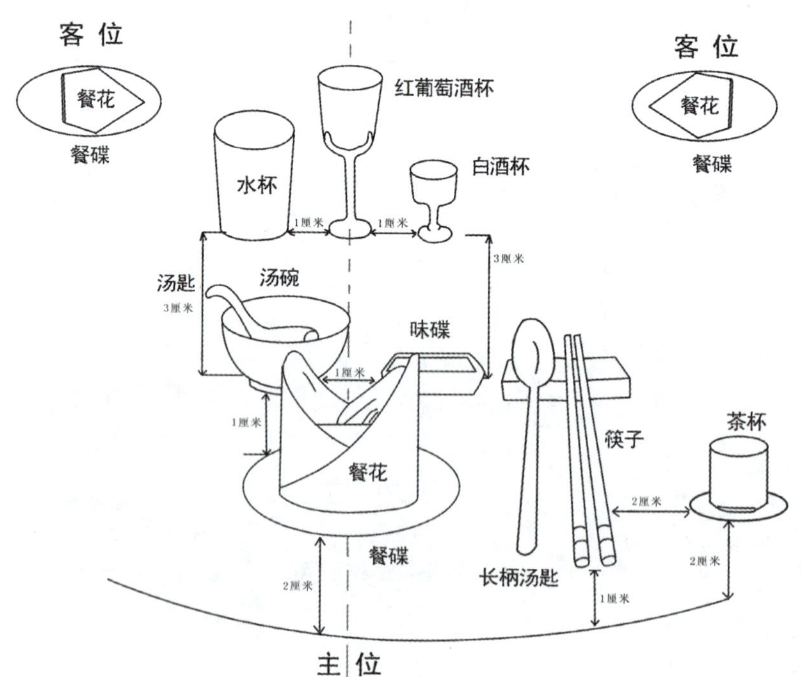

5. 午晚餐公共餐具摆放图

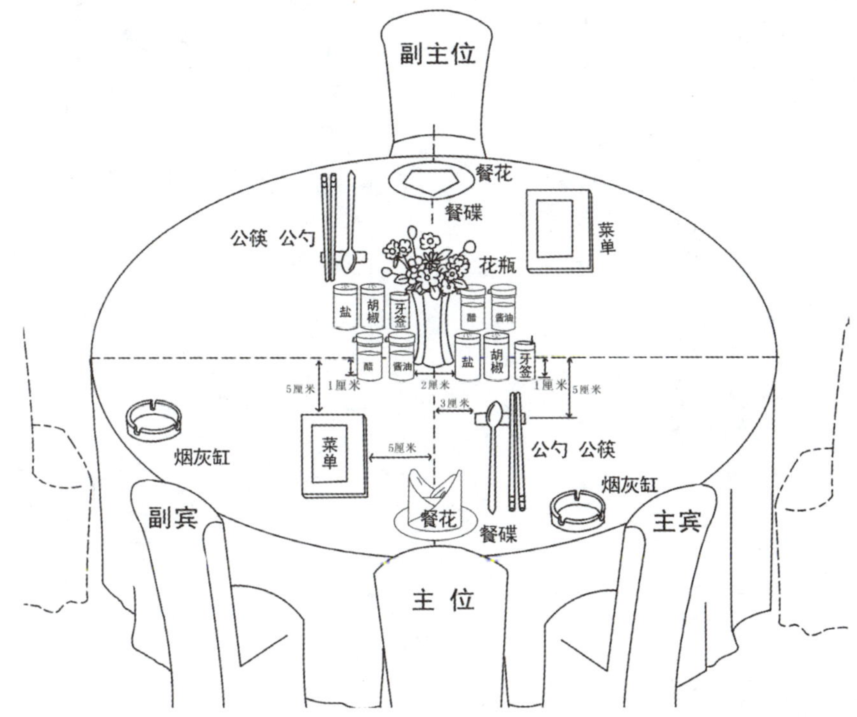

6. 中餐便餐餐椅摆放图

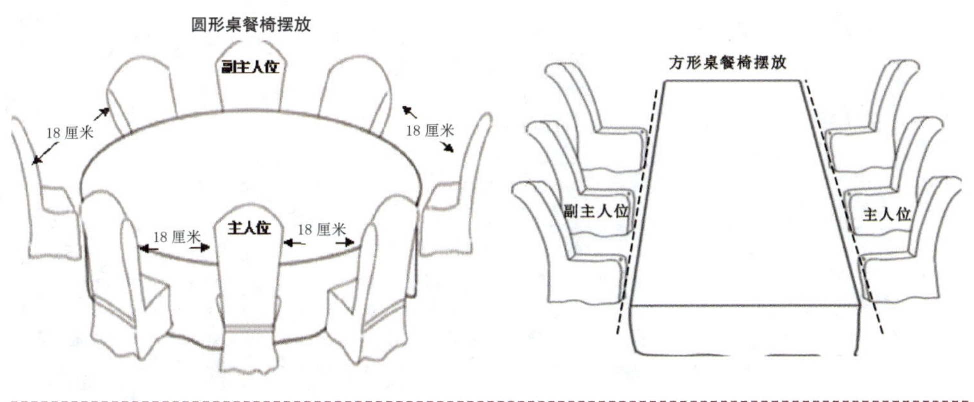

技能 56 西餐便餐摆台图解

1. 早餐个人餐具摆放图

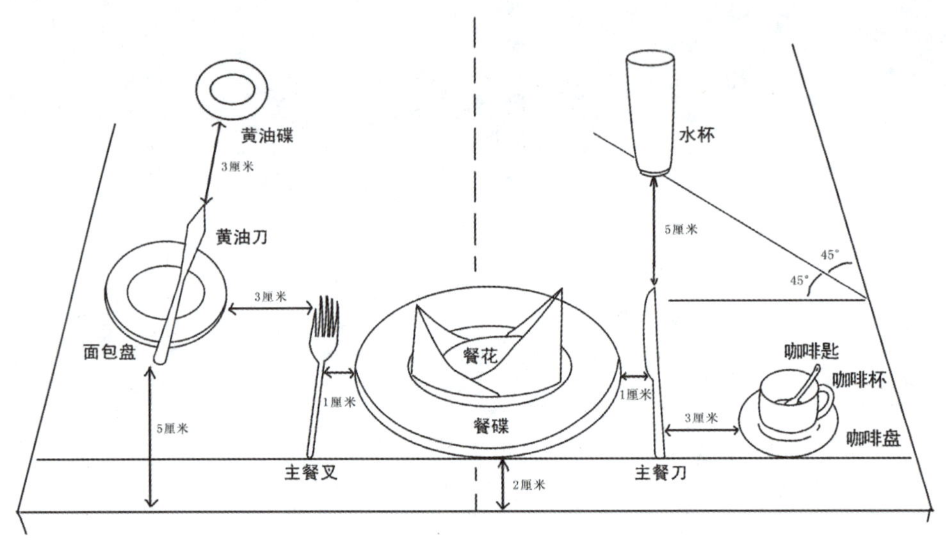

2. 早餐公共餐具摆放图

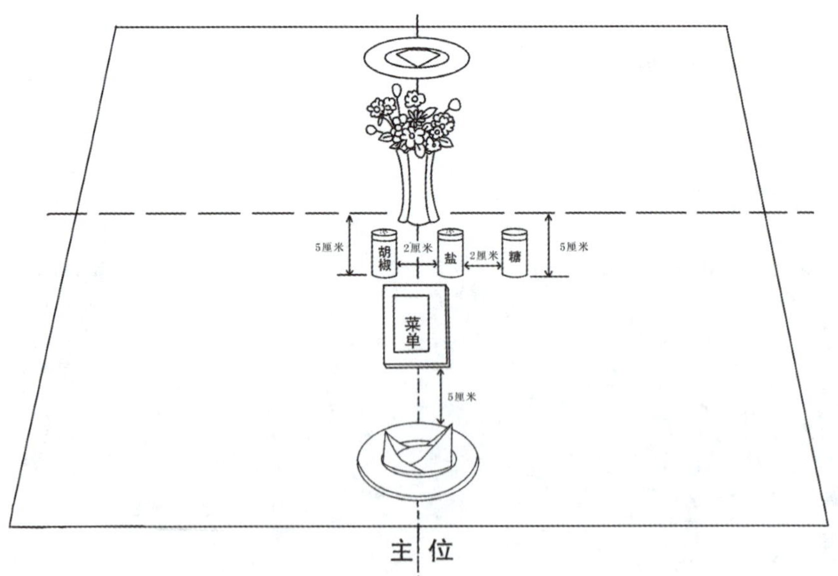

3. 午晚餐个人餐具摆放图

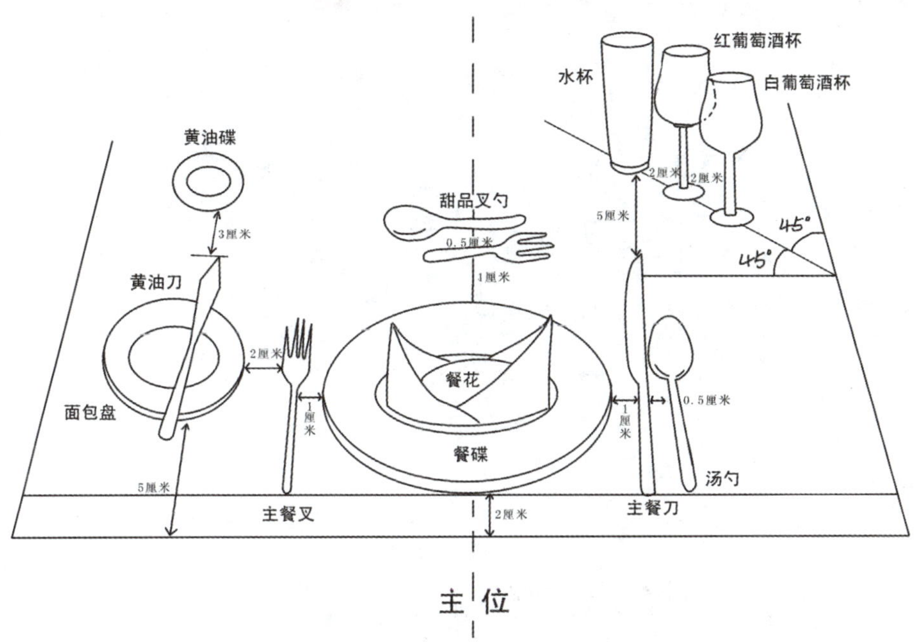

4. 午晚餐公共餐具摆放图

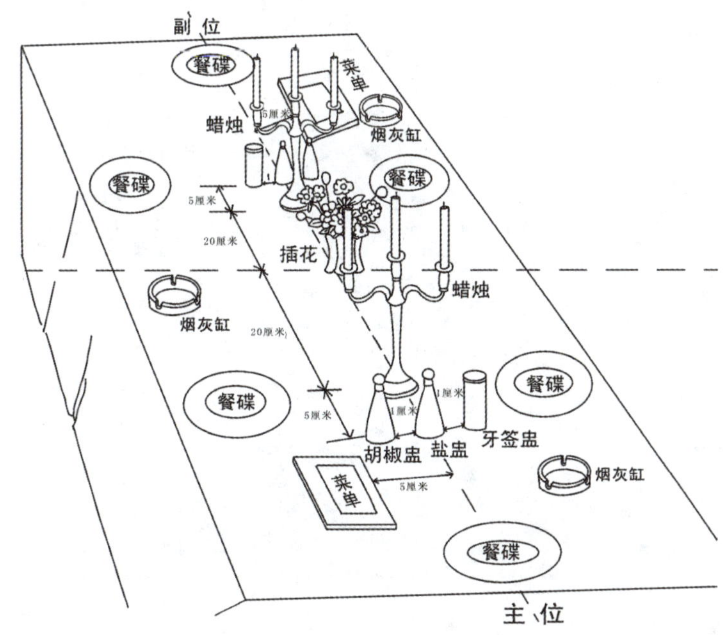

5. 西餐便餐餐椅摆放图

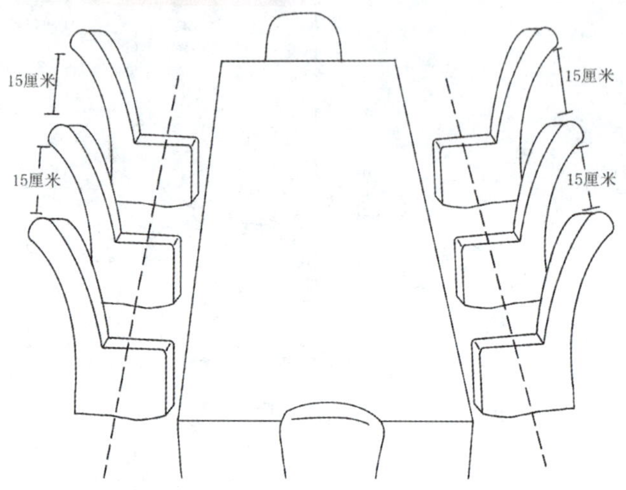

技能 57 中餐宴会摆台图解

1. 餐桌台布转台摆放图

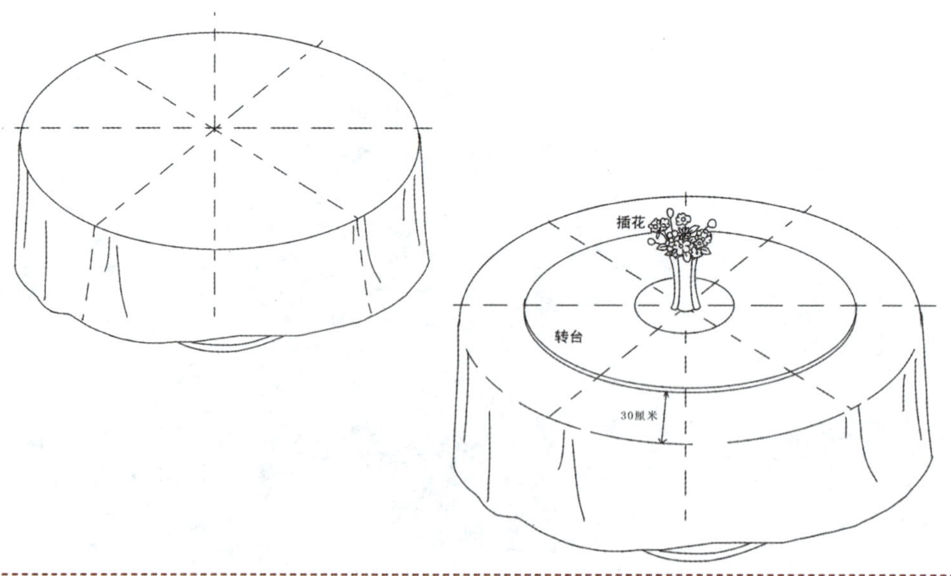

2. 中餐宴会个人餐具摆放图

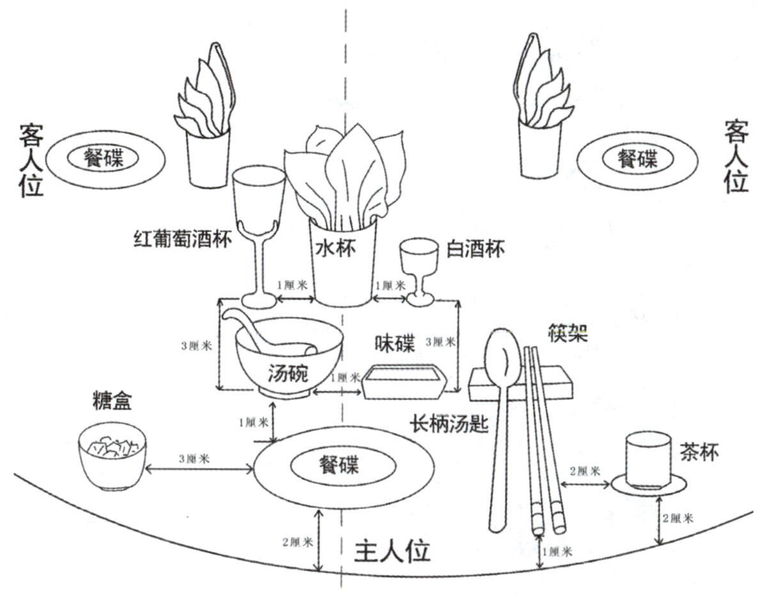

3. 中餐宴会公共餐具摆放图

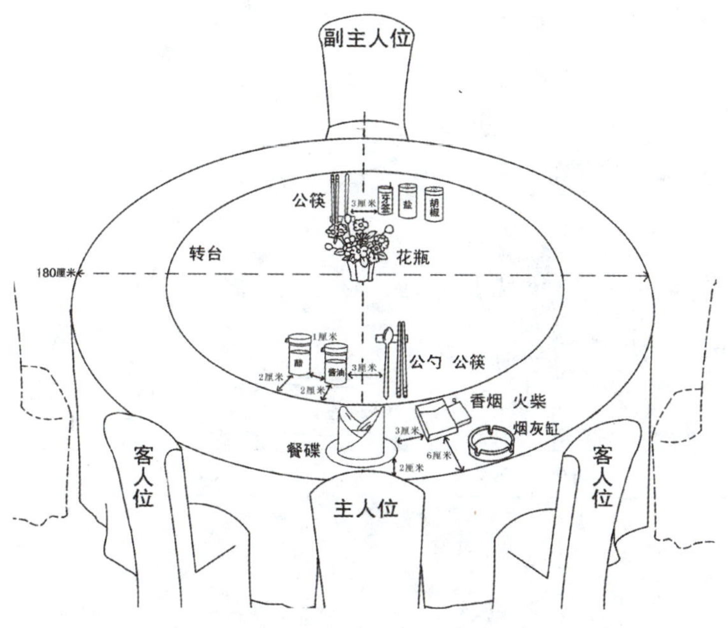

技能 58 西餐宴会摆台图解

1. 西餐宴会大型餐台台布铺设

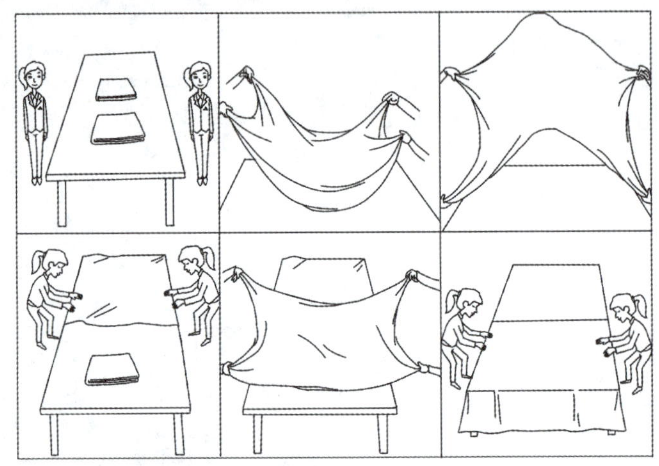

2. 西餐宴会个人餐具摆放

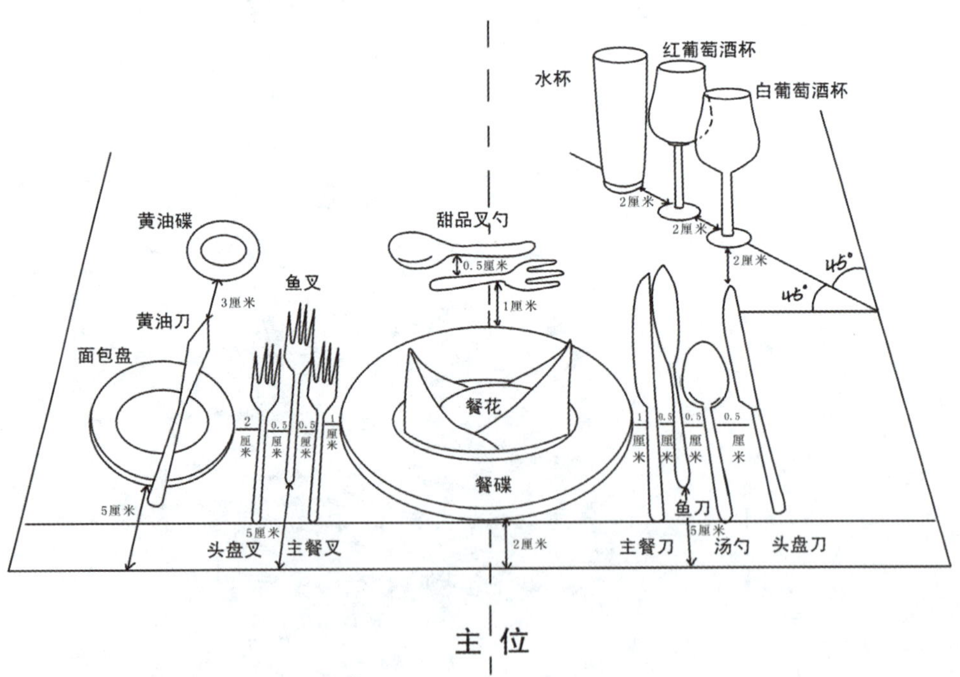

3. 西餐宴会公共餐具摆放

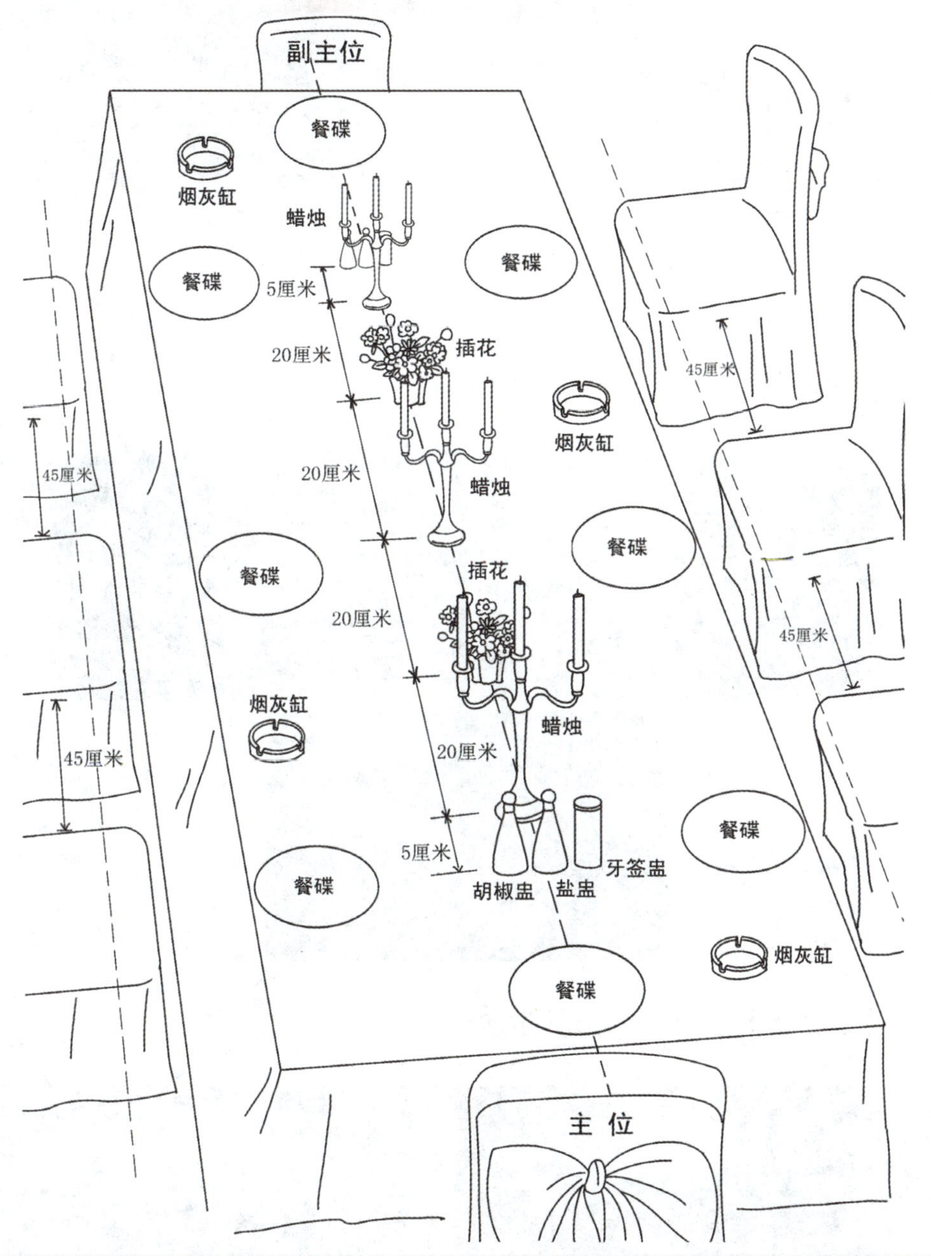

岗位任务 8 托盘

技能 59　胸前托法图解

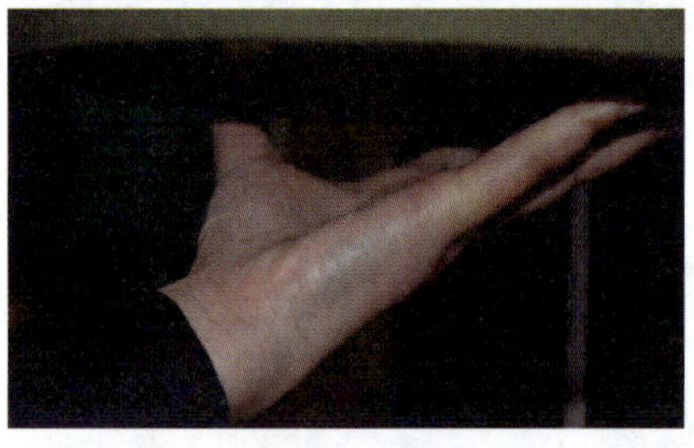

技能 60　肩上托法图解

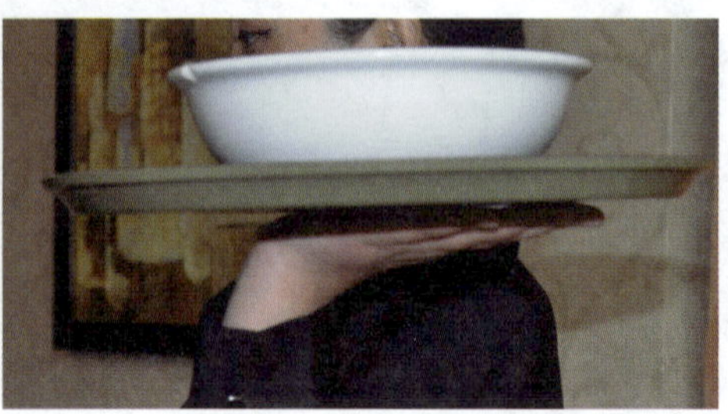

技能 61　单手端一盘（碗）方法图解

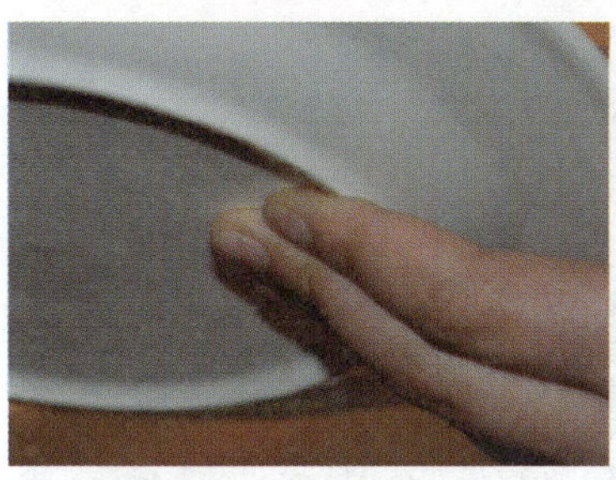

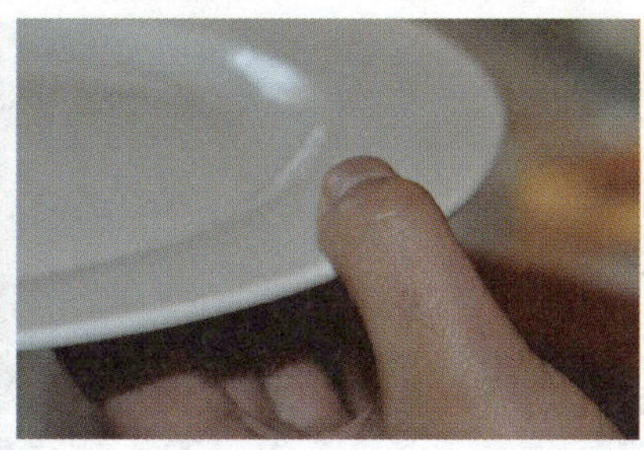

技能 62　单手端两盘（碗）方法图解

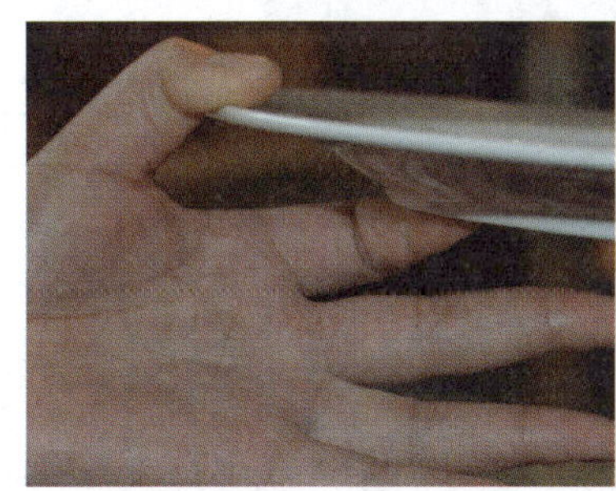

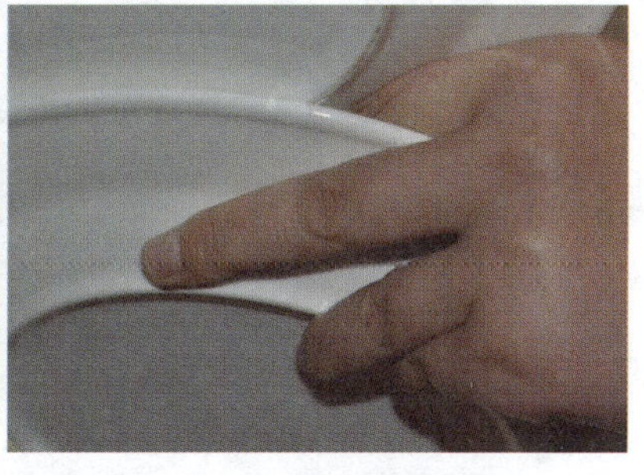

技能 63　单手端三盘（碗）方法图解

技能 64　单手端四盘（碗）方法图解

岗位任务 9 引领宾客

技能 65　迎宾问好图解

技能 66　宾客引领图解

技能 67　拉椅让座图解

岗位任务 10 点餐下单

技能 68　PDA 操作步骤图解

1. 开台

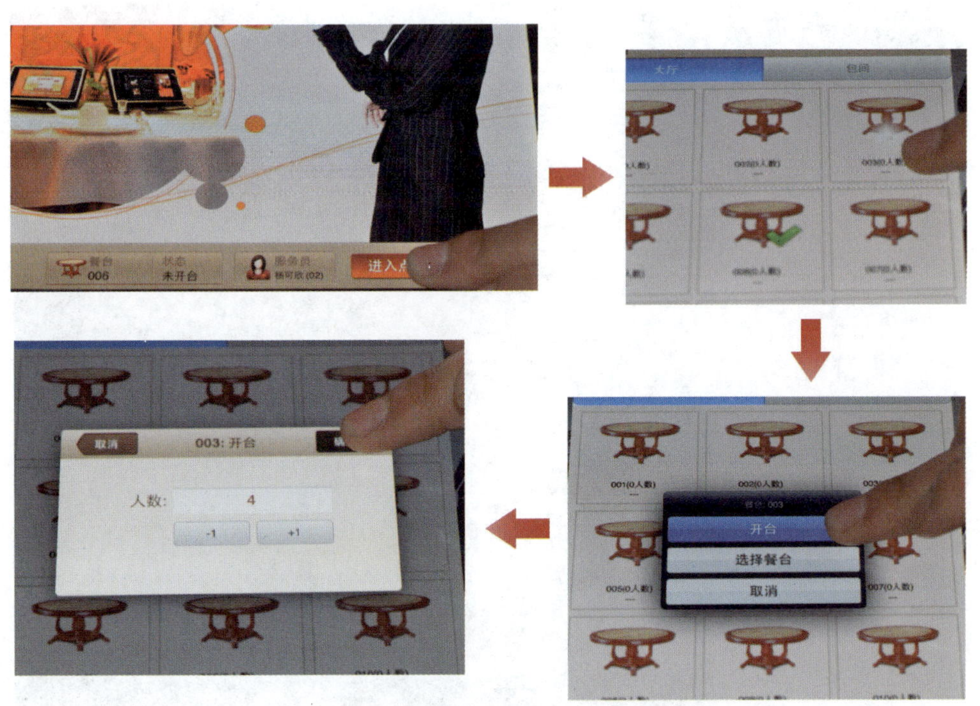

2. 点单

①点菜

②删除菜点

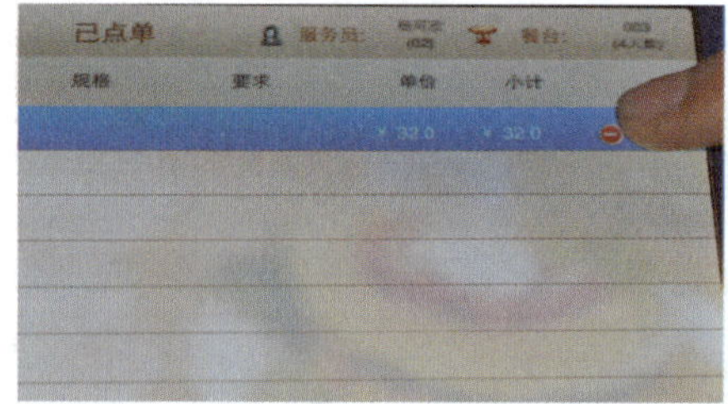

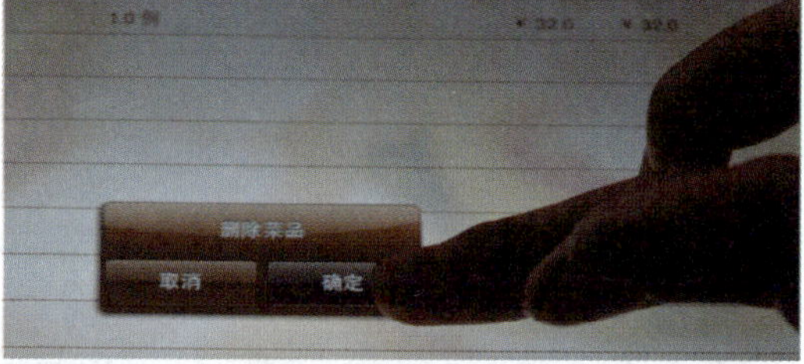

3. 结账

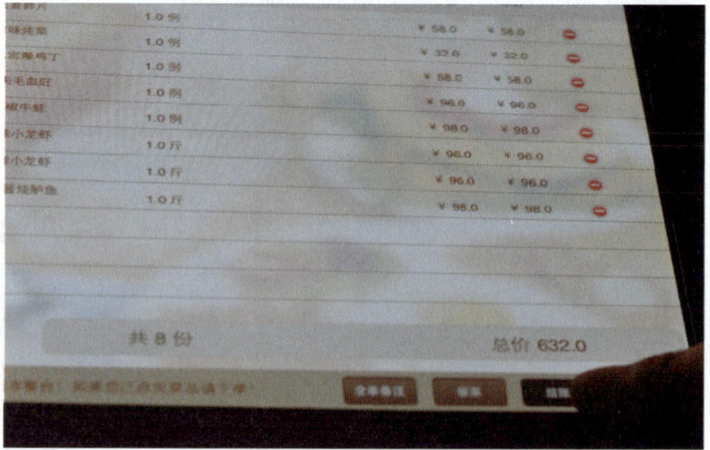

岗位任务 11 上菜

技能 69　传菜之起托动作图解

1. 先将托盘放在工作台或某平面上，装好菜品。

2. 两手紧握托盘两端，将托盘向外平行拉出 2/3 或更多。

3. 左手放到托盘底部后再托起，托起时右手扶住托盘的右下角。

技能 70　传菜之传送动作图解

1. 重托传菜时，左手将托盘撑高，微过肩部位置。

2. 左手臂自然弯曲 90 度，掌心向上，五指分开，掌心不能与托盘底部接触。

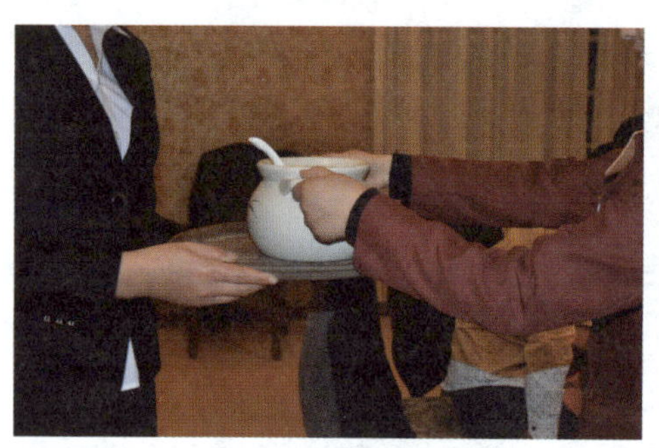

3. 将菜品交给上菜服务员。

4. 由上菜服务员进行上菜服务。

技能 71　上菜规范动作图解

1. 持托盘行进到宾客座位处，从宾客右边接近并准备上菜。

2. 确认餐桌上需要摆放菜品的位置是否有菜，如果有将其转到旁边，腾出相应位置。

3. 前倾上身，微弯腰，右手将餐盘平稳摆在宾客面前，摆放餐盘时，左手托空托盘。

4. 将菜摆放到转台上后，应将转台旋转一圈，让所有的宾客都能欣赏菜的造型和色、香、味。

5. 上菜完毕后右手示意，请宾客享用。

岗位任务 12 分菜

技能 72　服务叉勺握法图解

1. 指握法

将一对服务叉勺握于右手，正面向上，叉子在上方，勺在下方，横过中指、无名指与小指，将叉勺的底部与小指的底部对齐并且轻握住叉勺的后端，将食指伸进叉勺之间，用食指和拇指尖握住叉勺。

2. 指夹法

将一对叉勺握于右手，正面向上，叉子在上方，勺在下方，使中指及小指在下方而无名指在上方夹住勺子。将食指伸进叉勺之间，用食指与拇指尖握住叉子，使之固定。

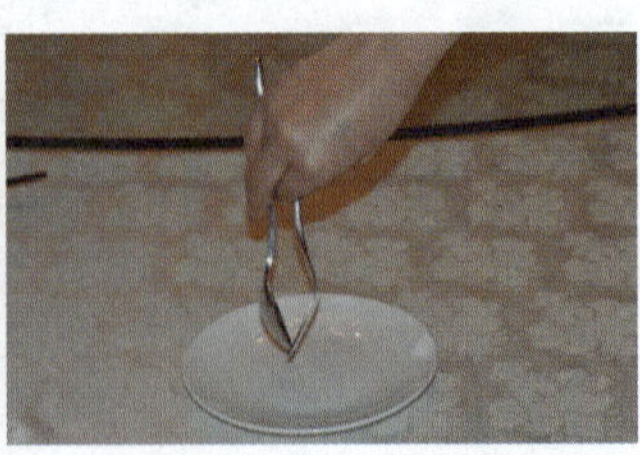

3. 右勺左叉法

右手握住勺子，左手握住叉子，左右来回移动叉勺，适用于体积较大的食物派送。

技能 73　公用筷勺用法图解

右手握公用筷，左手持公用勺，相互配合将菜品分到宾客餐碟之中。

技能 74　长把汤勺用法图解

右手握住长把汤勺的把端，将汤分到宾客的汤碗中。汤中有菜时需用公用筷配合操作。

技能 75 整鱼分菜服务程序图解

1. 左手持叉，右手持刀，用刀叉切断鱼头。

2. 用刀叉切断鱼尾。

3. 用餐刀从鱼头刀口处沿鱼腹中线将鱼肉切开至鱼尾刀口处。

4. 用刀叉配合将鱼肉从鱼骨上剔下，放到盘子边缘处。

5. 左叉轻压脊骨，从鱼尾刀口处将鱼脊骨整条剔除。

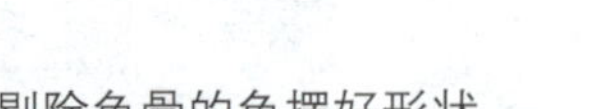

6. 将剔除鱼骨的鱼摆好形状。

7. 将鱼肉恢复原位。

岗位任务 13
斟酒

技能 76　持瓶姿势图解

右手手掌自然张开握于酒瓶中身部（以拿稳为主），拇指朝内，食指、中指、无名指、小指并拢排在一起，与拇指配合握紧瓶身，使酒瓶商标朝外。

技能 77　斟酒姿势图解

1. 服务前，呈直立式持瓶站立，右手持瓶，小臂成 45 度角。

2. 斟酒时，上身略向前倾，向杯中斟酒。

3. 酒液斟满时，利用手腕旋转将酒瓶逆时针方向转向自己身体一侧。

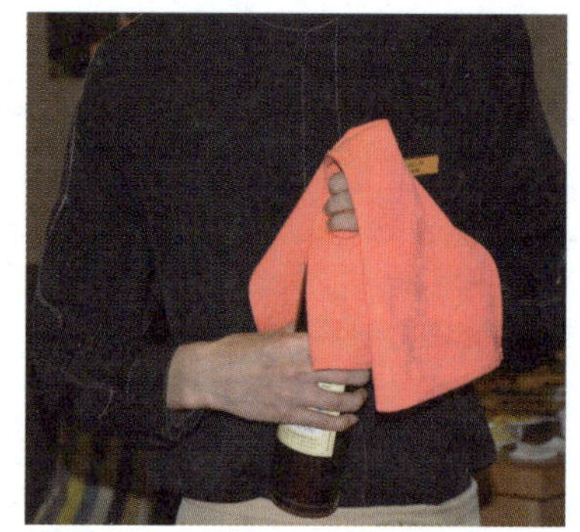

4. 同时，左手迅速、自然地将餐巾盖住瓶口以免瓶口溜酒。

技能 78　斟酒站位图解

1. 餐厅服务员面向宾客，右手持瓶，面向宾客右侧依次进行斟酒。

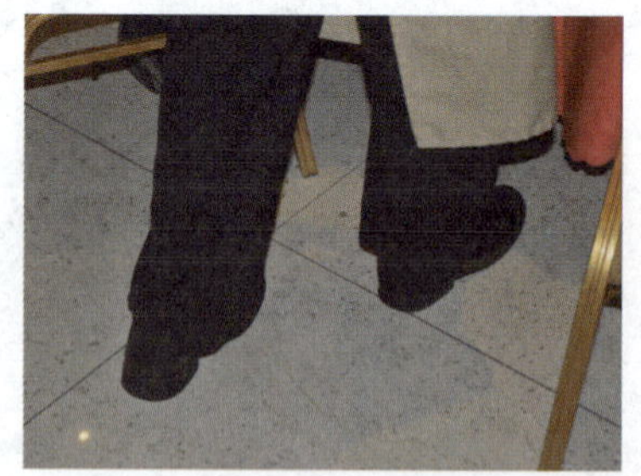

2. 右脚在前，插站在两位宾客的座位中间，脚掌落地，左脚在后，左脚尖着地呈后蹬势。

技能 79 捧斟方式操作图解

1. 左手持瓶，右手持分酒器，将白酒倒入分酒器中。

2. 右手持分酒器，左手持白酒杯，将白酒倒入酒杯。

3. 将宾客的酒杯放到宾客的餐桌前方。

4. 酒杯放置完毕，右手示意宾客。

技能 80 徒手斟酒姿势图解

1. 取酒水：采用正确的持瓶姿势取开好的酒水。

2. 斟酒时，在宾客的右边进行，瓶口与杯沿保持 2 厘米的距离，切忌将瓶口搁在杯沿。

3. 斟酒时，上身略向前倾，向杯中斟酒。

技能 81　托盘斟酒姿势图解

餐厅服务员左手托盘，右手持瓶，向桌面上的酒杯斟酒。

技能 82　香槟酒侍酒过程图解

1. 侍酒准备

①准备冰桶。

②冰冻。

2. 开酒服务

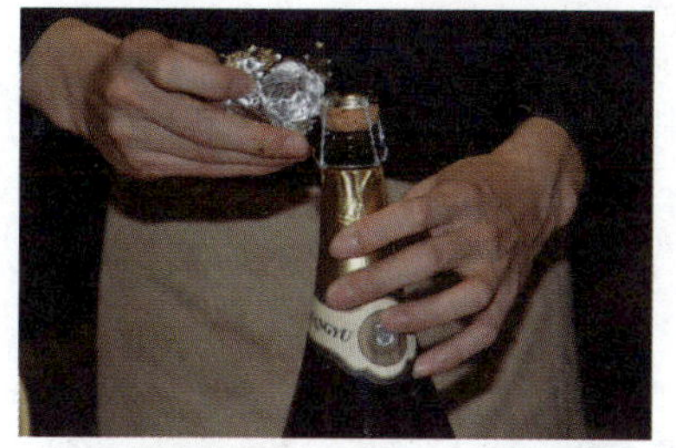

①去除瓶口锡纸。

②左手握瓶颈并用拇指压住瓶塞，右手将捆扎瓶塞的铁丝拧开、取下。

③左手依旧握住瓶颈，右手握住瓶下部，并成 45 度倾斜。

④以左手旋转酒瓶，靠瓶内气压将软木塞挤出，瓶身继续 45 度倾斜。

3. 品酒服务

①向宾客酒杯中注入 1/5 杯容量的香槟。

②宾客品尝。

4. 斟酒服务

①用右手持瓶，从宾客右侧斟酒，首先斟满 1/3。

②等香槟泡沫下去之后，再继续斟满 2/3。

③宾客饮用。

④为宾客斟完酒后，将酒瓶轻轻放回冰桶中。

技能 83　红葡萄酒侍酒过程图解

1. 侍酒准备

准备红酒、红酒架，将红葡萄酒放在红酒架上，酒标朝上。

2. 示酒

餐厅服务员站在宾客座位的右侧，右手持瓶，左手托住酒的底部，成 45 度倾斜状态，商标朝上，请宾客看清酒的商标，进行鉴定认可。

3. 开酒

①用酒刀将瓶口处的锡纸去除。

②将酒钻垂直钻入木塞。

③右手旋转酒钻，将酒钻完全钻入木塞。

④待酒钻完全钻入木塞后，轻轻拔出木塞。

4. 斟酒

①倒入 1/5 杯的红葡萄酒，每倒一杯酒后轻轻转动一下酒瓶，避免酒滴在桌布上。

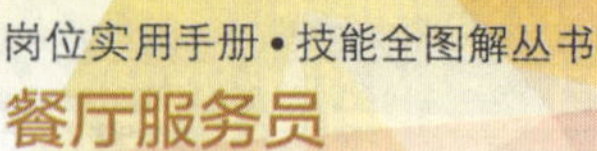

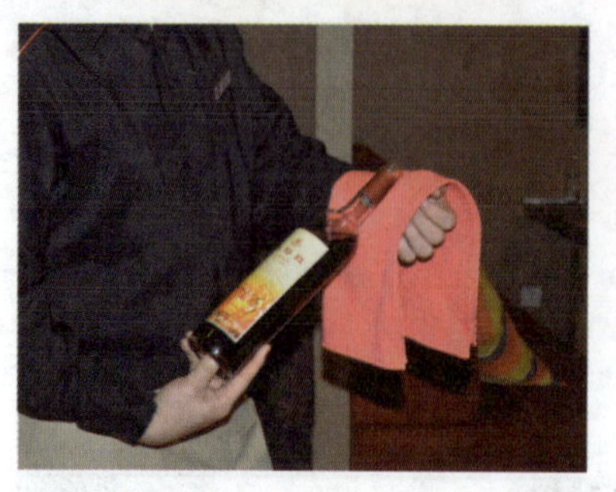

②同时左手迅速、自然地用餐巾擦拭瓶口，以免瓶口溜酒。

③请宾客品尝认可。

④正式斟酒，餐厅服务员需站在宾客的右侧，倒入杯子的 1/2；倒完后，请宾客饮用。

技能 84　白葡萄酒侍酒过程图解

1. 侍酒准备

准备冰桶，将白葡萄酒放入冰桶中，酒标朝上呈斜放状态；并将冰桶放在宾客的右后侧。

2. 示酒

将条状口布两端拉起至酒瓶商标以上部位，并显示出全部商标，在宾客的右侧，右手持瓶颈，左手托瓶底，将白葡萄酒送至主人面前，请宾客看清酒的商标，进行鉴定认可。

3. 斟酒

①倒入 1/5 杯的白葡萄酒。

②每倒一杯酒后轻轻转动一下酒瓶，避免酒滴在桌布上。

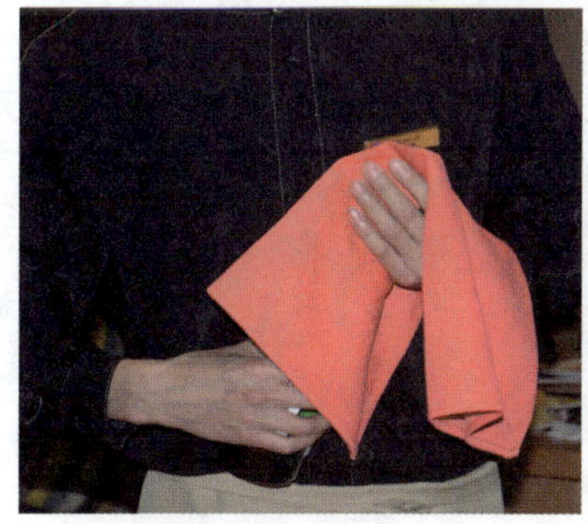

③同时左手迅速、自然地用餐巾擦拭瓶口，以免瓶口溜酒，然后先请宾客品尝鉴定。

④左手持折成块状的餐巾，右手握住酒瓶下半部，酒标朝向宾客，向酒杯斟 1/2 杯酒。

岗位任务 14 撤换餐具

技能 85　撤换骨碟操作图解

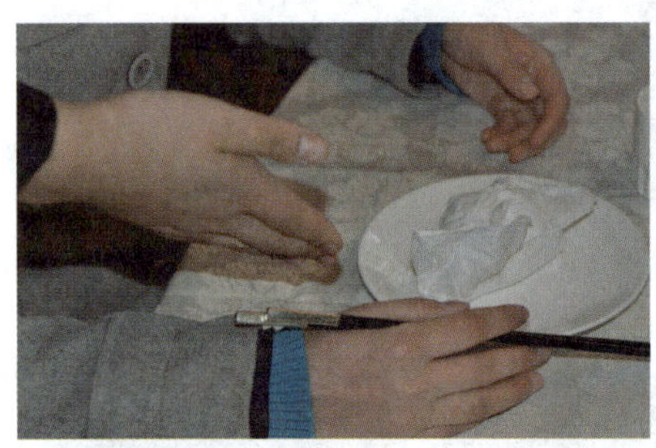

1. 右手示意宾客是否可以取盘。

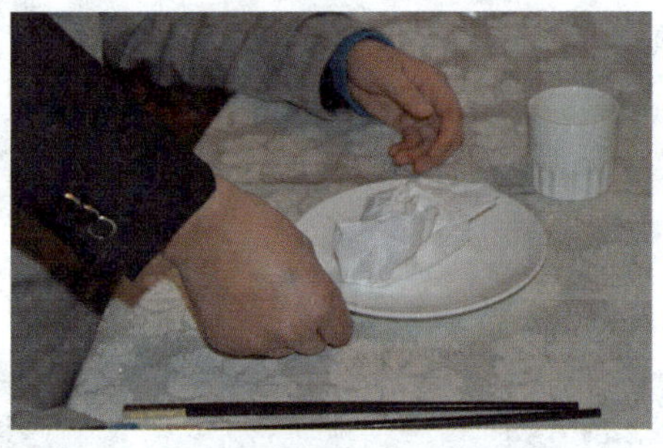

2. 右手从宾客的右侧撤换骨碟。

3. 将用过的骨碟撤下放在托盘的另一侧。

4. 为宾客摆上干净的骨碟。

技能 86　撤换烟灰缸操作图解

1. 用干净的烟灰缸压在用过的烟灰缸上。

2. 将两个烟灰缸同时撤下。

3. 从托盘上取下干净的烟灰缸。

4. 将干净的烟灰缸放回餐桌原处。

技能 87　撤换小毛巾操作图解

1. 左手端托盘，右手用毛巾夹取宾客用过的毛巾。

2. 将宾客用过的毛巾放在餐盘的一侧。

3. 右手用毛巾夹夹取托盘内干净的小毛巾。

4. 将干净的小毛巾放在宾客左侧的碟中。

技能 88　撤换西餐刀叉操作图解

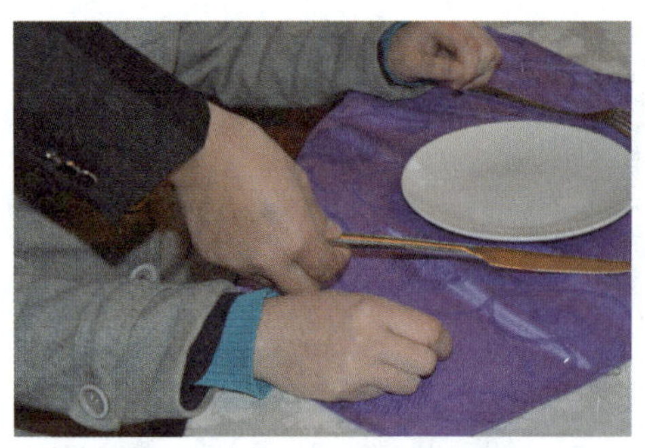

1. 左手托盘，右手从宾客右侧撤下餐刀。

2. 将撤下的餐刀放到托盘的一侧。

3. 右手拿起餐盘中干净的餐刀

4. 右手从宾客右侧将餐刀放在餐盘边缘上。

5. 左手托盘，右手从宾客左侧撤下餐叉。

6. 将撤下的餐叉放到托盘的一侧。

7. 右手拿起餐盘中干净的餐叉。

8. 右手从宾客左侧将餐刀放在餐盘边缘上。

技能 89　撤换西餐餐盘操作图解

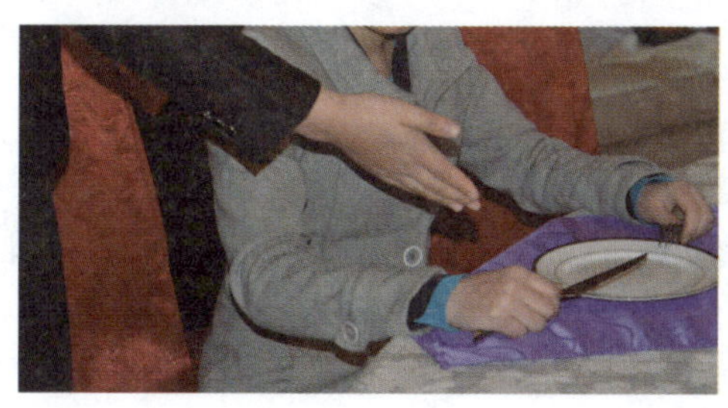

1. 左手托盘，右手向宾客示意是否可以取换餐盘。

2. 经宾客同意，从宾客右侧撤下餐盘。

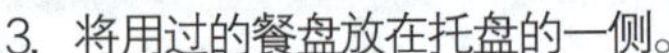

3. 将用过的餐盘放在托盘的一侧。

4. 从宾客右侧将干净的餐盘放在餐位上。

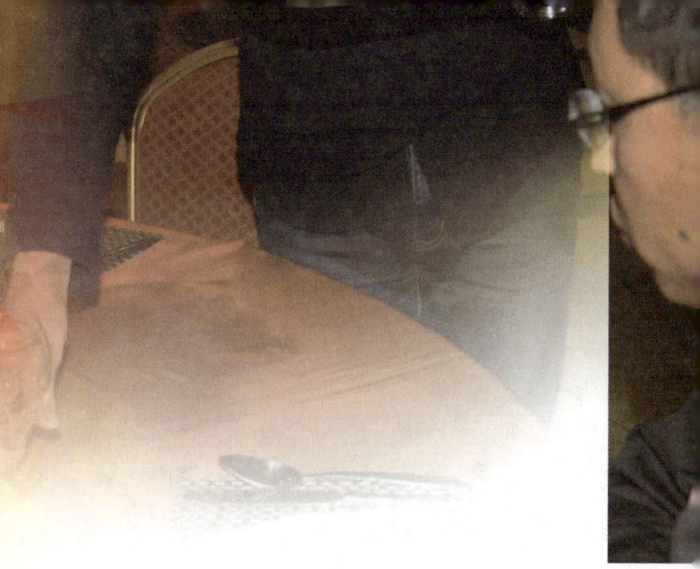

岗位任务 15 撤换酒具

技能 90　酒具撤换操作图解

1. 把干净的酒具放在托盘一侧，左手托盘。

2. 用右手向宾客示意是否可以撤换酒杯。

3. 右手从宾客的右侧撤换酒具。

4. 右手将托盘中干净的酒杯放在餐桌上。

岗位任务 16 结账

技能 91　手按式现金点钞动作图解

1. 左手中指、无名指、小指按住钞票的左上角。

2. 右手中指、无名指、小指按住钞票的右上角。

3. 右手拇指托起右下角的部分钞票。

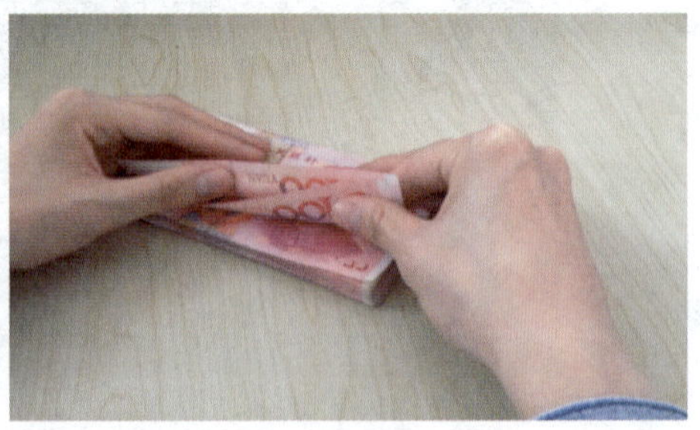

4. 右手食指捻动钞票，每捻起 1 张，左手拇指即往上推动。

技能 92 手持式现金点钞动作图解

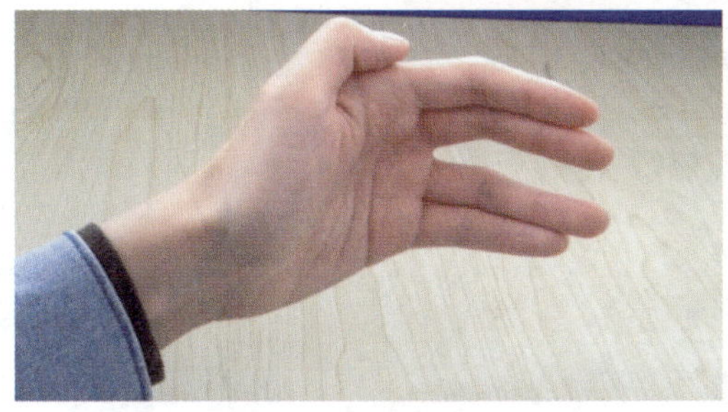

1. 左手中指、无名指弯曲准备夹钞。

2. 右手将钞票递向左手。

3. 左手拇指和右手拇指同时施压将钞票压弯成扇形。

4. 右手拇指压钞，左手食指托钞。

5. 右手食指、中指将捻起的钞票向怀里弹，注意轻点快弹。

6. 左右手配合进行连续点钞。

技能 93　支票信息确认图解

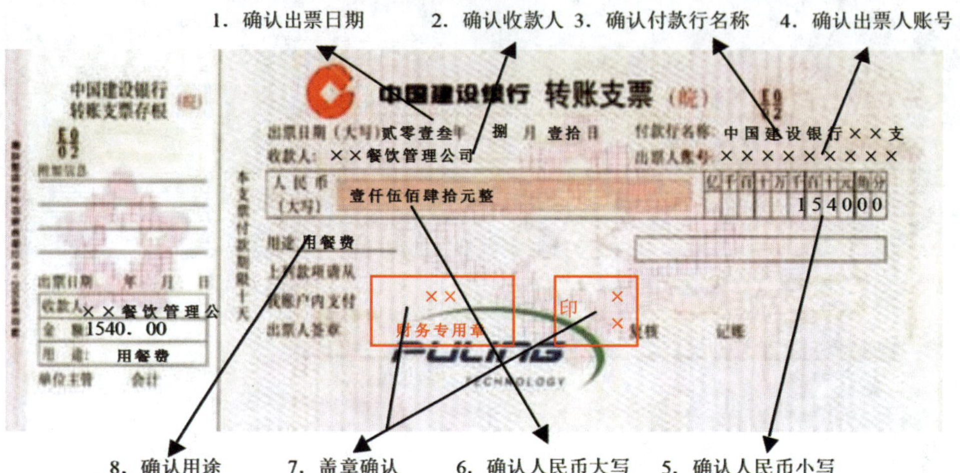

岗位任务 17 收台

技能 94　餐后收台操作图解

1. 关闭部分电源。

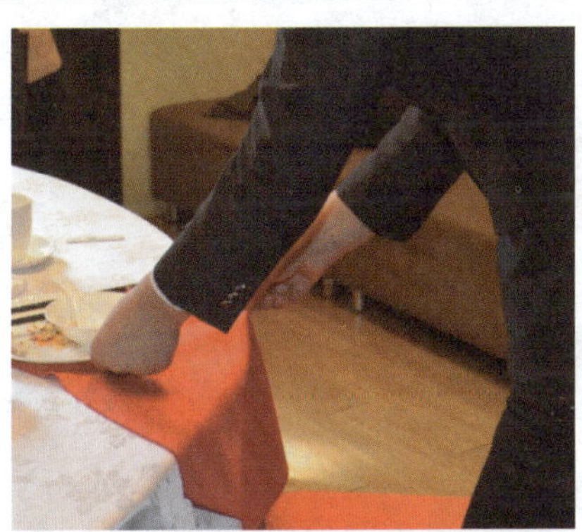

2. 收拾布草。

3. 收拾筷子和筷架。

4. 收拾茶杯和酒杯。

5. 收拾骨碟。

6. 收拾餐盘。

7. 收拾菜碗。

8. 收拾菜碟。

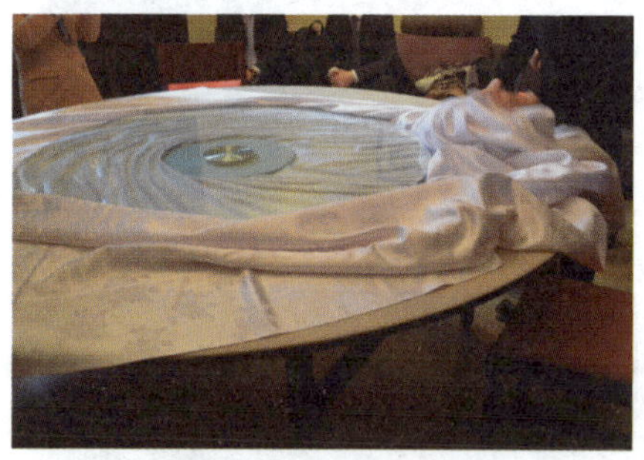

9. 收拾台布 。

10. 将餐具、酒具送往清洗间。

技能 95　更换台布操作图解

1. 手握住身边台布的边缘，将台布往中间收拢。

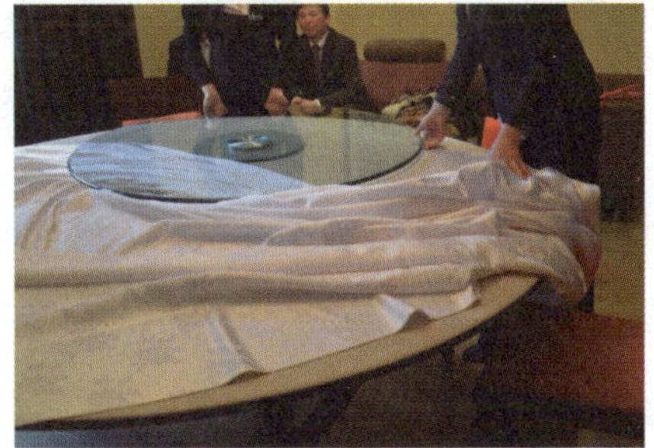

2. 右手抬起转台，左手拿住台布的中间，向身侧方向拉，以撤掉台布。

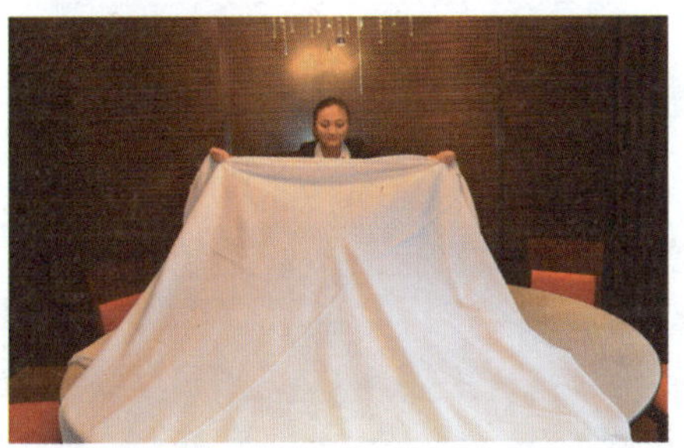

3. 扯出干净的台布，并上下抖动几下，使台布铺满整个桌面（铺台布的操作见技能 52 ~ 54）。

4. 对台布进行定位，使台布对称。

5. 双手掀起台布的一边。

6. 双手将转台从桌底向身内拉，从台布底下撤出。

7. 双手将转台抬起放在台布上面，并置于餐桌中央。

8. 将掀起的台布边缘整理整齐。

技能 96 清洗酒杯操作图解

1. 对酒杯进行初步的清洗。

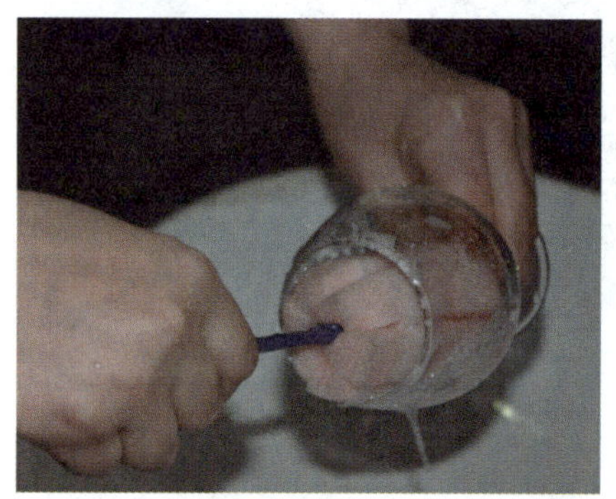

2. 左手握紧酒杯，另一只手拿浸泡清洁剂的清杯刷对红酒杯进行专门清洗。

3. 对初次清洗完成的酒杯进行再次清洗。

4. 在沥干架上沥干酒杯内的水渍。

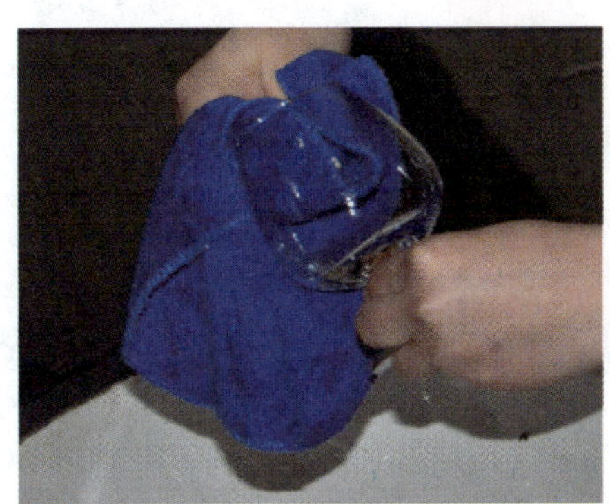

5. 使用洁白的抹布块擦干酒杯，并擦干净残留在酒杯杯身上的水迹及手指印。

6. 对酒杯杯内外、杯底及杯口边缘等地方进行仔细检查，避免留下痕迹。

岗位实用手册·技能全图解 丛书

餐厅服务员

人力资源和社会保障部教材办公室　组织编写

中国劳动社会保障出版社

图书在版编目（CIP）数据

餐厅服务员 / 人力资源和社会保障部教材办公室组织编写．—北京：中国劳动社会保障出版社，2015

（岗位实用手册技能全图解丛书）

ISBN 978-7-5167-1402-7

Ⅰ．①餐… Ⅱ．①人… Ⅲ．①饮食业－商业服务－岗位培训－教材 Ⅳ．①F719.3

中国版本图书馆 CIP 数据核字（2015）第 041504 号

出版发行 中国劳动社会保障出版社

地　　址 北京市惠新东街 1 号

邮政编码 100029

印刷装订 三河市华骏印务包装有限公司

经　　销 新华书店

开　　本 787 毫米 ×1092 毫米 16 开本

印　　张 22

字　　数 394 千字

版　　次 2015 年 3 月第 1 版

印　　次 2021 年 3 月第 2 次印刷

定　　价 36.00 元

读者服务部电话：（010）64929211/64921644/84643933

发行部电话：（010）64961894

出版社网址：http://www.class.com.cn

责任编辑 施顺喆

责任校对 孙艳萍

责任设计 小　崔

ISBN 978-7-5167-1402-7

9 787516 714027 >

编审委员会

李　雯　王　永　朱恒峰

编写人员

主　　编　朱恒峰

执行主编　王　永

编　　者　王　永　刘玉双　陈　里　徐　滕

沈冬霞　王淑杰　钱风敏　董莲凤

孙喜凤　金丹仙　权仁善　张　正

何雨桐　王　琴　张　心　刘　阳

李淑丽

内容简介

本书是关于餐厅服务员岗位技能培训的指导手册，是餐厅服务员进行自我培训、提升服务技能的指导用书。

本书根据《国家职业技能标准·餐厅服务员》对初、中、高三个级别餐厅服务员均需掌握的知识与技能要求进行了总结，梳理了餐厅服务员的工作内容，列明了各工作事项所需掌握的知识要点和技能要点，理论性与实操性兼具，能有效帮助餐厅服务员提升岗位技能。

岗位实用手册包含 5 项岗位内容，22 个知识点，其主要内容包括：餐饮服务设计、餐前准备服务、接待服务、餐间服务和餐后服务等。

本书适合餐饮服务业一线从业人员、餐饮服务业经营管理人员使用，也可作为餐厅服务员岗位培训教材。

前言

《国务院关于加强职业培训促进就业的意见》（国发［2010］36 号）明确提出当前和今后一个时期，职业培训工作的主要任务是：坚持以技能为本、终身培训的原则，大规模开展就业技能培训和岗位技能培训。长期以来，在岗职业人作为一个非常大的群体却受到了忽视，他们不只是要参加鉴定考试培训，在日常的工作中也需要对岗位知识的查询和掌握，需要对现阶段的工作技能进行梳理和规范。因此，人力资源和社会保障部教材办公室组织相关职业专家及一线优秀工作人员开发了一套服务于不同职业在岗人员知识和技能“双查询”的职业工具书，即《岗位实用手册·技能全图解丛书》，以供在岗职业人在实际工作中进行查询、提升、规范、整理、总结职业核心知识和技能之用。

本着在岗职业人在实际工作中能够实现对知识和技能“双查询”的目的，本套丛书采用了创新的图书编排形式，将整本书分为“岗位实用手册”和“技能全图解”两大部分，同时两部分分别从封面和封底各独立成一本书，从封面阅读是岗位实用手册，从封底阅读是技能全图解。

本套丛书具有以下三大特点。

1. 围绕“职业技能提升”核心，将工作岗位与工作事项紧密结合

丛书围绕“职业技能提升”这一核心，将各个职业与其工作事项紧密结合，从职业人的每个工作大项出发，细化为多个工作小项，直击职业人的工作执行重点，是读者进行自我充电、提升职业技能的指导用书。

2. “一书两用”，从封面阅读，快速获得业务基础知识与操作规范

丛书从封面阅读的部分，针对上述每个工作小项，从工作步骤、基础知识、操作要点、规范要求、执行方法、服务技巧、实践范例等方面进行详细讲解，以方便读者针对每个工作事项、每个操作问题对号入座，不仅让读者知道自己要干什么，还让读者知道怎么干，从而全面打造自身的细节执行力。

3. “一书两用”，从封底阅读，拆解关键任务、快速掌握职业技能

丛书从封底阅读的部分，针对职业人的日常工作事项，运用“图解+图说”的方式，拆解每一项技能的操作步骤、明确每一个步骤的执行规格、陈述每一种规格的落实结果，使得本书就像一本细化易查、简单易用的技能字典一样，以便读者随时查阅、参考、运用，大大节省职业技能提升的自我培训时间，从而提高自身的工作效能。

人力资源和社会保障部教材办公室

目录

Contents

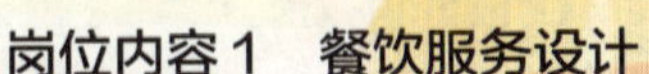

岗位内容 1　餐饮服务设计

知识 1 菜单设计

1. 中餐零点菜单设计

中餐零点服务是餐饮企业为到餐厅用餐的零散宾客提供的服务。餐饮企业在进行中餐零点菜单设计时，需考虑菜单内容、菜单颜色、菜单形式等方面，具体的工作要求如下所示。

菜单内容设计

中餐零点服务的菜单需包括菜点名称、菜点价格等基本信息和菜点介绍、告示性信息及机构性信息等辅助信息两类。其中，在设计菜点名称时，餐饮企业需考虑名称的艺术性与直观性，一般结构为“原料 + 烹饪方法”。

菜单颜色设计

餐饮企业在设计菜单的颜色时，需选择同餐饮企业的档次和经营风格一致的颜色，确保其同企业的档次、经营风格相符。

菜单形式设计

餐饮企业需根据其经营理念选择菜单的形式。一般情况下，中餐零点服务的菜单形式有三类，具体如图 1-1 所示。

传统纸质菜单	◎ 以精美的纸质印刷品为载体 ◎ 装订方式有单页式、书本式、活页式等
实物配文字形式菜单	◎ 以菜点实物或模型配上菜点名称等文字说明的形式展现各类菜点
灯光图片形式菜单	◎ 将菜单中的菜点名称、图片等内容通过灯箱进行展示，供宾客选择

图 1-1 中餐零点菜单形式

2. 西餐零点菜单设计

西餐零点服务是餐饮企业为到西餐厅用餐的散客提供的服务，其特点是宾客多而杂、数量不固定、口味多样化，因此，其菜单设计需符合如图 1-2 所示的要求，以确保能够为宾客提供满意的服务。

菜单内容确定要求	◎ 菜点名称需切实反映出菜点的真实情况 ◎ 菜单中价格需根据菜品的实际情况设置，确保货真价实；如有必要，需明确标注结算的币种 ◎ 餐单的内页首页需有餐饮企业的相关概述，主要包括企业的发展历史、经营特征等，其内容要求简练、生动，字数需在 100 字以内
菜单外观确定要求	◎ 餐饮企业在设计菜单材料时，需根据企业的实际情况，尽量选择质地优良的厚实纸张，并需综合考虑纸张的防污、防折、耐磨等性能确定菜单材料，需避免使用塑料、绢绸、漆布等材料 ◎ 西餐零点菜单一般选择传统纸质菜单或灯光图片式菜单

图 1-2 西餐零点菜单设计要求

3. 中餐宴会菜单设计

中餐宴会指采用中国餐具、提供中国式服务、品尝中国菜点及反映中国宴饮习俗的宴会，其餐单一般具有固定的搭配模式，同时根据宾客的要求及消费标准确定具体菜单内容。中餐宴会菜单中的菜点设计要求具体如下所示。

菜点数量要求

中餐宴会餐单设计需首先确定菜点的数量。宴会菜点数量及分量需根据宴会参加的人数确定，一般国宴为一道冷盘、三道热菜、一汤、一点心、一水果；商务宴会为八菜一汤；亲朋聚会宴会为十菜一汤；婚宴为十六菜一汤。而在分量上，需以每人平均吃 500 克的净料为依据，并辅以考虑宴会的目的、宴会的档次及菜点种类等因素，具体要求如图 1-3 所示。

宴会目的
◎ 宾客举办宴会以品尝菜点为目的，可适当减少菜点分量，并突出菜点的味道
◎ 宾客举办宴会如追求菜量，餐饮企业可适当增加菜点的分量

宴会档次
◎ 宴会档次较高，菜点分量可适当减少，但菜点品种及形式应丰富
◎ 宴会档次较低，菜点的分量需适当加大

菜点种类
◎ 菜点种类较多的宴会，每个菜点的分量可适当少些
◎ 菜点种类少的宴会，每个菜点的分量需要多些

图 1-3　宴会菜点分量设计要求

菜点搭配要求

宴会的菜点原料包含的营养成分应全面，需包含蛋白质、脂肪、维生素、粗纤维、淀粉等，因此，中餐宴会中的菜点在以动物性原料和植物性原料为主的同时，需适当加入主食或点心，以促进营养成分的吸收。

中餐宴会中菜点的荤素凉热搭配比例需根据营养搭配要求、宾客的要求及餐饮企业的实际情况确定，一般情况下，中餐宴会中菜点的荤素凉热搭配情况为：一般宴会为四道凉菜、六道热菜、两份主食；商务宴会为四道凉菜、

四道热菜、两份主食；婚宴一般为六道凉菜、十道热菜、四份主食，其中凉菜为三荤三素，热菜为六荤四素。

菜点更新要求

宴会菜点不仅需要有相对固定且具有餐饮企业固定特点的套餐，还应该根据季节及菜点的流行趋势更新、设计菜点搭配，以实现材料选择、烹调方法及菜点口味的多样化，具体的要求如图 1-4 所示。

◎ 餐饮企业根据时令特点，设计以当季时令原料为主的宴会菜点

◎ 餐饮企业需根据时令特点，设计符合当季用餐口味及色彩要求的菜点，如在冬季需设计口味浓重、颜色较深的菜点，而夏季则为口味清爽、颜色浅的菜点

3

◎ 餐饮企业需根据当期一定时期内的菜点流行趋势，适时推出流行菜点，以满足宾客求新、求异的心理需求

图 1-4 菜点更新要求

菜点成本管理要求

餐饮企业需针对宾客的不同消费水平设定不同档次的多套菜点搭配，具体的要求是餐饮企业需根据每一档次的消费标准，确定宴会菜点成本，并以此选择菜单原料，并确定相应的烹调方法。

4. 西餐宴会菜单设计

西餐宴会是使用西式餐具、提供西餐服务、品尝西式餐点、反映西式宴饮习俗的宴会，其特点是采用西餐的台面布置，使用刀、勺、叉等工具进食，采取分食制，其菜单设计的内容如下所示。

菜单类别确定

西餐宴会的菜单类别根据菜点的变化情况分为固定性宴会菜单、阶段性宴会菜单及一次性宴会菜单三类，其各自的适用情况如图 1-5 所示。

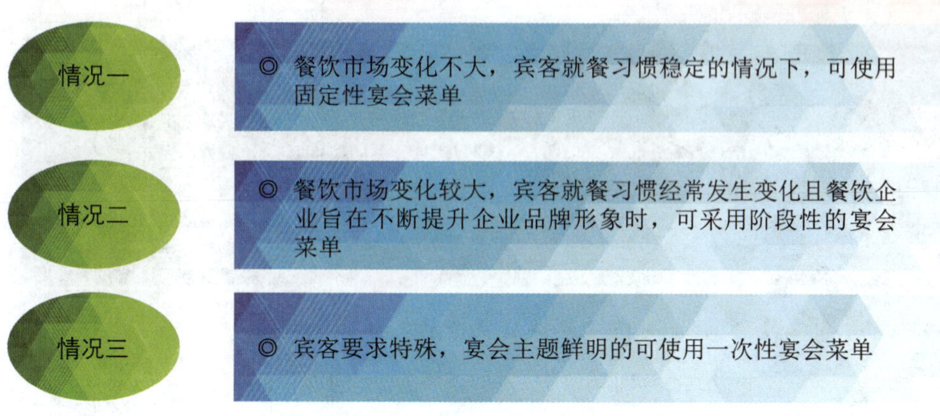

图 1-5　西餐宴会菜单类别适用情况

菜单设计原则

西餐宴会菜单设计需遵循以下两项原则，确保菜单设计的科学合理。

※ 以实际条件为依托，以宾客需要为导向　餐饮企业需以自身的实际条件为出发点，并结合宾客的实际需要，设计宴会菜单的菜点类别、数量等内容。

※ 风格特点鲜明，服务宴会主题　餐饮企业需根据自身的特点，并围绕宴会主题，设计能够体现风格并体现宴会主题的宴会菜单。

菜点设计

西餐宴会的菜点一般分为开胃品、汤、主菜、甜点四类，具体内容如下所示。

※ 开胃品　指西餐宴会中先上桌的、少量的、起到开胃作用的小食品，常见的开胃菜有面包、冷菜或沙拉。

※ 汤　西餐中的汤指起到促进食欲的汤菜，分浓汤和清汤两类，其中每类汤又有冷热之分。

※ 主菜　西餐宴会中的主菜多为海鲜或肉类菜点，其要求量大形整，且造型考究。

※ 甜点　西餐宴会中的饭后甜点常见的有甜沙拉、水果、点心、冰激凌、饮料等。

餐饮企业需根据宴会的主题、主导风味、时令季节等确定宴会菜点。以下为某西餐厅举行宴会的菜单示例，如图 1-6 所示。

× × 法式宴会菜单

开胃品

French fried fo ie gras
法式香煎鹅肝

Prawn papaya salad
大虾木瓜沙拉

汤

Cream of mushroom soup
奶油蘑菇汤

Pot-au-feu
蔬菜牛肉汤

主 菜

Troy steak
特洛伊小牛排

Gigot de sept heures
七时羊腿

甜 点

Chocolate mousse
巧克力慕斯

Apple pie
苹果派

图 1-6 西餐宴会菜单示例

5. 传统家宴菜单设计

家宴是家庭成员相聚的宴会，常见的有庆贺婚嫁的喜宴、为长辈祝寿的寿宴、除夕夜的年夜饭等。家宴的赴宴人员主要为家庭成员，不拘泥于礼仪，宴会菜点的设计、搭配根据家人的意愿、爱好而定。

因此，餐饮企业在设计家宴菜单时，需围绕宾客的需求展开，并要保证菜点的实惠性。这要求餐饮企业在宾客预订宴会时，详细询问其需求，确定家宴的主题，大体确定能够体现主题特征的菜点，同时根据宾客的消费标准及宴请对象的饮食偏好，具体筛选、搭配菜点，以设计出真正满足宾客需要的家宴菜单。

6. 鸡尾酒会菜单设计

鸡尾酒会是以酒水为主、略备小食的宴会。在酒会中，宾客多站立用餐，并随意走动交流。餐饮企业在设计鸡尾酒会菜单时，需首先明确酒会的类型，并根据其特征设计菜单。鸡尾酒会根据其划分标准的不同，其类型如下所示。

举行时段

鸡尾酒会根据举行时段的不同可分为餐前鸡尾酒会、餐后鸡尾酒会及纯鸡尾酒会三类，其各自的菜单设计要求如图 1-7 所示。

餐前鸡尾酒会

◎ 酒水可为纯葡萄酒、纯软性饮料、开胃酒等

◎ 食品可为小三明治、炸薯片及各类小吃

餐后鸡尾酒会

◎ 酒水可为红茶、咖啡、白兰地等

◎ 食品可用巧克力、坚果、甜点等小零食

纯鸡尾酒会

◎ 酒水可为现场调制的鸡尾酒、葡萄酒、软性饮料、咖啡、红茶等

◎ 食品可为点心、冰激凌、小三明治、炸薯片、现场切割的烤肉等

图 1-7 鸡尾酒会菜单设计

消费标准

根据酒会的消费标准，鸡尾酒会可分为经济型鸡尾酒会和高档型鸡尾酒会，其菜单设计的具体要求如下所示。

鸡尾酒会菜单　Cocktail party menu

每位 80 元，60 人起　80rmb per person,

Minimum 60 persons

面包和小食　Bread and snacks

金枪鱼开拿批　Toasted canapé with tuna and lettuce
橄榄油渍彩椒开拿批　Toasted canapé with marinated pepper
泰式炸蔬菜春卷　Spring roll with mixed vegetable in Thai style

头盘和冷食　Appetizer and cold cut

冷切啤酒肠　Cold cut beer sausage
冷切鸡肉肠　Cold cut chicken sausage
烤马铃薯皮　Baked potato skin
水牛城辣鸡翅根　Buffalo chicken wings with tartar dipping
烟熏三文鱼青瓜卷　Smoked salmon rolled with cucumber
三色蔬菜牛肉卷　Three color beef and vegetable roll

甜点　Dessert

苹果派　Apple pie
拿破仑蛋糕　Napoleon Slice
时令水果拼盘　Seasonal Fruit Plate

MENU

饮料　Drinks

可乐　Coke
橙汁　Orange juice
绿茶　Green tea
进口葡萄酒　Imported wine
三种鸡尾酒　Three kind of cocktail

图 1-8　经济型鸡尾酒会菜单设计示例

※ 经济型鸡尾酒会菜单设计　经济型鸡尾酒会主要追求的是菜点经济实惠，因此，其酒水种类需控制在六种以内，可包括鸡尾酒、红酒、软性饮料及各类茶水，而菜点品种则需控制在 10 ～ 20 种之间，且多数以烤制品、冷菜、各类小吃为主，具体示例如图 1-8 所示。

※ 高档型鸡尾酒会菜单设计　高档鸡尾酒会的菜点较为丰富，其菜点品种可达 30 ～ 40 种，可包括凉菜、简易热菜、小吃、点心等，其中凉菜及简易热菜需选用不带骨、无核的原料制成，且需保证菜点干爽，不带汤水；酒水品种可达 10 ～ 15 种，可包括鸡尾酒、红酒、白酒、啤酒、软性饮料及各类茶水，其中白酒的度数不宜过高。

7. 冷餐酒会菜单设计

冷菜酒会是以冷食菜点为主，供宾客自取使用的宴会。餐饮企业设计冷餐酒会菜单的具体实施程序如图 1-9 所示。

◎ 餐饮企业需了解冷餐酒会的主题、用餐标准、宾客构成等情况，并需根据宾客要求设计菜点种类。冷餐酒会中的菜点一般为冷菜、热菜、甜点、酒水等，其中冷菜多为各种沙拉、冷冻菜等菜点，热菜可安排焖菜类、烩菜类、烤煎类等菜点

◎ 餐饮企业需根据用餐人数的多少确定菜点数量，一般以人均 1 000 ～ 1 500 克熟制品为宜，100 人以下的酒会，菜点为 20 ～ 40 种；100 ～ 500 人的酒会，菜点为 40 ～ 60 种；500 人以上的酒会，菜点为 70 种以上

◎ 餐饮企业需根据消费标准确定菜点格局搭配，一般情况下，冷餐酒会中冷菜占 60% 左右，热菜占 17% 左右，点心占 23% 左右，其中主菜需为热菜

图 1-9　冷餐酒会菜单设计程序

8. 茶话会菜单设计

茶话会是组织或单位等在需要的时候举行的一种以茶点为主的宴会，其

招待形式简单。餐饮企业在设计茶话会菜单时需以茶品的设计为主，即需根据茶话会主题及宾客的要求设计所需茶品，同时，需根据宾客消费标准，配置适当的点心或水果，具体的设计示例如图 1-10 所示。

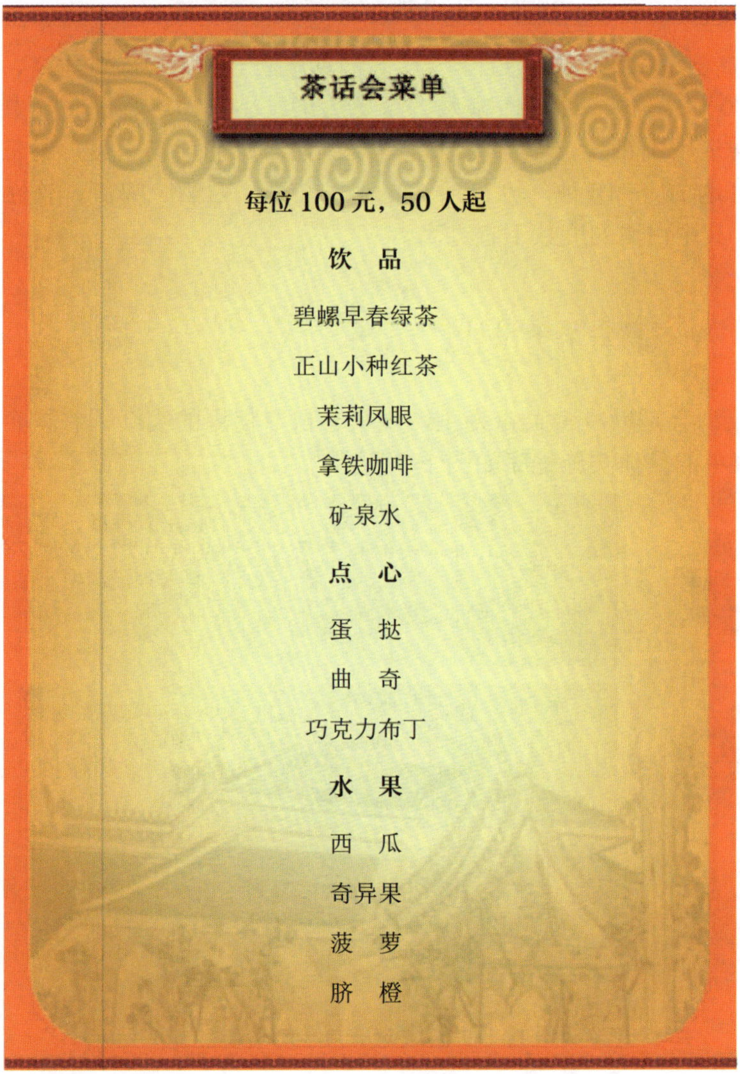

茶话会菜单

每位 100 元，50 人起

饮　品

碧螺早春绿茶

正山小种红茶

茉莉凤眼

拿铁咖啡

矿泉水

点　心

蛋　挞

曲　奇

巧克力布丁

水　果

西　瓜

奇异果

菠　萝

脐　橙

图 1-10　茶话会菜单设计示例

知识 2 就餐环境设计与布置

1. 庆祝宴会环境设计与布置

餐饮企业设计庆祝宴会的环境，首先需同主办方进行详细的沟通，确定庆祝事项并明确主办方的要求，围绕庆祝事项确定宴会环境的整体框架；然后，需根据宴会的档次及宴会举办的实际条件，进行具体环境的设计与布置。餐饮企业设计、布置庆祝宴会的环境需明确如图 1-11 所示四项内容。

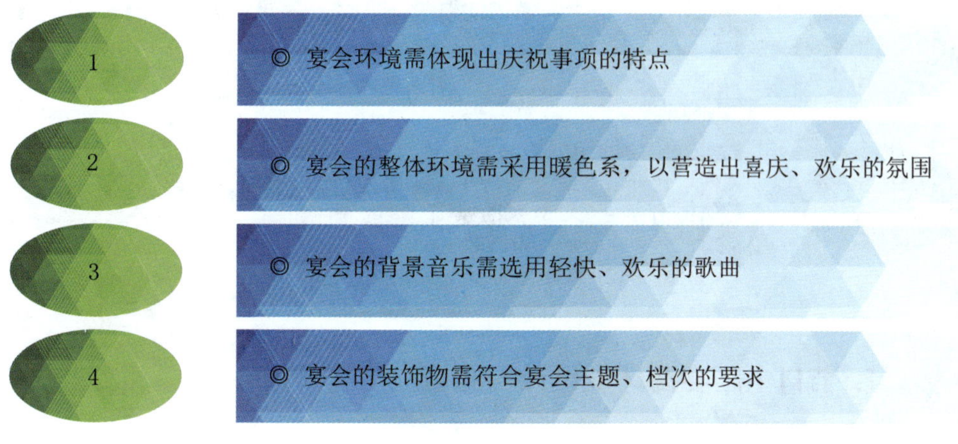

图 1-11　庆祝宴会环境设计与布置要点一览图

2. 商务宴会环境设计与布置

商务宴会在各类宴会中属于较为正式的宴会，是主办方为了达成其商务意愿而举办的宴会。

餐饮企业承办商务宴会进行宴会环境设计时，需明确其环境设计的原则，即热情、端庄、典雅，并需把握环境设计的总体要求，即大方、协调、舒适，从而以此展开宴会现场环境的设计与布置。

3. 欢迎答谢宴会环境设计与布置

餐饮企业进行欢迎答谢宴会的环境设计与布置需完成如图 1-12 所示的工作。

- **主题装饰确定**：◎ 根据答谢宴会的特点及主办方的要求，确定宴会主题装饰物及装饰要求，并根据宴会需要设置欢迎横幅、L 形立地欢迎牌、易拉宝等
- **宴会灯光确定**：◎ 欢迎答谢宴会的灯光亮度需适中，不得过亮或过暗
- **宴会色调确定**：◎ 欢迎答谢宴会的整体色调需是暖色调，可采用红色、橘黄色等暖色系的颜色进行装饰，以充分表达出主办方对宾客的欢迎或感谢
- **宴会背景音乐确定**：◎ 欢迎答谢宴会的背景音乐需为欢快、愉悦的乐曲，以表达出宴会轻松欢快的氛围

图 1-12 欢迎答谢宴会环境设计内容

4. 节日主题宴会环境设计与布置

节日主题宴会是为了庆祝相关节日而举办的宴会，因此，节日主题宴会环境的设计与布置需围绕节日的特征展开，以准确反映出节日的特点。餐饮企业进行节日主题宴会环境设计与布置需从以下四个方面展开。

宴会光线设计

餐饮企业需根据节日的特点，宴会厅的风格、档次、空间等确定光线类型及颜色。宴会中常见的光线类别有白炽灯光、烛光、彩光三类，具体使用要求如下所示：

※ 彰显宴会的豪华气派，或需使宴会食物显得最自然时，可采用白炽灯光。

※ 需使宴会更加温馨、和谐、神秘时，可采用烛光。

※ 需能够根据宴会的实际需要及时调节宴会气氛的，可使用彩光。

※ 中式的节日主题宴会多采用金黄色或红黄色光，且需使用暴露光源；西式的节日主题宴会则会采用偏暗柔和的灯光，且要保证餐台的照度强于餐台本身的照度。

宴会色彩设计

餐饮企业需根据宴会的主题及宴会的类型确定宴会颜色，如中式春节、中秋等主题宴会，可选择红色等鲜艳的颜色作为背景颜色，而在西式的圣诞节等主题宴会上，则需选择白色等淡雅的颜色作为背景颜色。

同时，餐饮企业也需根据宴会举办的季节选择相对应的背景颜色，如在夏季举办的宴会，可选用蓝色、绿色等冷色系颜色，给宾客以清爽的感觉；而在冬季举办的宴会，可选择红色、橙色等颜色，给宾客以温暖的感觉。

温湿度及气味设计

※ 温度要求　餐饮企业需确保在冬季举办的节日主题宴会厅内的温度为 19 ～ 22℃，在夏季举办的节日主题宴会厅内温度为 22 ～ 25℃，且在用餐高峰时段宴会厅内的温度为 25 ～ 27℃。

※ 湿度要求　餐饮企业需确保宴会厅内的相对湿度在 40% ～ 60% 的范围内。

※ 通风排气要求　餐饮企业需确保宴会厅内通风良好，空气新鲜，换气量不低于 30 立方米 /（人 • 小时）。

宴会内声音设计

餐饮企业需根据宴会主题选择适当的音乐播放，以有效调节宴会的氛围，同时需保证宴会厅内的噪声不超过 50 分贝，以营造出舒适、祥和的宴会氛围。

5. 大型冷餐酒会环境设计与布置

餐饮企业设计大型冷餐酒会的环境需首先考虑冷餐酒会的特点，并以此确定酒会环境的整体设计框架。冷餐酒会是以冷餐食品为主的宴会，且其持续时间较长，因此，餐饮企业需要为宾客营造出一个舒适的就餐环境。

由此，餐饮企业需严格依照宴会的主题及主办方的要求设计酒会环境。餐饮企业首先需将餐台中央部分架高，并加上主办方的 Logo，从而凸显出冷

餐酒会的主题。同时还需根据酒会的主题确定酒会灯光的强度、色彩。而在背景音乐方面，餐饮企业需选择悠扬舒缓并能够反映酒会主题的传统乐曲，从而为宾客构建出舒适、平静、温馨的酒会环境。

6. 大型鸡尾酒会环境设计与布置

餐饮企业进行大型鸡尾酒会的环境设计与布置需做到如图 1-13 所示的三项要点。

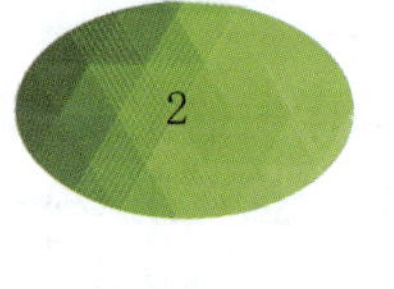

1

◎ 需根据主办方要求的主题确定酒会的整体环境，如用能够体现酒会主题的模型等进行酒会的装饰

2

◎ 需根据酒会规格及酒会举办场地的特点设计酒会现场的绿化布置，并在会场的四周使用常青树或盆栽花卉点缀，增添酒会欢乐的气氛

3

◎ 酒会中的灯光不宜过亮，如采用可调整的灯光控制装置，需将酒会的灯光设定在 3 ～ 4 段之间；如酒会会场内有舞台设计，舞台上的灯光强度需大于舞台周围的酒会会场场地

图 1-13 大型鸡尾酒会环境设计与布置要点一览图

7. 大型茶话会环境设计与布置

餐饮企业进行大型茶话会环境的设计，需根据茶话会的主题进行布置，即可根据茶话会的主题设计茶话会的背景，并需综合考虑茶话会的举办季节，使用能够反映其季节特征的花卉装扮会场，以准确反映茶话会的内容。

同时，餐饮企业也可根据主办方的要求，在宴会期间配以欢快的音乐或在会场内设置小型舞台，供宾客表演文艺节目，以增添欢乐的气氛。

知识 3 宴会台型设计

1. 中餐宴会台型设计

中餐宴会的餐台一般为圆台，其具体的排列形式需根据宴会规模、宴会厅大小及宾客的要求确定，具体要求如下所示。

一桌宴会

一桌宴会的餐台应放在宴会厅的中央，且主人位置需正对宴会厅的大门。

两桌宴会

两桌宴会的餐台可呈一字形排列，主餐台需放在宴会厅的正面上位。

三桌宴会

三桌宴会的餐台可根据宴会厅的形状呈品字形或一字形排列。

四桌宴会

四桌宴会的餐台需呈菱形排列，主餐台需放在宴会厅的正面上位。

五桌宴会

五桌宴会的餐台可呈日字形排列，主餐台需放在中间位置。

六桌宴会

六桌宴会的餐台可呈三角形排列，主餐台需安排在三角形的顶角处。

七桌到十桌宴会

七桌到十桌的宴会，主餐台需放在餐厅的正面上位或在餐厅的中央摆放，其余各桌可按顺序成双排或三排排列。

大型宴会

大型宴会的餐台需根据宴会厅的形状、大小呈一字形或圆形排列。

特别需要指出的是，中餐宴会中如需要设置主宾席区和一般来宾席区的，主宾席区的第一桌需比其他桌突出，且主宾席区的餐台需比一般来宾席区的大。

 2. 西餐宴会台型设计

西餐宴会常见的台型主要包括一字形、T形、U形、E形、正方形、梳子形、教室形和鱼骨形八类，而大型的西餐宴会多会采用梳子形、教室形和鱼骨形三类。宴会采用何种台型，餐饮企业需根据参加宴会的人数、宴会厅的形状及主办方的要求具体确定。

宴会中的餐台一般为长条桌，也可由长台、方台及圆台等拼合而成。宴会中的餐椅需对称摆放在餐台两边，餐椅间的间距要均等，且不得小于20厘米。

 3. 鸡尾酒会台型设计

鸡尾酒会的台型设计要求具体如图 1-14 所示。

1 ◎ 鸡尾酒会的台型无固定形式，一般不设餐台，酒会供应的食品、饮品均由服务人员直接为宾客托送，但可安置一定数量的小型方桌，供宾客放置空酒杯

2 ◎ 鸡尾酒会的服务台数量需与宾客的人数及酒会场地相适应，其位置需方便服务人员为宾客提供食品或饮品

3 ◎ 鸡尾酒会可不设主宾席，如有需要，可在合适位置设计主宾席及讲话台

4 ◎ 鸡尾酒会需搭建舞台时，其背景的布置需要符合酒会的主题

图 1-14 鸡尾酒会台型设计要求

 4. 冷餐酒会台型设计

冷餐酒会的台型设计主要分为两步，即酒会台型布局设计、菜台设计，

具体设计要求如下所示。

酒会台型布局设计

冷餐酒会的台型布局可分为设座式和不设座式两类台型。在两类台型布局设计中，餐饮企业需注意以下要求。

※ 设座式台型设计　餐饮企业需根据酒会厅的规模、形状及主办方的要求与宾客的数目确定餐台的形状与数量，并配置相应的餐饮。设座式冷餐酒会中常见的餐台类型为一字形台、T 形台、鱼骨形台等，餐饮企业在摆放餐台时，需确保各餐台的间距为 1 米，从而确保宾客在各餐台间能够走动取食。

冷餐宴会中如需设立主宾席，需将其设立在酒会厅的上首中央位置，而冷餐酒会中酒水台及菜台、餐台的布置需根据宴会厅的形状、面积及宴会参加人数确定。

※ 不设座式台型设计　不设座式冷餐酒会的台型设计要求酒会厅内需留有足够的走动空间，厅内的空旷区域需足够大，因此，酒会中菜台、酒水台、甜品台的布局需松散，并相互呼应。一般情况下菜台摆放在酒会厅中央，酒水台、甜品台可分布酒会厅四周，围绕菜台而设。

冷餐酒会中如需设置舞台，其需设立在餐台一端，并且不宜过大；如酒会的女宾或年老者过多，餐饮企业还可在酒会厅四周摆放少量椅子，供其休息；如酒会需设置主宾席，其需设置在酒会厅上方。

菜台桌形设计

在冷餐酒会中，主要的摆设即为放于酒会厅的菜台，因此，餐饮企业确定酒会的台型布局后，需进行菜台的设计。餐饮企业在设计酒会菜台时，需根据酒会厅的规模及主办方的要求确定菜台形状，之后根据菜台的尺寸进行拼搭，以均匀分布酒会菜台。冷餐酒会中常见的桌形有 U 字形、V 字形、长蛇形、J 字形、组合长条形等。

5. 大型茶话会台型设计

大型茶话会指与会人员达到几百人甚至上千人的宴会，其多采用圆桌，与会人员围绕而坐。大型茶话会的台型主要有环绕式、散座式、圆桌式及主席式四类，具体台型设计内容如图 1-15 所示。

台型	说明
环绕式	◎ 不设立主席台，将椅子、茶几等摆放在会场四周，不明确座次的尊卑，与会人员入场后自由就座 ◎ 此方式与茶话会的主题最为相符，因此是餐饮企业常用的形式
散座式	◎ 将椅子、茶几等自由组合，并可根据与会人员的个人要求安排位次
圆桌式	◎ 在会场上摆放数张圆桌，与会人员围绕圆桌自由入座
主席式	◎ 将会议主持人、主人、主宾等有意识地安排在一起，并安排其按照常规要求入座

图 1-15 大型茶话会台型设计

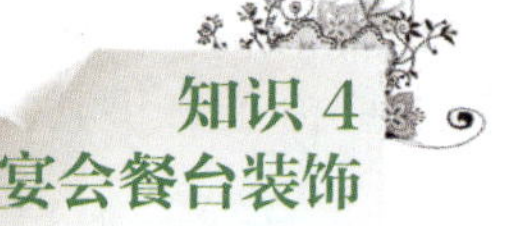

1. 宴会餐台装饰依据

在确定宴会台型后，餐饮企业需对餐台进行装饰，以准确呼应宴会主题。餐饮企业进行餐台装饰的参考依据如图 1-16 所示。

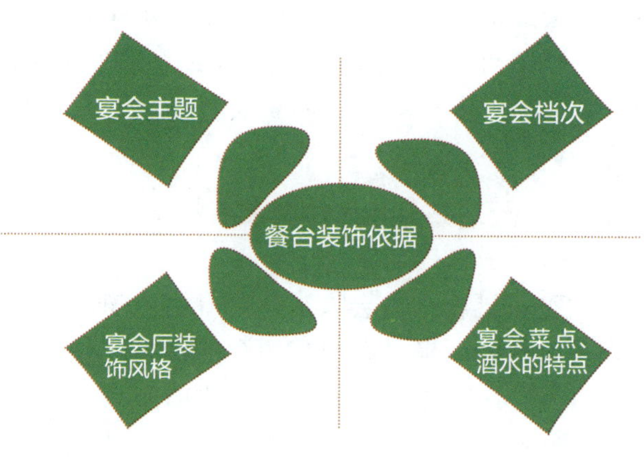

图 1-16 宴会餐台装饰依据

2. 宴会席位安排设计

宴会开始前，餐饮企业需根据宴会的类型及主办方的要求安排宴会席位。常见宴会的类型主要有中餐宴会与西餐宴会两大类，其席位安排的具体要求如下所示。

中餐宴会席位安排

中餐宴会中一般情况下使用圆桌，而在每张餐台上的具体位次需有主次尊卑之分，具体的要求如图 1-17 所示。

1 ◎ 宴会主人需坐在主桌上，且需面对正门而坐；同一桌上的位次尊卑，需根据距离主人位置的远近确定，一般情况下以近为上，以右为尊

2 ◎ 如主宾的身份或地位高于主人，可将主宾安排在主人座次上就位，而主人可坐在主宾的位置上

3 ◎ 宴会为多桌宴会，各桌上均需有一位主桌主人的代表作为各桌的主人，其位置可同主桌主人同向而坐，也可面向主桌主人而坐

4 ◎ 每张餐台的就餐人数最多不要超过 10 人，且其人数需为双数

图 1-17　中餐宴会席位安排要求

西餐宴会席位安排

西餐宴会多采用一字形桌、T 形桌或 U 形桌，其席位的安排原则如图 1-18 所示。

女士优先	◎ 安排用餐席位时，将女主人作为第一主人，安排在主位上，而男主人则为第二主人，安排在第二主人位置上
面门为上	◎ 面对宴会厅门位置的人的身份地位需高于背对宴会厅门位置的人
交叉排列	◎ 西餐宴会席位安排需讲究交叉排列的原则，即男女交叉排列、熟人和生人交叉排列
以右为尊	◎ 安排宴会席位遵守以右为尊的原则，即男主宾需安排在女主人的右侧，女主宾需安排在男主人的右侧

图 1-18 西餐宴会席位安排要求

3. 宴会餐台中央装饰

宴会餐台的中央装饰是放在宴会餐台中央，用于体现宴会主题的装饰物。

餐饮企业在设计餐台中央装饰时需根据宴会的主题确定装饰品的类别，并根据餐台大小、类型、相关摆台的要求及宴会的规格档次确定中央装饰品的大小与材质。一般情况下，宴会餐台常用的中央装饰物有植物艺术品或能够反映宴会主题的各类模型。

4. 餐台台布与台裙装饰

餐台台布与台裙在餐台中占据了大部分的面积，其颜色、款式形式能够基本决定餐台的色调及基本格调，因此，餐饮企业在设计餐台台布及台裙时，需根据宴会的主题及宴会厅的环境特点选择台布、台裙的颜色及款式。

一般情况下，中餐宴会采用红色、橙色等暖色调的台布、台裙，而西餐宴会采用蓝色、紫色等冷色调的台布、台裙。

而在台布、台裙款式设计上，餐饮企业可用大小台布搭配装饰餐台，要求将大台布铺于底层，其下摆需遮住桌腿，然后在大台布上面铺上小台布，

下垂 20 厘米左右。餐饮企业可根据举办宴会的实际情况，在台布中缝处加铺打褶的台裙用来装饰。

5. 餐巾花的布置与设计

餐饮企业需按照图 1-19 所示要求设计、布置餐台的餐巾花。

餐巾花设计

◎ 中餐宴会要求使用杯花，西餐宴会使用盘花

◎ 餐巾花的颜色需符合宴会的主题要求，并与宴会厅的氛围情况相搭配

◎ 餐巾花的材料需根据宴会要求及企业的实际情况选择确定

◎ 餐巾花的花型根据宴会的性质、规模及宾客的要求确定

餐巾花摆放

◎ 不同花型的餐巾花需错开搭配摆放，并需确保其高低、大小错落有致

◎ 餐巾花摆放需突出主花，保证主花的与众不同

◎ 餐巾花摆放时需将观赏面面对宾客的席位

图 1-19　餐巾花布置与设计要求

6. 餐具酒具的选择与搭配

餐饮企业在进行宴会餐具酒具选择搭配时，需明确宴会中所需餐具酒具的种类。在中餐宴会中，常见的餐具酒具有托碟、饭匙、汤匙、筷子、汤碗、骨碟、白酒杯、啤酒杯、葡萄酒杯、烟灰缸等，而在西餐宴会中，常见的餐具酒具有主盘、餐刀、鱼叉、餐叉、汤匙、饭匙、点心叉、忌司盘、水杯、白酒杯、红酒杯、葡萄酒杯、公用刀具、烟灰缸等。

餐饮企业在选择搭配餐具酒具时，需根据宴会档次、宴会特点、菜点性质等原则进行选择搭配，其要求如图 1-20 所示。

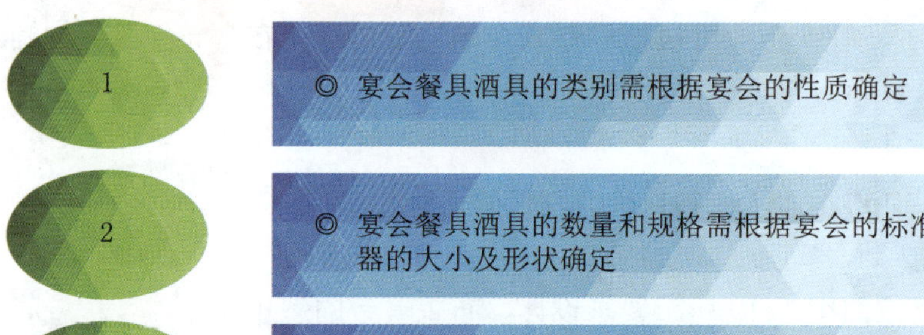

图 1-20 宴会餐具酒具选择搭配要求

 7．小件装饰品布置与设计

餐饮企业需根据宴会的主题、餐台的格调、宴会的档次及宾客的要求，确定装饰品的类别、规格、数量，并应根据宴会的实际情况安排、布置小件装饰品，使其能够恰当地表现出宴会的主题，具体的设计示例如图 1-21 所示。

花艺主题婚宴现场布置

图 1-21 小件装饰品布置示例

8. 宴会餐椅的装饰与设计

宴会餐椅装饰设计是宴会餐台装饰设计的重要组成部分，餐饮企业在设计餐椅装饰品时，一般会采用纺织品的椅套、坐垫等作为装饰，具体的设计过程是：首先根据宴会的主题确定装饰类型，然后根据宾客的要求及宴会的规格确定装饰品的质地，最后结合宴会厅及餐台格调确定装饰品的颜色及款式，使其同整个宴会的主题相呼应，具体的设计示例如图 1-22 所示。

图 1-22　宴会餐椅装饰示例

岗位内容 2　餐前准备服务

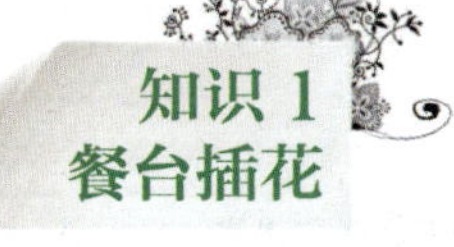

知识 1　餐台插花

1. 选择插花工具

餐台插花的工具分为专用工具和辅助工具两类，具体内容如下所示。

专用工具

※ 修剪工具　修剪工具是插花人员在修剪花材过程中用到的工具，主要有剪刀、刀和锯。其中，剪刀是用来修剪花型的主要工具，常见的有枝剪和普通剪；刀是用来切削花枝、雕刻花型及去皮的工具；锯则是用来截锯、修整较粗木本植物的工具。常用的修剪工具如图 2-1 所示。

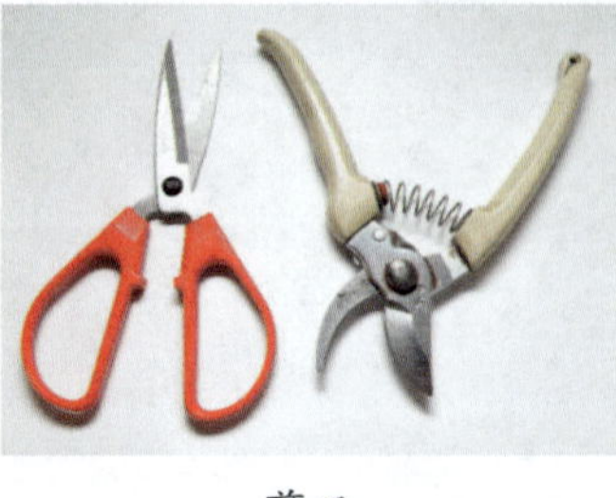

剪刀

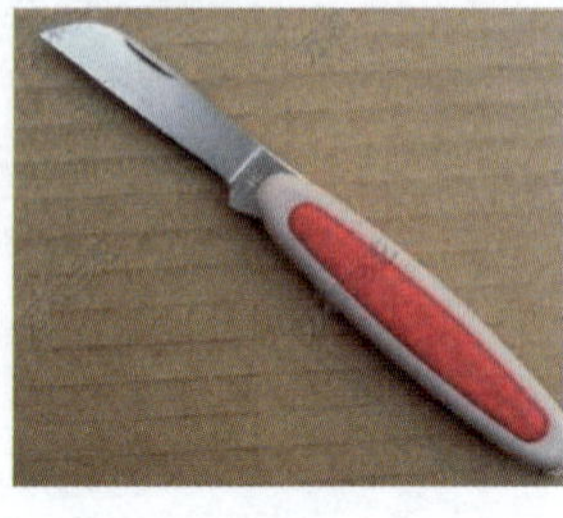

刀

锯

图 2-1　插花修剪工具

※ 固定工具　固定工具是插花人员在固定插花时使用的工具，主要包括插座（花插）、瓶口插架及花泥等，具体如图 2-2 所示。

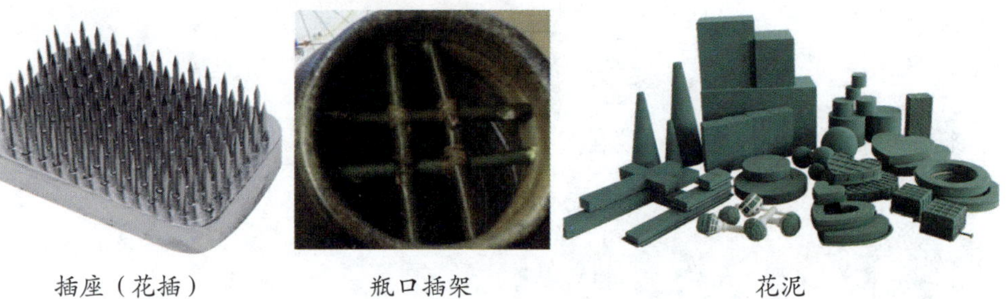

插座（花插）　瓶口插架　花泥

图 2-2　插花固定工具

辅助工具

插花的辅助工具包括铁丝、透明胶、贴布、注水器、喷水壶、订书机等，具体如图 2-3 所示。

铁丝

贴布

喷水壶

订书机

图 2-3　插花辅助工具

2. 选择合适的花材

插花人员首先需根据插花的造型选择合适的花材。在插花造型中，常见的形态是点、线、面，而上述形态对花材的要求具体如下所示。

点

插花中，面积较小的花材可视为点，如石竹梅、小菊花、勿忘我、满天星等，而在大型的插花作品中，玫瑰、郁金香也可被视为点，具体如图 2-4 所示。

石竹梅

小菊花

玫瑰

图 2-4　花材——点

线

插花中，线状的花材可视为线，使花型挺拔伸展。线状花材种类繁多，如木本中的竹枝、松枝、柳枝等及草本植物米兰、蛇鞭菊、剑兰、虎尾草等，具体如图 2-5 所示。

竹枝

米兰

图 2-5 花材——线

面

各类花材中，具有较宽叶片的花材均可视为面，如龟背竹、竹芋、绿萝等，具体如图 2-6 所示。

龟背竹

竹芋

图 2-6 花材——面

插花人员在确定插花形态后，需选择符合插花形态的花材，具体的选择要求如图 2-7 所示。

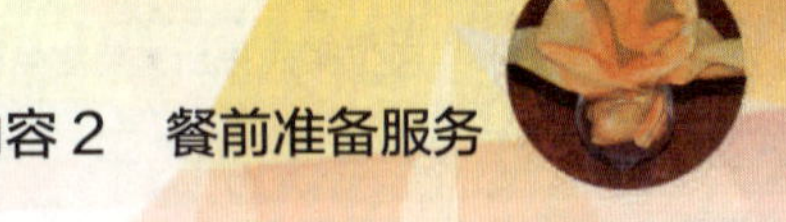

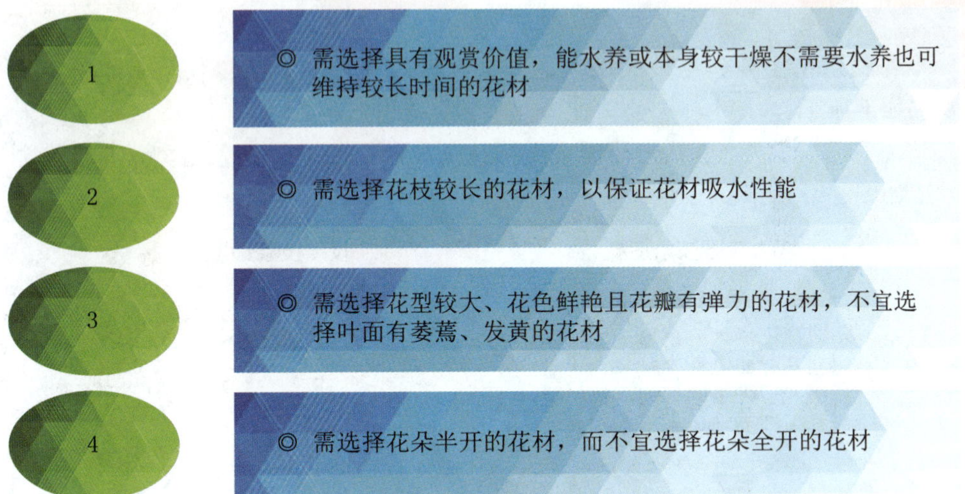

图 2-7　花材选择要求一览图

3. 对花材进行处理

插花人员进行花材处理，需从花枝修剪、花材造型两个方面考虑，具体工作过程及要求如下所示。

花枝修剪

插花人员需根据插花的造型构图及造型要求分析花材，分清枝条的阴阳面，确定花材枝条的主视面，同时需顺着花材纹理进行修剪，并在修剪过程中剪去花材的病枯枝、交叉枝、平行枝及过密或姿态不美的枝条或叶片，具体的修剪效果如图 2-8 所示。

修剪前

修剪后

图 2-8　枝条修剪效果

花材造型

花材造型主要包括枝条造型、花朵修剪及叶片造型等工作，具体的造型要求如下所示。

※ 枝条造型　插花人员需根据插花造型的需要进行枝条造型，具体造型方法如图 2-9 所示。

粗大较硬枝条造型	较硬枝条造型
☆ 需用锯在枝条锯出 1 ～ 2 个缺口，嵌入三角形楔木，强制其弯曲造型 ☆ 楔木需采用同种的植物材料，且粗细需与枝条基本相同	☆ 双手持举枝条，拇指压向需弯曲造型的部位，慢慢用力弯曲
较软枝条造型	**草本花枝造型**
☆ 拇指放在枝条需弯曲造型的部位，慢慢弯曲掰动即可	☆ 一手持住枝条适当部位，另一手扭转枝条进行造型

图 2-9　枝条造型方法

※ 花朵修剪　花朵修剪是要求插花人员根据插花要求，去除外层受伤的花瓣，并修剪花材中不完美的花朵，使花朵能够满足插花的整体要求，具体的修剪效果如图 2-10 所示。

修剪前

修剪后

图 2-10　花朵修剪效果

※ 叶片造型　花朵修剪完毕后，插花人员根据插花的具体要求，将叶片修剪成需要的形状。对于具有一定柔软度且较大的叶片，插花人员可通过弯

曲扭转进行造型，而对于较硬的叶材，可使用大头针、订书机、透明胶等工具进行固定弯曲造型，具体的效果如图 2-11 所示。

叶片修剪

叶片卷曲

图 2-11　叶片造型效果

4. 中餐厅餐台插花

中餐厅餐台一般为圆形桌，其餐台插花一般为半球形的插花。中餐厅内的半球形的插花特点是四面的观赏效果完全一致，花材使用量较大，其设计要求为高度不得超过 30 厘米，且需采用暖色系的花材进行搭配，具体效果如图 2-12 所示。

俯视

平视

图 2-12　中餐厅餐台插花效果图

5. 西餐厅餐台插花

西餐厅中的餐台多为长方形桌，其餐台的插花需使用半椭圆形的插花。半椭圆形插花要求插花造型呈半椭圆形，其具体的要求为在俯视插花时，插花的椭圆造型需明显且对称；而从正面看，插花的弧线需呈彩虹状，具体效果如图 2-13 所示。

图 2-13 西餐厅插花效果图

6. 宴会厅餐台插花

插花人员确定宴会厅餐台的插花时，需首先根据餐台的大小确定插花的大小，然后根据宴会的主题、宴会类型及餐台的形状确定插花的类型与颜色。由于宴会厅中的餐台较大，插花人员一般会选择复杂、华贵的插花造型，常见的有瀑布形、扇形、三角形、水平形，其具体示例如图 2-14 所示。

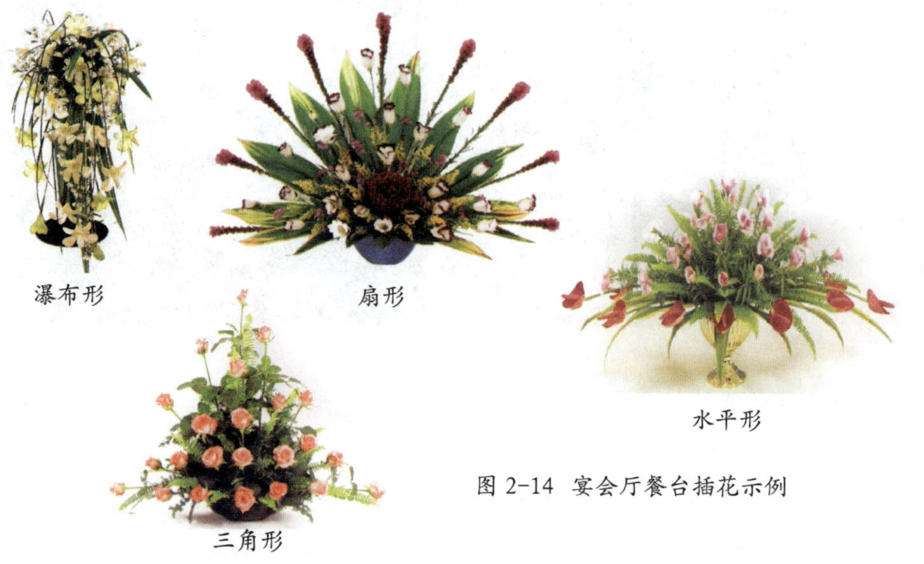

图 2-14 宴会厅餐台插花示例

7. 自助餐厅餐台插花

自助餐厅的餐台主要是用来摆放自助食物的，其餐台的插花起到辅助装饰的作用，因此，插花人员在进行自助餐厅餐台插花设计时需选择较为简洁的造型，如 L 形、倒 T 形、弯月形等（见图 2-15），并需将 2 ～ 3 盆插花成一字形在餐台中间摆开。

L 形　　倒 T 形　　弯月形

图 2-15　自助餐厅餐台插花示例

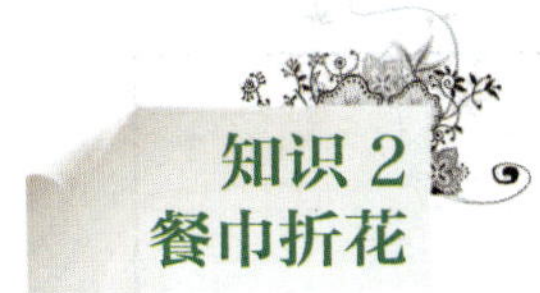

知识 2 餐巾折花

1. 餐巾的颜色选择

餐厅服务员需根据宴会的主题、宴会厅背景颜色或宾客的要求，选择同宴会主题及宴会厅相匹配的餐巾颜色。

餐台中常见的餐巾颜色有白色系、浅暖色系、浅冷色系三类。其中，白色系餐巾色调素雅，能够给宾客以清洁卫生的感觉，且其能够调节宾客的视觉平衡，安抚宾客的情绪；浅暖色系餐巾的色调柔美，能够给宾客以兴奋热烈的感觉，并能刺激宾客的食欲，如橘橙色、鹅黄色等；浅冷色系餐巾色调清新，能够让宾客感到平静、舒适，具体如图 2-16 所示。

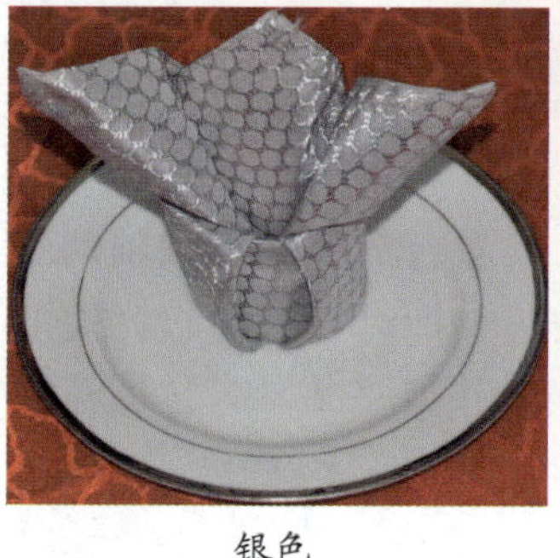

银色　　浅黄色　　紫色

图 2-16 餐巾颜色

2. 餐巾基础折叠技法

餐巾的基础折叠技法是通过简单折叠，使餐巾成为长方形、正方形、三角形等基础形状，主要包括 10 种，具体如下所示。

长方形折叠

长方形折叠是将餐巾平行折叠，以折成长方形。常见的折法示例如图 2-17 所示。

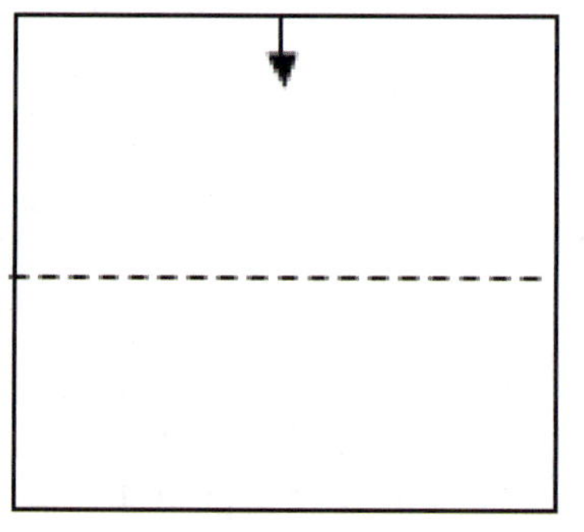
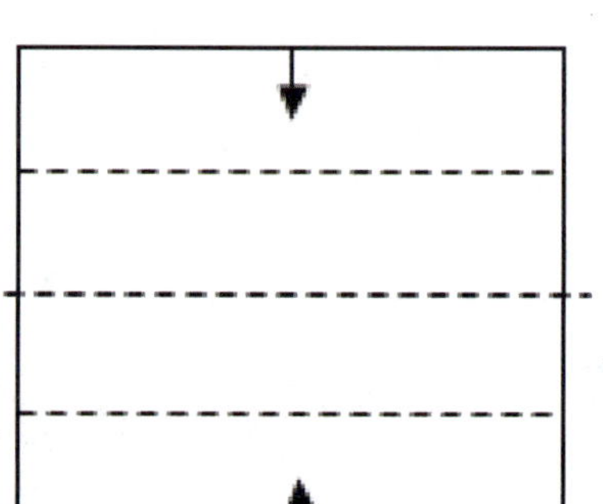

图 2-17 长方形折叠示意图

正方形折叠

正方形折叠是将餐巾边平行相对，折叠两次，或通过巾角翻折，折成正方形。常用的折法示例如图 2-18 所示。

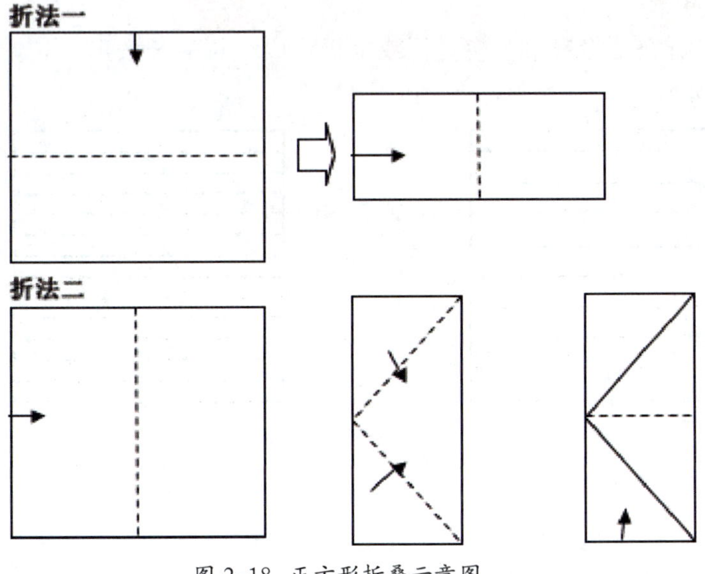

图 2-18　正方形折叠示意图

长方翻角折叠

长方翻角折叠是将餐巾折成长方形后，再将巾角向上翻折，具体的折法示例如图 2-19 所示。

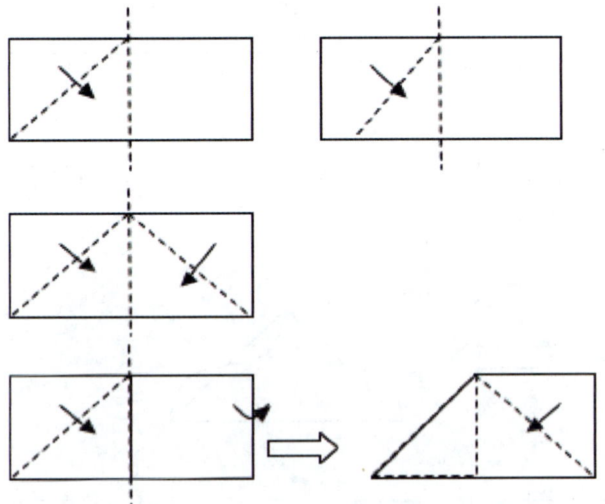

图 2-19　长方翻角折叠示例

条形折叠

条形折叠是将餐巾多次对折或推折形成细长的长条形，具体折法示例如图 2-20 所示。

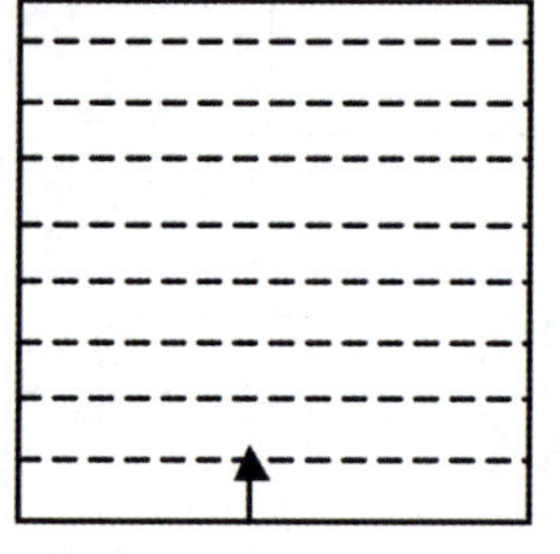

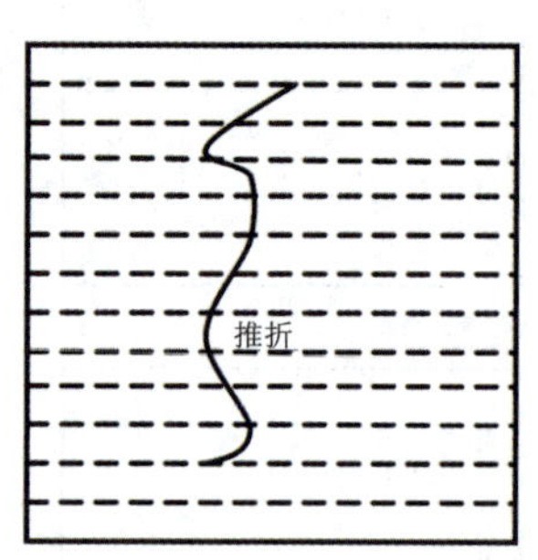

图 2-20 条形折叠示例

三角形折叠

三角形折叠是将餐巾相对的巾角对折形成三角形或将三角形的底边对折折叠成双层的三角形，具体的折法示例如图 2-21 所示。

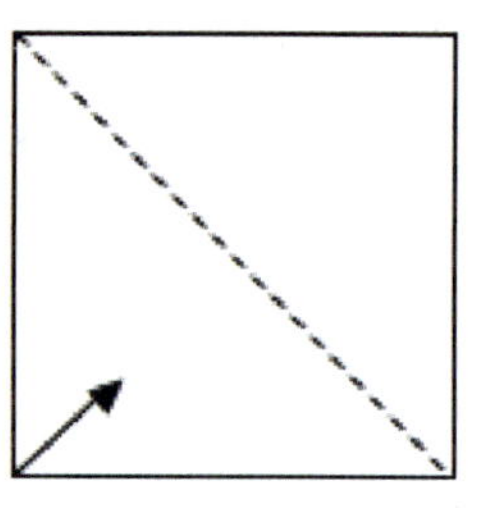

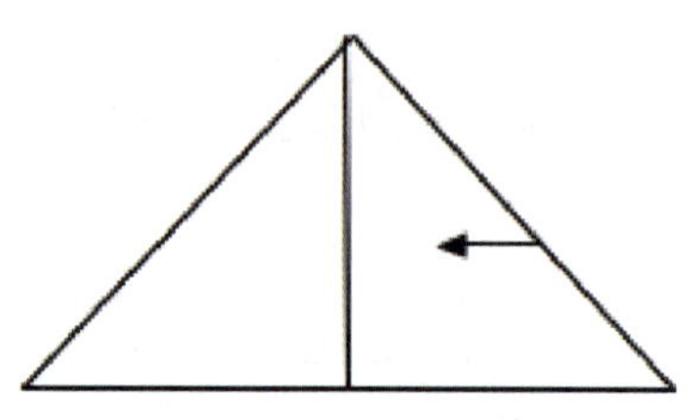

图 2-21 三角形折叠示意图

菱形折叠

菱形折叠是翻折巾角，将餐巾折成菱形，常见的菱形折法有两种，具体的折法示例如图 2-22 所示。

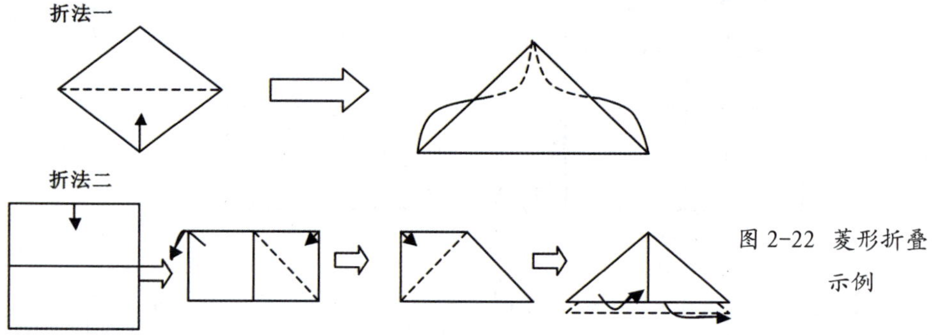

图 2-22 菱形折叠示例

锯齿折叠

锯齿折叠是将餐巾的巾角错位对折，得出锯齿状，具体的折法示例如图 2-23 所示。

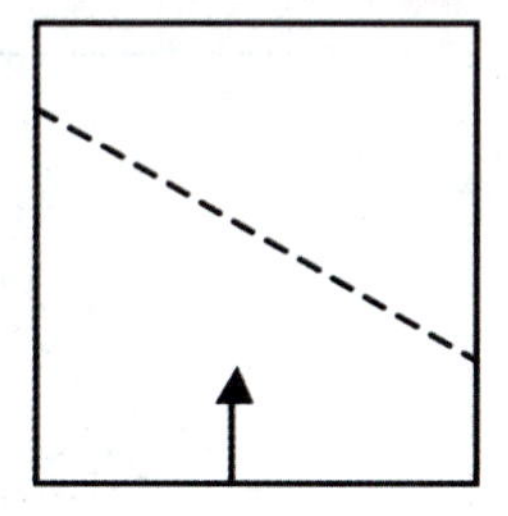
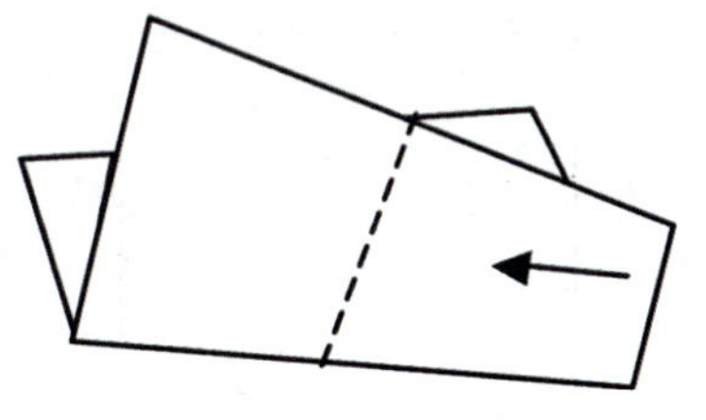

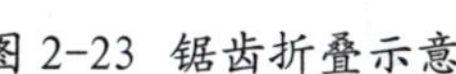
图 2-23　锯齿折叠示意图

尖角折叠

尖角折叠是把餐巾的一角固定，并将此角的两边折叠或向中间卷折形成尖角形，具体的折法示例如图 2-24 所示。

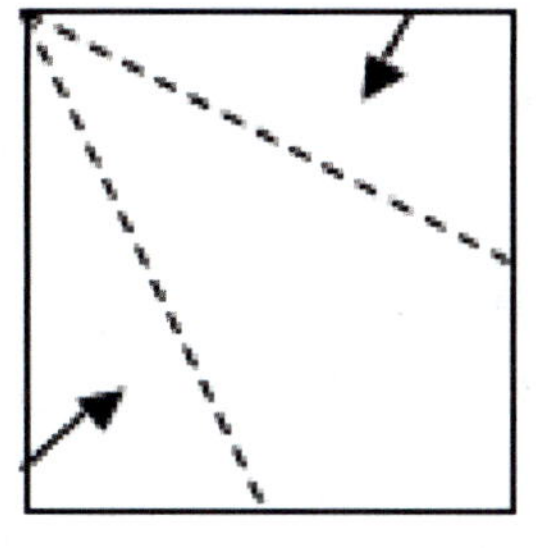
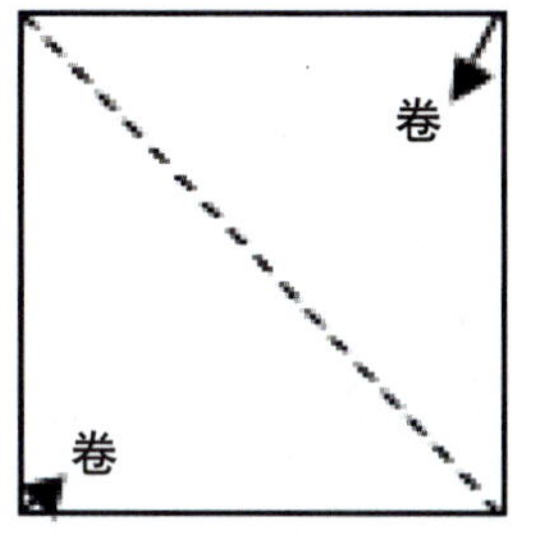

图 2-24　尖角折叠示意图

提取折叠

提取折叠是固定餐巾的中心，转动四周巾边，再反转顶起或用手捏住餐巾中心，直接提起即可，其折法示例如图 2-25 所示。

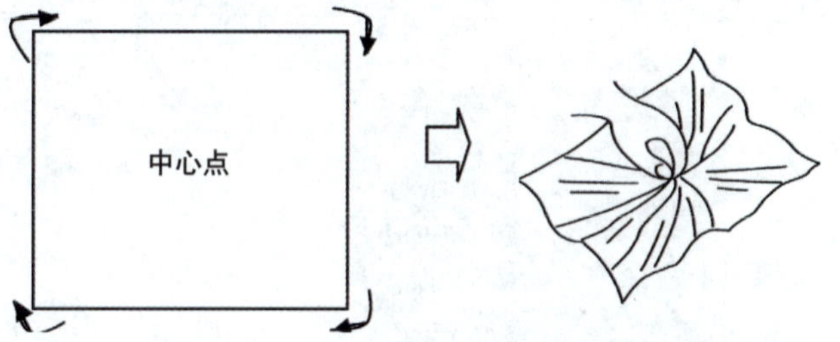

图 2-25　提取折叠示意图

翻折角折叠

翻折角折叠是将餐巾的一角或数角通过翻折造型或折裥后进行翻折组合，常见的折法示例如图 2-26 所示。

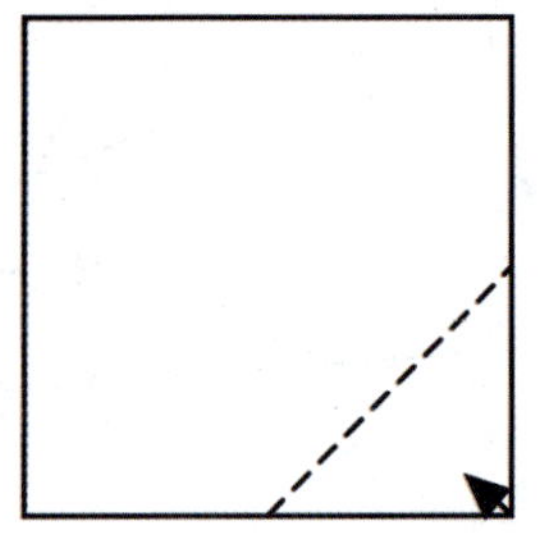
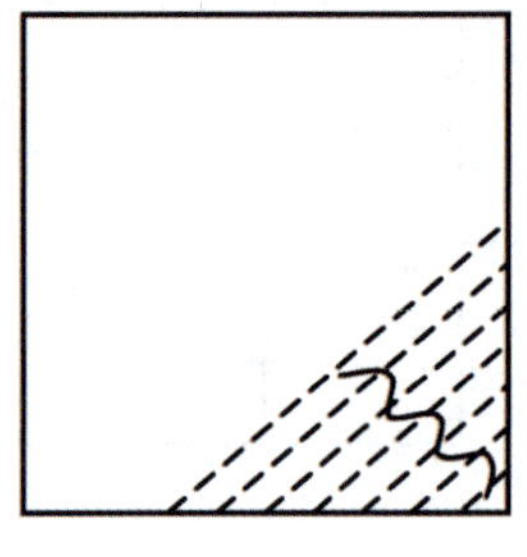

图 2-26 翻折角折叠示意图

3. 餐巾折花基本技法

餐巾折花的基本技法主要包括折叠、推折、卷筒、翻拉、穿、捏、掰七类。

折叠

折叠即将单层的餐巾折叠成多层，形成正方形、三角形、梯形、菱形等多种几何体。餐厅服务员在折叠纸巾时，需熟悉所叠餐巾的造型，并计算好比例、角度，一次折成，具体如图 2-27 所示。

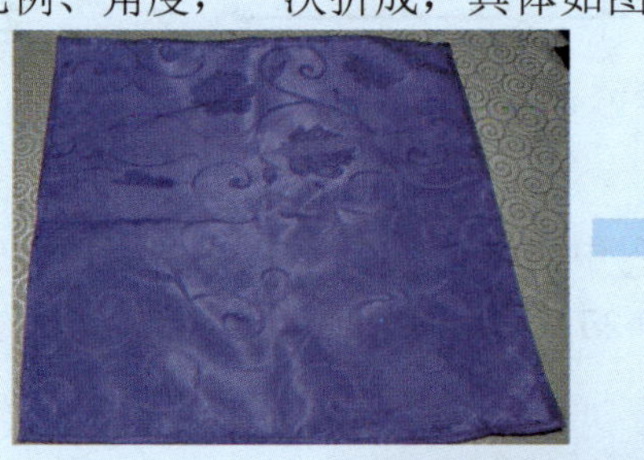
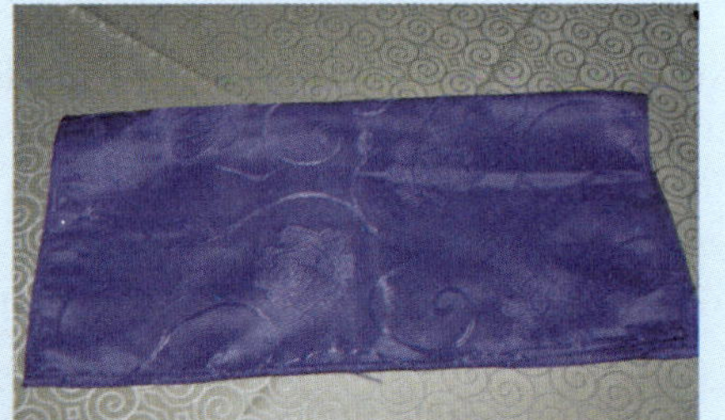

图 2-27 折叠示意图

推折

推折要求餐厅服务员用双手的拇指与食指抓住餐巾一端，两拇指相对成一条线，指面向外，中指控制折裥距离，同时拇指与食指推进到中指处捏褶，抽出中指，依次进行推进折裥，具体如图 2-28 所示。

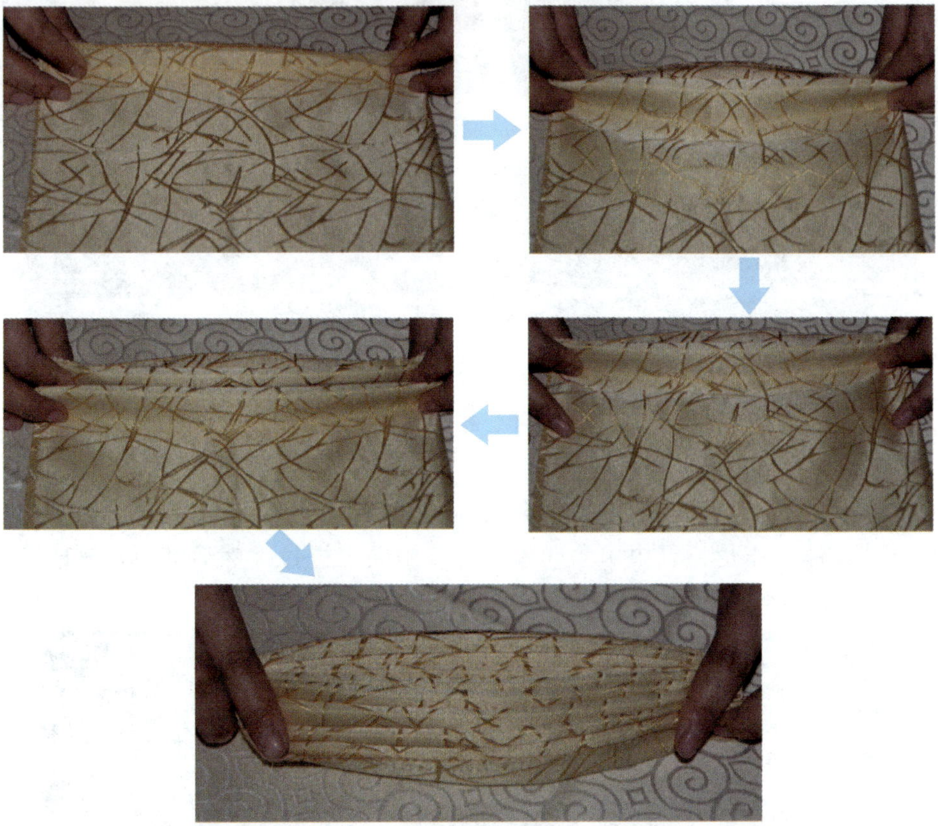

图 2-28　推折示意图

卷筒

卷筒是把餐巾卷成圆筒进行造型的手法，可分为直卷和螺旋卷两种卷法。直卷是沿着餐巾边进行的卷法，要求餐巾的两头卷平；而螺旋卷则需要先将餐巾折成三角形，然后沿着三角形的边将餐巾卷筒，要求餐巾边参差不齐，具体如图 2-29 所示。

直卷

螺旋卷

图 2-29 卷筒示意图

翻拉

翻拉是将餐巾折卷后的部位翻成所需的花样，其多适用于花鸟造型的制作，其具体操作是将餐巾巾角向外翻折或是向上提拉，然后翻折，制成花卉及鸟的头部、翅膀等形状，具体如图 2-30 所示。

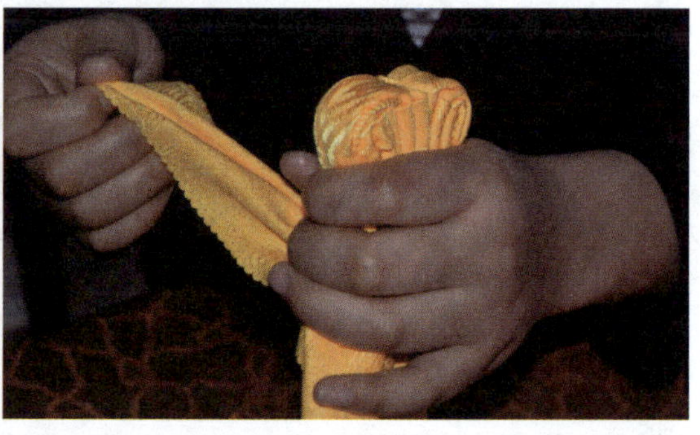

图 2-30 翻拉示意图

穿

穿指使用相关工具从餐巾夹层的褶缝中边穿边收，形成褶皱，其具体的操作为餐台服务员先将餐巾打褶，将筷子的细头穿进餐巾的夹层折缝中，然后用拇指与食指往里拉餐巾，把筷子穿过去，挤压褶皱，并在穿好后，先将

折花插入盛器内再将筷子抽掉，以保证褶皱的形状，具体过程如图 2-31 所示。

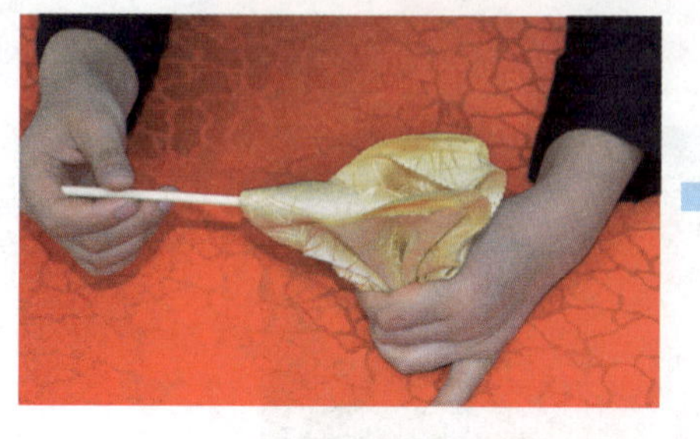

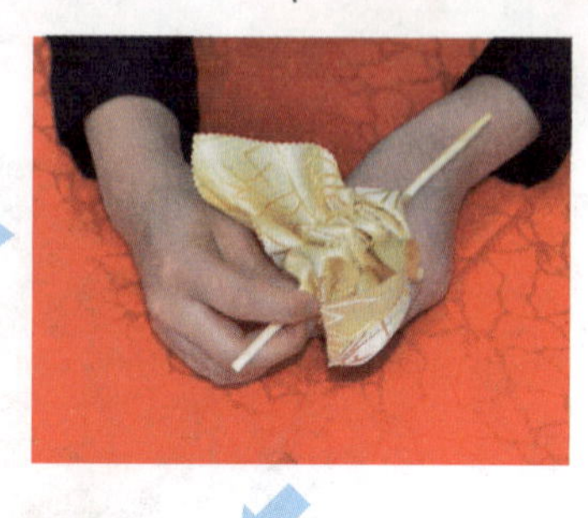

图 2-31　穿的示意图

捏

捏主要适用于鸟的头部的制作，餐厅服务员需先将鸟的颈部拉好，然后用拇指和中指配合在尖端适当的部位捏一槽状，再用食指将尖角压入槽内，捏紧成型，具体如图 2-32 所示。

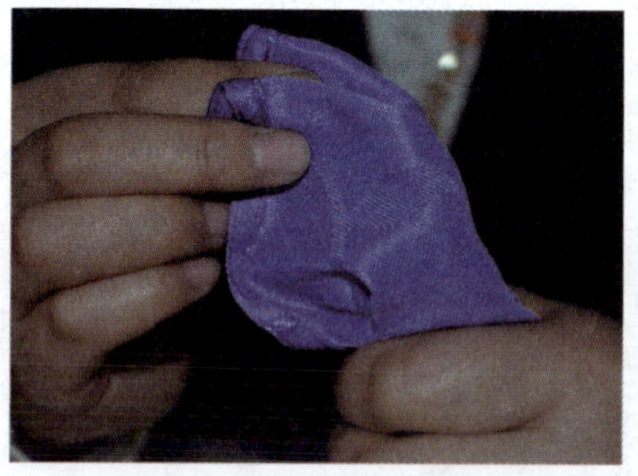

图 2-32　捏的示意图

掰

掰主要用于分出餐巾褶皱的层次，即用右手依照顺序一层一层将餐巾掰出间距均匀的层次。在掰的过程中，餐厅服务员不得太用力，以免折花松散，

具体如图 2-33 所示。

图 2-33 掰的示意图

4. 30 种餐巾杯花折叠

餐巾杯花指放在茶杯中的餐巾折花，其折叠前需准备的工具有工作台、水杯、餐巾及筷子等。

餐台中常见的餐巾杯花造型有 30 种，包括鸵鸟、枫叶、白鹤、和平鸽、单荷花、仙人掌、双荷花、卷芯花、花背鸟、翘尾鸟、迎宾花篮、松花结蒂、四尾金鱼、卷蝴蝶、彩蝶纷飞、月季花、孔雀开屏、圣诞火鸡、雨后春笋、水上睡莲、三尾金鱼、马蹄莲花、鸳鸯戏水、大鹏展翅、彩凤翼美、长尾欢鸟、曲院风荷、冰玉水仙、双芯结蒂、梅枝雀跃，每一种杯花的形状效果图具体如图 2-34 所示。

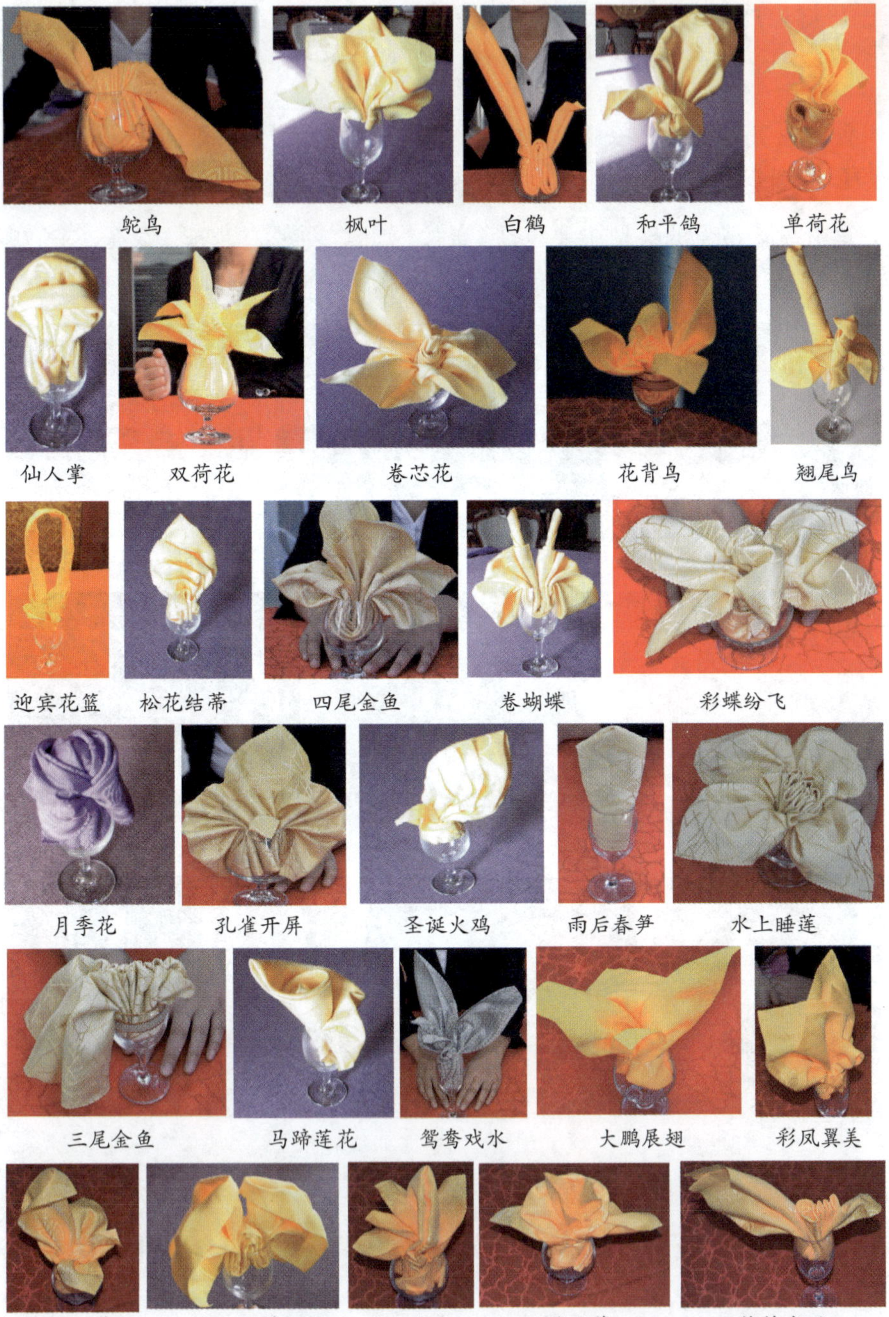

鸵鸟　枫叶　白鹤　和平鸽　单荷花

仙人掌　双荷花　卷芯花　花背鸟　翘尾鸟

迎宾花篮　松花结蒂　四尾金鱼　卷蝴蝶　彩蝶纷飞

月季花　孔雀开屏　圣诞火鸡　雨后春笋　水上睡莲

三尾金鱼　马蹄莲花　鸳鸯戏水　大鹏展翅　彩凤翼美

长尾欢鸟　曲院风荷　冰玉水仙　双芯结蒂　梅枝雀跃

图 2-34　餐巾杯花

5. 10种餐巾盘花折叠

餐巾盘花指的是放在餐盘中的折花，其要求是折花底部需平稳，从而能够平稳地放在餐盘中。

餐巾盘花常见的类型主要包括皇冠、领带、西装、蜡烛、帐篷、主教帽、三部曲、宝石花、一帆风顺、梅花玉树10类，具体如图2-35所示。

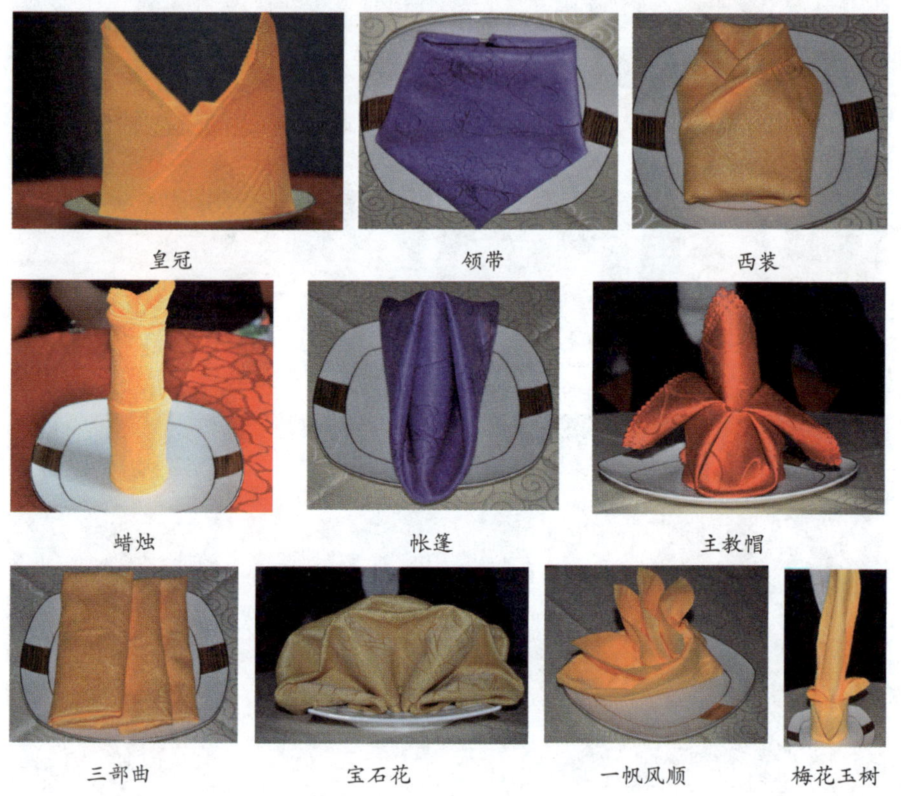

图2-35 餐巾盘花

6. 餐巾花花型选择与摆放

餐厅服务员在选择餐巾花的花型时需根据餐厅的装饰风格与大小、宴会的性质与规模、宾客的习惯、宾主的座次席位安排以及餐巾的规格确定，其

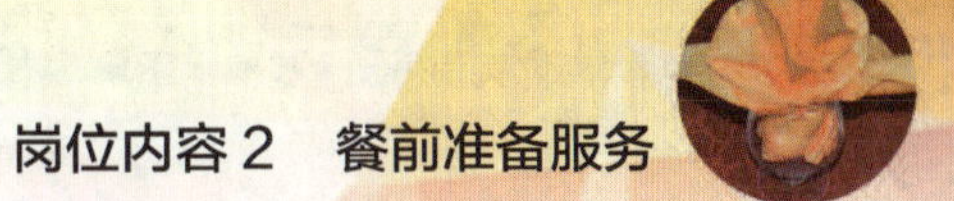

选择原则如图 2-36 所示。

原则	说明
突出主题原则	◎ 餐巾折花造型需与宴会的主题相符，并能够突出宴会的主题，如在老人的寿宴，餐巾折花多为仙鹤、寿桃，寓意老人能够健康长寿
体现规模原则	◎ 餐巾折花造型需根据宴会规模确定，一般要求大型宴会选择简洁、快捷的花型，且每桌除主人位外，需选用同一花型；而小型宴会可采用复杂的花型，且其可在同一桌上使用不同的花型
反映时令原则	◎ 餐巾折花造型需符合季节时令的要求，使其能够反映出季节的特色，具有时令感
协调菜点原则	◎ 餐巾折花需按照菜点的特色确定造型，如使用荷花冷盆的宴会，其餐巾折花需选择各式花类的造型，以设计成百花齐放的主题
尊重信仰原则	◎ 餐巾折花造型符合宾客的宗教信仰及习惯，例如，泰国人喜欢睡莲，因此餐巾折花可设计成水上睡莲；埃及人喜欢荷花，餐巾折花可设计成双荷花

图 2-36 餐巾花花型选择原则

餐巾花花型确定并折叠完毕后，餐厅服务员需按照以下所示的要求摆放餐巾折花。

折花盛装需美观

餐厅服务员需根据折花的盛装器具及折花花型确定折花的盛装要求，具体如图 2-37 所示。

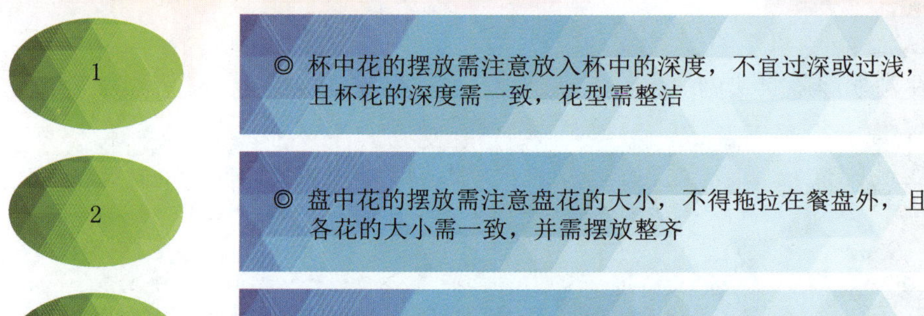

图 2-37 折花盛装要求一览图

折花摆放需合理

服务员需根据餐桌的整体性、餐巾折花的花型及宾客坐席摆放餐巾折花，一般要求如下所示：

① 服务员需从主位开始，沿顺时针方向摆放餐巾折花。

② 主花摆放在主宾席位上，以突出主位。一般花需高低分明、错落有致地摆放在其他顾客的席位上，以形成一种视觉的美感。

③ 服务员在摆放折花时，需将折花的最佳观赏面朝向宾客。

④ 同一餐桌上需尽量摆放不同造型的餐巾折花，如若折花造型相似，则需将折花交错摆放，并保持对称。

⑤ 服务员折花摆放过程中，需注意其摆放位置同餐具、花瓶等摆放位置的协调性，确保整个台面协调一致。

知识 3 餐厅摆台

1. 中餐零点摆台

台布选择与铺设

中餐零点餐桌的台布需根据餐桌的桌形与大小选择台布，选择原则如图 2-38 所示。

台布材质选择

中餐餐厅台布需选择耐磨、耐洗、易洗的材质，常见的台布材质包括纯棉类、化纤材料类及塑料类等，其特点如下所示：

◎ 纯棉类台布吸附性能较好，但是其容易吸附食物的气味，不易散去，不利于餐厅的环境卫生

◎ 化纤材料类台布耐磨、耐洗且易于清洗，不利于吸收油污

◎ 塑料类台布多为一次性的台布，易于打理，但是不适合在上档次的餐厅内使用

台布颜色选择

◎ 台布颜色需根据餐厅的装饰风格选择

◎ 台布需是能够刺激宾客食欲的暖色系，如橙色、红色

◎ 台布的颜色需给宾客以整洁卫生的感觉，可选择白色，尽量少用灰色、黑色等

台布形状确定

◎ 台布形状需根据餐桌形状确定，一般情况下，圆形的餐桌会铺设圆形的台布，方形的餐桌则多铺设方形的台布

台布大小确定

◎ 台布的大小需根据餐桌的大小确定，一般要求是台布需比餐桌的直径或长多出 60 ～ 70 厘米的长度

图 2-38　台布选择原则

台布选择确定后，餐厅服务员需进行台布的铺设。餐厅服务员在铺设台布前，需检查台布有无污迹或破损，如存在污迹或破损，需及时更换。

中餐零点餐台台布常用的铺设方法是推拉式，具体的过程如下所示：

① 将台布打开。

② 将台布平行打折推出去。

③ 将台布拉回。

④ 定型，整理台布。

餐具摆放

餐厅服务员需根据用餐时间不同，按照不同的要求，摆放中餐餐具，具体的摆放要求如下所示：

※ 早餐摆台要求　中餐零点的早餐餐具摆放要求如图 2-39 所示。

个人餐具摆放

◎ 餐碟需离桌边 2 厘米处摆放

◎ 汤碗放在餐碟左上方，与餐碟距离为 1 厘米，与餐碟中心所在中心线距离 0.5 厘米

◎ 汤匙放在汤碗内，其勺柄朝左放置

◎ 水杯放在餐碟右上方，与汤碗在同一水平线上，其距离为 1 厘米

◎ 筷架放在水杯的右侧，将筷子垂直放在筷架上，且需与汤碗的碗心、水杯的杯心在一条平行于桌面的直线上，筷尾需与桌边相距 1 厘米

◎ 餐巾叠同一花型放在餐碟内

公共用品摆放

◎ 圆形餐桌中花瓶需放在餐桌中心；醋壶、酱油壶放在花瓶左侧 2 厘米处；盐盅、胡椒盅、牙签盅放在花瓶右侧 2 厘米处；菜单放在主人席的左上方，距离两条中心线 5 厘米

◎ 餐桌为方形桌，花瓶需放在餐桌一端的中间；醋壶、酱油壶放在花瓶左侧 2 厘米处；盐盅、胡椒盅、牙签盅放在花瓶右侧 2 厘米处；菜单放在主人位正上方，距离主人餐具 5 厘米

图 2-39 早餐摆台要求

※ 午餐、晚餐摆台要求　中餐零点的午餐和晚餐的摆放要求如图 2-40 所示。

个人餐具摆放

◎ 餐碟需离桌边 2 厘米处摆放

◎ 汤碗放在餐碟左上方，与餐碟距离为 1 厘米

◎ 汤匙放在汤碗内，其勺柄朝左放置

◎ 味碟放在餐碟右上方，与汤碗的距离为 1 厘米

◎ 筷架放在味碟的右侧，从左至右依次将长柄汤匙、筷子垂直放在筷架上，筷尾需与桌布相距 1 厘米

◎ 茶碟与茶杯放在筷架右侧 2 厘米处，且其距桌边 2 厘米

◎ 水杯放在汤碗正前方 3 厘米处，白酒杯放在味碟正前方 3 厘米处，红葡萄酒杯放在白酒杯与水杯正中央

◎ 餐巾折花可为杯花，宾客位餐巾折花造型需相同，主人位餐巾折花需与其他宾客不同

公共用品摆放

◎ 花瓶需放在餐桌中心

◎ 醋壶、酱油壶放在主人位左侧，距台布中心线 1 厘米处

◎ 盐盅、胡椒盅、牙签盅放在主人席位的右侧，距台布中心线 1 厘米处

◎ 公用筷、公用勺等公用餐具需放在公共餐具架上，摆放在正副主人餐具的右前方，要求距餐具 5 厘米，其中公用勺放在靠桌心的一边，公用筷放在靠桌边的一边

◎ 菜单放在主、副主人席的左上方，距离两条中心线 5 厘米

◎ 烟灰缸每两个餐位正中间摆放一个，从主人主宾开始，依次摆放

图 2-40 午餐和晚餐的摆台要求

餐椅摆放

餐椅需先摆主人位，然后在主人位对面摆放副主人位，从主人位沿顺时针依次摆放，其具体的摆放要求如下所示：

① 圆形餐桌的餐椅为高背椅，椅边应恰好触及台布下垂部分。正主位和副主位座椅摆好后，摆放其他位置餐椅，各餐椅的间距需相等，其椅背的中心需正对餐碟。

② 方形桌的餐椅可为无背餐凳，其摆放要求为从侧面看在与餐桌平行的直线上。

2. 西餐便餐摆台

台布选择与铺设

西餐便餐中多为方形餐桌，因此，其台布一般为正方形或长方形，餐厅服务员在选择西餐餐桌的台布时，需注意图 2-41 所示的三点。

1 ◎ 西餐厅常用的台布质地是纯棉和化纤，纯棉质地的台布吸附性能好，化纤质地的台布易清洗，因此，可根据实际需要选择台布质地

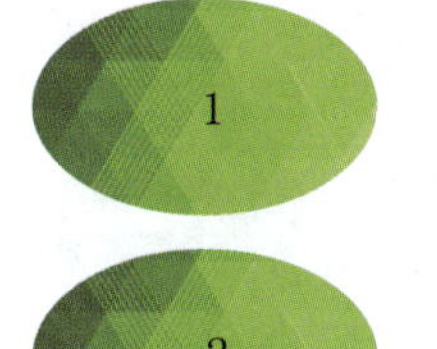

2 ◎ 台布的长宽需长于餐桌长宽 60 ～ 70 厘米

3 ◎ 西餐厅的台布一般有白色、紫色、粉色等，餐厅服务员需根据餐厅的风格格调选择台布颜色

图 2-41　台布选择要点一览图

西餐便餐台布的铺设方法主要是推拉式，即将台布沿餐桌平行推出再拉回。西餐餐桌的桌布铺设要求从餐桌的一边开始，其台布折叠线的凸线需在餐桌的中心位置，且下垂的部分需匀称。

餐具摆放

※ 西餐便餐早餐的餐具摆放　要求如图 2-42 所示。

- 餐碟放在席位中间部位，距桌边 2 厘米
- 主餐刀放在餐碟右边 1 厘米处，刀刃向左，刀面向上，刀柄离桌边 2 厘米
- 咖啡碟放在主餐刀左边距离 3 厘米处，咖啡杯与咖啡勺平行放在咖啡碟内，咖啡杯靠近桌边，且杯口向上，杯把向右，咖啡勺靠近桌心，勺柄向右
- 水杯摆在主餐刀上方，杯底距主餐刀刀尖 5 厘米
- 主餐叉放在展示盘左边 1 厘米处，叉面向上，叉柄离桌边 2 厘米
- 面包盘摆在主餐叉左边 3 厘米处，距离桌边 5 厘米
- 黄油刀刀刃向右放在面包盘上靠右的 1/3 处，与桌边平行
- 黄油碟需摆放在面包盘上方，距离放在面包盘的黄油刀的刀尖 3 厘米
- 餐巾折花为盘花，放在展示盘中，其正面需面向坐席

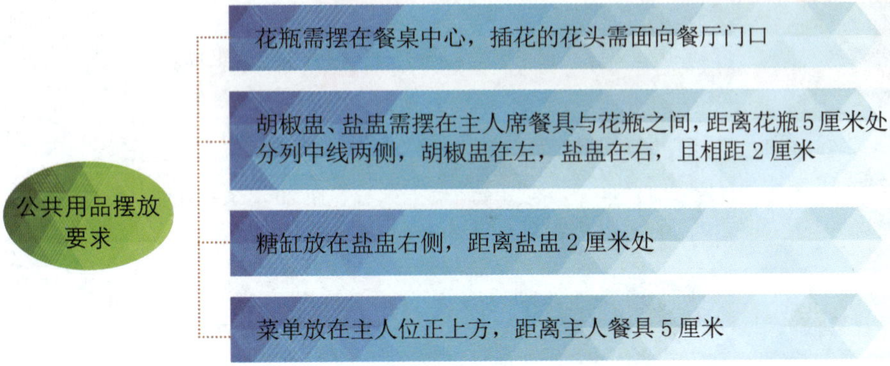

公共用品摆放要求

- 花瓶需摆在餐桌中心，插花的花头需面向餐厅门口
- 胡椒盅、盐盅需摆在主人席餐具与花瓶之间，距离花瓶 5 厘米处，分列中线两侧，胡椒盅在左，盐盅在右，且相距 2 厘米
- 糖缸放在盐盅右侧，距离盐盅 2 厘米处
- 菜单放在主人位正上方，距离主人餐具 5 厘米

图 2-42 西餐便餐早餐的餐具摆放要求

※ 西餐便餐的午餐、晚餐的餐具摆放　分为个人餐具摆放及公共用品摆放，其中个人餐具的摆放要求如下所示。

① 餐碟放在席位中间部位，距桌边 2 厘米。

② 主餐刀、汤匙从左至右依次摆放在餐碟右侧，相互平行且与桌边垂直；刀刃向左，刀面向上；主餐刀与汤匙的摆放间距为 1 厘米，主餐刀与餐碟距离为 1 厘米，主餐刀的刀柄及汤匙勺柄距桌边 2 厘米。

③ 水杯放在主餐刀上方延长线上，杯底距离主餐刀刀尖 2 厘米；红葡萄酒杯摆在水杯右下方，白葡萄酒杯摆在红葡萄酒杯右下方，三个杯底中心连线与桌边成 45 度角，杯底间距为 2 厘米。

④ 主餐叉放在餐碟左侧，与桌边垂直；叉面需向上；餐叉与餐碟相距 1 厘米，叉柄距离桌边 2 厘米。

⑤ 面包盘放在主餐叉左侧，距离主餐叉 3 厘米，其中轴线需与餐碟的中轴线对齐，盘边距离桌边 5 厘米。

⑥ 黄油刀放在面包盘上靠右的 1/3 处，刀刃向右，与主餐叉平行。如需摆放黄油碟，其需摆放在面包盘上方，距离黄油刀刀尖 3 厘米。

⑦ 甜品叉与甜品勺平行放在餐碟上方；甜品叉距餐碟边 1 厘米，叉尖向右；甜品勺距甜品叉 0.5 厘米，勺头向左。

⑧ 餐巾一般为盘花，放在餐碟内。

※ 西餐便餐午、晚餐公共用品的摆放　要求如图 2-43 所示。

插花摆放	◎ 花瓶需放在餐桌中央，其中心需同餐桌中心重合
烛台摆放	◎ 晚宴需在餐桌摆放两个烛台。烛台摆放在主、副主人餐具与插花中间，要求每个烛台距离花瓶 20 厘米，且烛台与花瓶的中心连线在同一直线上
调味用具摆放	◎ 盐盅摆在主人餐具正上方，要求距离花瓶 25 厘米；胡椒盅摆放在盐瓶的左侧，距离 1 厘米；牙签盅摆在盐瓶右侧，距离 1 厘米
菜单摆放	◎ 菜单需摆放在主、副主人餐具的左上方，距离餐具及中心线 5 厘米
烟灰缸摆放	◎ 烟灰缸每两个餐位正中间摆放一个，从主人位右侧开始，依次摆放

图 2-43 西餐便餐午、晚餐公共用品的摆放要求

餐椅摆放

西餐便餐的餐椅摆放要求为餐椅需要两两相对，椅边需同下垂的台布相切。侧椅间距需均匀，且餐椅中心连线与桌边平行。

3. 中餐宴会摆台

台布铺设

中餐宴会中的台布铺设多采用撒网式或抖铺式两种方法，具体实施过程如图 2-44 所示。

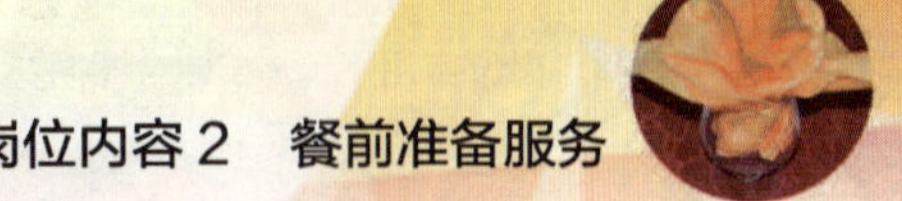

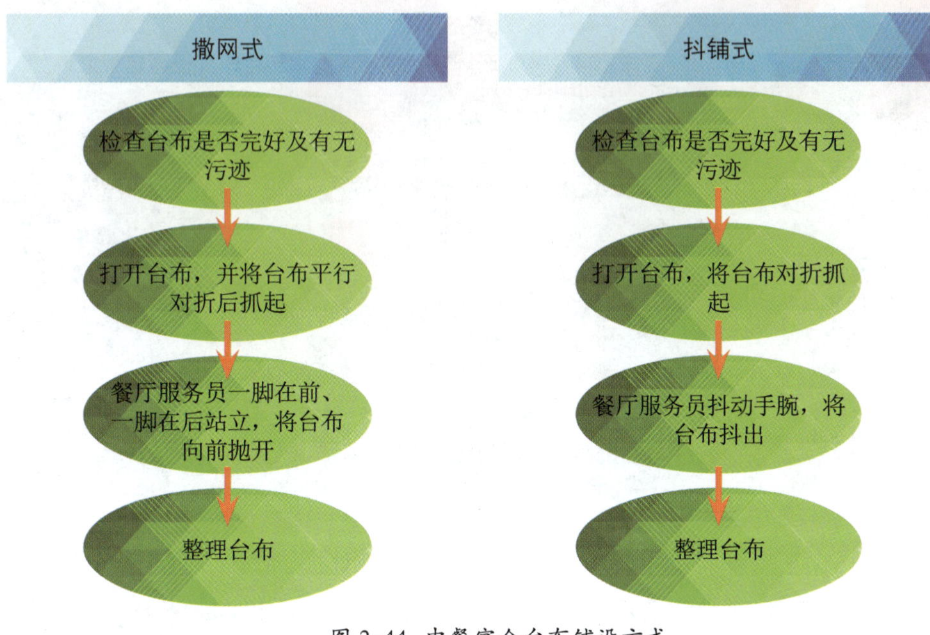

图 2-44　中餐宴会台布铺设方式

餐厅服务员在铺设宴会台布时，需做到图 2-45 所示的要求。

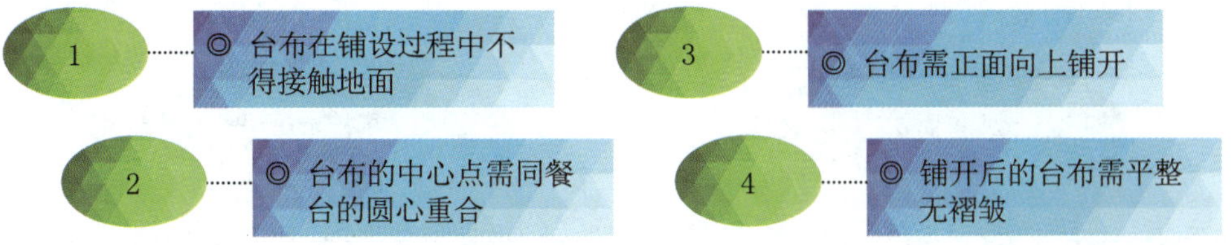

图 2-45　中餐宴会台布铺设要求一览图

转台摆放

中餐宴会或用餐人数超过 8 人的中餐零点的餐桌上需要摆放转台，以方便宾客取菜，因此，餐厅服务员在铺好台布后，需在餐桌上摆放转台，其具体要求如图 2-46 所示。

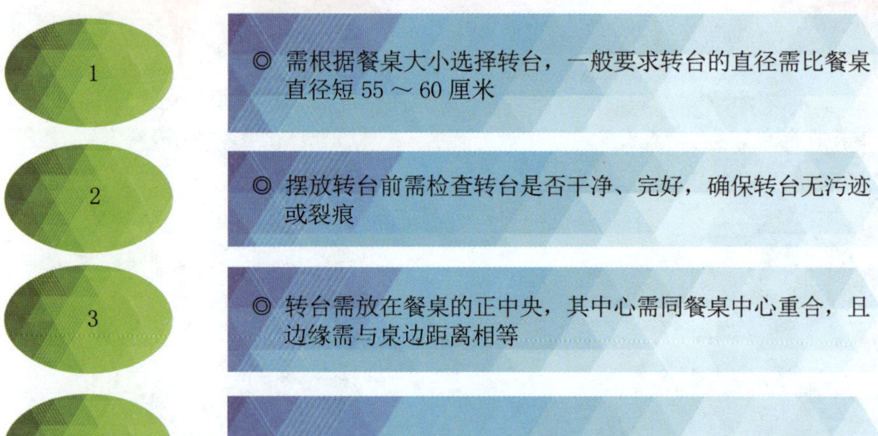

图 2-46 转台摆放要求

插花摆放

中餐宴会餐桌的插花需摆放在转台的中央，其正面需面向主宾或餐厅大门方向。中餐宴会插花需根据宴会的主题确定插花的花材、花型及颜色，具体要求如图 2-47 所示。

婚宴插花

◎ 可选择马蹄莲、百合、郁金香、玫瑰、荷花等花材

◎ 花型多为半球形、瀑布形等

◎ 以将紫色、白色、红色、粉色进行搭配

1

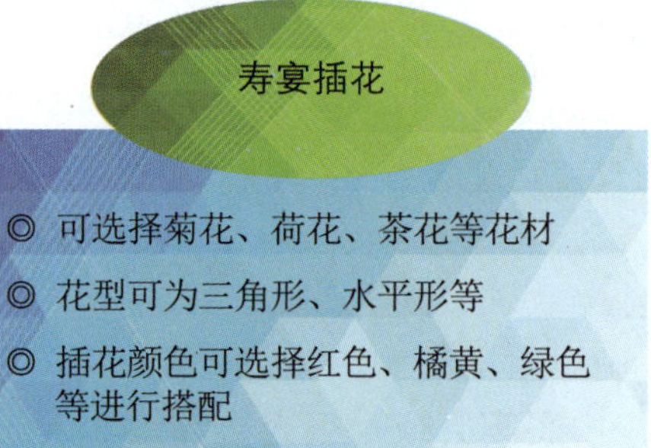

商务宴插花

◎ 可选择唐菖蒲、紫藤、玉兰、海棠、牡丹、水仙等花材

◎ 花型可为水平形、扇形等

◎ 一般以红色、紫色、绿色等进行搭配

3

家宴插花

◎ 可选择竹、桂花、牡丹、杜鹃、茶花等花材

◎ 花型可为垂直形、圆锥形等

◎ 一般以红色、橙色等进行搭配

4

图 2-47　中餐宴会插花选择要求

餐具摆放

中餐宴会餐具的摆放要求如图 2-48 所示。

个人餐具摆放

◎ 餐碟需离桌边 2 厘米处摆放

◎ 汤碗放在餐碟左上方，距离餐碟 1 厘米

◎ 汤匙放在汤碗内，其勺柄需朝左放置

◎ 味碟放在餐碟右上方，距离汤碗为 1 厘米

◎ 筷架放在味碟的右侧，从左至右依次将长柄汤匙、筷子垂直放在筷架上，筷尾需与桌布相距 1 厘米

◎ 袋装牙签放在长柄汤匙和筷子中间

◎ 茶碟与茶杯放在筷架右侧 2 厘米处，且其距桌边 2 厘米

◎ 红葡萄酒杯放在汤碗正前方 3 厘米处，白酒杯放在味碟正前方 3 厘米处，水杯放在白酒杯与葡萄酒杯正中央

◎ 宾客位的餐巾折花造型需相同，主人位的餐巾折花需同其他宾客不同。若餐巾为杯花，需放在水杯内；若为盘花，放在餐碟内

◎ 若为婚宴喜糖单独装盒分给宾客时，糖盒需放在餐碟左端 5 厘米处

公共用品摆放

◎ 醋壶、酱油壶放在转台上，两者相距 1 厘米，且距转台边为 2 厘米；盐盅、胡椒盅、牙签盅放在转盘另一端，三盅间距离为 1 厘米，距转台边 2 厘米

◎ 公用筷、公用勺等公用餐具需放在公共餐具架上，其中公用勺放在靠桌心的一边，公用筷放在靠桌边的一边

◎ 香烟摆在主、副主人右端，距离其餐具 3 厘米处，烟盒头部朝向桌心，距离桌边 6 厘米，火柴或打火机平行放在香烟上，火柴头或打火机开关端同烟盒头方向一致

◎ 烟灰缸每两个餐位正中间摆放一个，从主人主宾开始，逆时针摆放

图 2-48　中餐宴会餐具摆放要求

餐椅摆放

中餐宴会的餐椅摆放要求如图 2-49 所示。

1 ◎ 餐厅服务员需根据宴会的主题对餐椅进行适当的装饰

2 ◎ 餐厅服务员需从主人位开始，沿顺时针方向摆放餐椅

3 ◎ 餐椅之间的间隔需相等，椅背中心需正对餐碟，椅子边沿需同下垂的台布相切

图 2-49 中餐宴会餐椅摆放要求一览图

4．西餐宴会摆台

台布铺设

西餐宴会台布的铺设需根据宴会餐台的大小及台型选择，常用的铺设方法有两类，具体如下所示。

※ 一字形台的台布铺设　餐厅服务员铺设一字形台的台布时可使用撒网式或抖铺式的方法。

※ 异型餐台或大型餐台的台布铺设　异型餐台及大型餐台的台布需要多块西餐台布拼接而成，其铺设需多人合作完成，具体的铺设过程如图 2-50 所示。

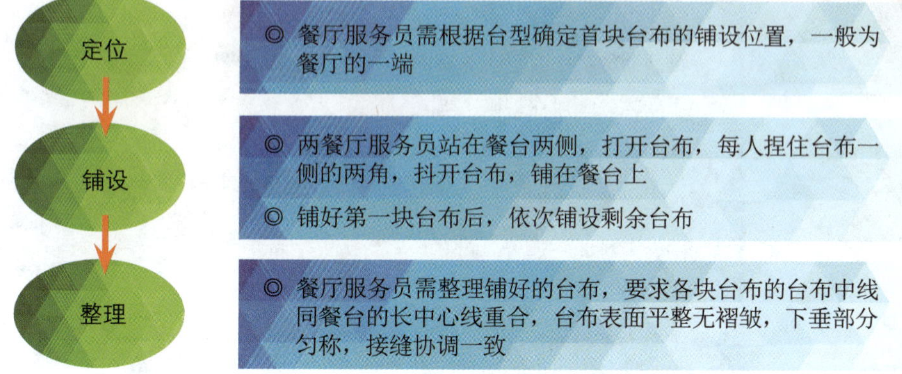

图 2-50　异型台或大型台台布铺设程序

餐具摆放

西餐宴会的餐具需从主人位开始，沿顺时针方向依次摆放，具体的摆放要求如下所示：

※ 盘碟摆放要求　西餐宴会中的盘碟主要包括餐碟、面包盘、黄油碟等，其具体的摆放要求如图 2-51 所示。

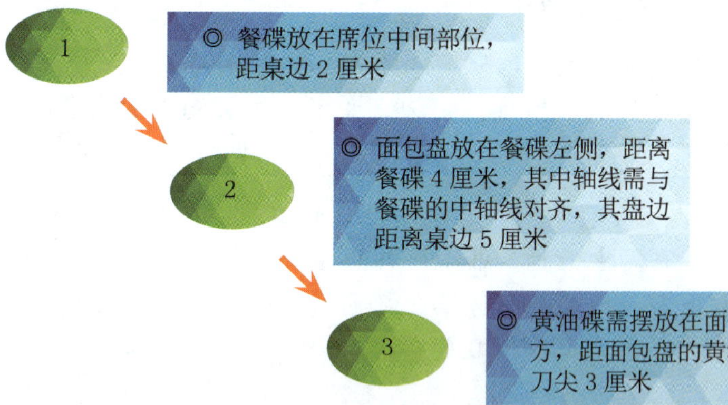

图 2-51　盘碟摆放要求

※ 刀勺摆放要求　西餐宴会中的餐刀主要包括主餐刀、鱼刀、头盘刀、黄油刀，餐勺主要包括汤匙和甜品勺，其摆放要求如图 2-52 所示。

◎ 主餐刀、鱼刀、汤匙、头盘刀从左至右依次摆放在餐碟右侧，相互平行且与桌边垂直

◎ 黄油刀放在面包盘上靠右的 1/3 处，与桌边平行

◎ 甜品勺水平放在餐碟上方

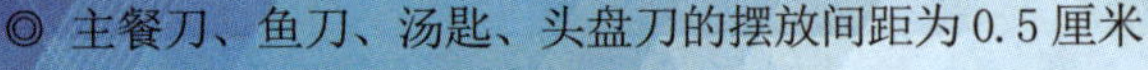

2

◎ 餐刀的刀面需向上，主餐刀、鱼刀、头盘刀的刀刃向左，黄油刀的刀刃向右

◎ 汤匙匙头向上放置，甜品勺的勺头水平向左

3

◎ 主餐刀、鱼刀、汤匙、头盘刀的摆放间距为 0.5 厘米

◎ 主餐刀与餐碟距离为 1 厘米

◎ 主餐刀、头盘刀的刀柄及汤匙勺柄距桌边 2 厘米，鱼刀刀柄距桌边 5 厘米

◎ 甜品勺同餐碟距离为 1.5 厘米

图 2-52　刀勺摆放要求一览图

※ 餐叉摆放要求　西餐宴会中的餐叉包括主餐叉、鱼叉、头盘叉、甜品叉等。其中，主餐叉、鱼叉、头盘叉从右至左依次摆放在餐碟左侧，相互平行且与桌边垂直，而甜品叉需水平放在餐碟与甜品刀中间。

主餐叉、鱼叉、头盘叉需面向上，摆放间距为 0.5 厘米；主餐叉与餐碟相距 1 厘米；主餐叉、头盘叉的叉柄距离桌边 2 厘米，鱼叉的叉柄离桌边 5 厘米；甜品叉的叉尖向右，距餐碟 1 厘米，距甜品刀 0.5 厘米。

※ 酒具摆放要求　西餐宴会中的酒具主要包括水杯、红葡萄酒杯及白葡萄酒杯等。水杯需放在主餐刀上方延长线上，杯底距离主餐刀刀尖 2 厘米；红葡萄酒杯摆在水杯右下方，白葡萄酒杯摆在红葡萄酒杯右下方，三个杯底中心连线与桌边成 45 度角，杯壁间距为 0.5 厘米。

※ 餐巾摆放要求　西餐宴会中的餐巾一般为盘花，需放在餐碟中。

※ 插花摆放要求　插花需摆放在餐台中央，其中心需同餐台两条中心的交点重合。如为大型餐台，则需在餐台上摆放 3 ～ 4 盆插花，摆放要求为插花成一字形排开，其中心的连线与餐台的纵向中线重合。

※ 盅摆放要求　胡椒盅、盐盅、牙签盅按照四人一套的标准摆放在餐台的中线上，要求盐盅放在正中央，胡椒盅在盐盅的左侧，距离 1 厘米，牙签

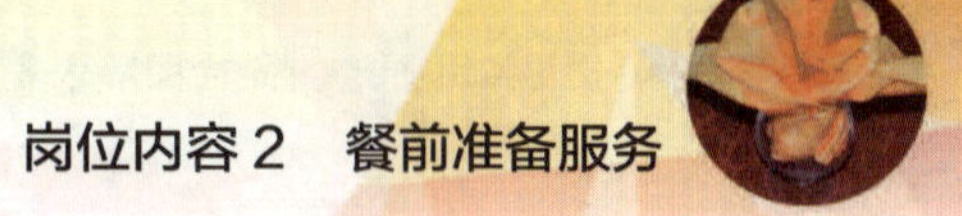

盅摆在盐盅右侧，距离 1 厘米，其三盅连线距离花瓶的距离相等。

※ 烛台摆放要求　如是晚宴，需在餐桌摆放烛台。烛台摆放在插花及三盅中间，要求每个烛台距离花瓶的距离相等，且烛台与花瓶的中心连线在同一直线上。

※ 烟灰缸摆放要求　烟灰缸每两个餐位正中间摆放一个，从主人位右侧开始，依次摆放。

餐椅摆放

西餐宴会的餐椅需根据宴会的主题进行适当的装饰，两两相对摆放在餐台的两边，椅边需与下垂的台布相切。侧椅间距需相等，且餐椅中心连线与桌边平行。

5. 西餐甜点摆台

西餐甜点的摆台根据宴会的性质不同而有所不同，具体如图 2-53 所示。

正式西式宴会

◎ 每类甜点分 2 ～ 3 份盛装，放在餐盘内

◎ 不同类别的每份甜点组成一组，摆放在餐台的中央，供宾客取食

◎ 各类甜点需整齐地摆放在甜点台上

◎ 如需切割的甜点，需事先切成方便宾客入口的大小

◎ 每 3 ～ 4 盘甜点配置一个布菲夹，布菲夹单独放在餐盘内，摆在甜点中间

◎ 甜点盘整齐摆在甜点台两端，供宾客取用

图 2-53　西餐甜点摆台要求一览图

6. 酒会摆台

铺设台布

酒会中的酒台多为长方台及小圆台，因此酒会中的台布一般为长方形、圆形，而台布的颜色一般为白色，或根据酒会的主题选择其他冷色系的颜色。

酒会台布常用的铺设方法是推拉式、撒网式及抖铺式，具体的铺设要求是台布平整无褶皱。

酒台摆放

※ 酒水摆放（见图 2-54）

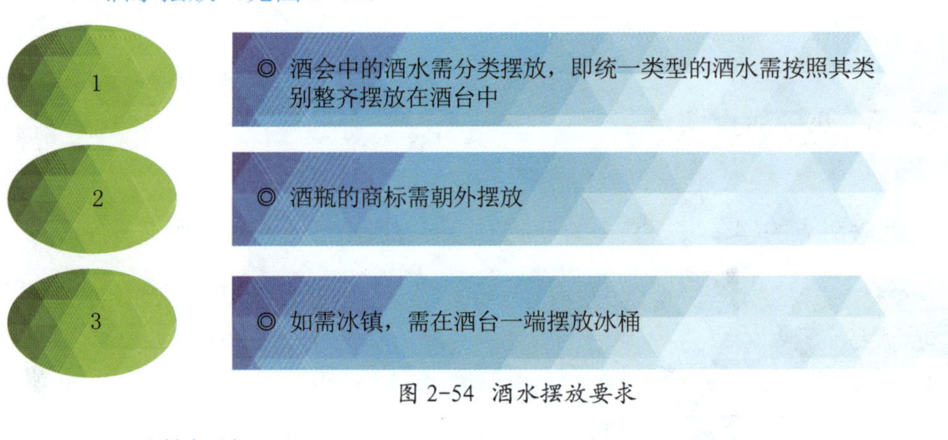

图 2-54 酒水摆放要求

※ 酒具的摆放

① 酒会中的酒具数量一般是宾客的三倍。

② 酒具可随所盛酒水一同摆放，也可单独放在酒具台上。

③ 酒具需根据其类别分类整齐摆放。酒会中常见的酒具有红葡萄酒杯、白葡萄酒杯、香槟杯、白兰地杯、鸡尾酒杯、科林杯、烈酒杯、高脚果汁杯（见图 2-55），具体的摆放效果示例如图 2-56 所示。

红葡萄酒杯

白葡萄酒杯

香槟杯

白兰地杯

鸡尾酒杯

科林杯

烈酒杯

高脚果汁杯

图 2-55　酒具一览图

图 2-56　酒具摆放示例

餐台摆放

酒会中如准备餐台，其摆放要求如下所示：

① 餐台内食品需切成方便入口的大小，放在餐盘中。

② 餐盘需根据餐台的形状、大小摆放。

③ 餐叉、餐勺、餐盘需集中放在餐台一端，供宾客取用。

7. 冷餐会摆台

台布、台裙铺设

冷餐会中的餐台需铺设台布与台裙，其具体的要求如图 2-57 所示。

台布选择与铺设

◎ 台布为长方形或正方形

◎ 台布的颜色多为白色等浅色

◎ 冷餐会中的台布铺设方法是推拉式、撒网式、抖铺式或多人合作铺设

台裙围挂

◎ 餐厅服务员需顺延餐台将台裙围在桌沿处的台布上，并每隔 20 厘米用一个尼龙搭扣固定

◎ 台裙顶边需平整，不得凸起或凹下

◎ 台裙下垂部分需均匀整齐，且能遮住桌角

图 2-57 台布、台裙铺设要求

餐台摆放

冷餐宴中的餐台摆放要求如下所示：

① 造型菜需放在主菜台中央，其他菜点一式两份，对称摆放在造型菜四周；热菜需用保暖炉保温。

② 餐具的数量需是用餐宾客数量的 1.5 倍，需摆放在菜台两端，且需用餐巾覆盖。

③ 酱油、醋、盐、胡椒等调料需依次摆放在调味品台或统一摆在菜台的一端。

④ 酒水按照类别分类摆放在酒台上，酒具也需按照类别分类摆放在酒水旁边。

⑤ 水果依次摆放在水果台上，并每隔 2 ～ 3 盘摆放公共餐盘，盛放布菲夹，水果盘放在水果台一端，沙拉酱、千岛酱等酱料需放在水果台的另一端。

⑥ 点心需切成方便宾客入口的大小放在餐盘中，并依照其口味等依次排放在点心台上，点心叉、点心盘放在水果台的一端供宾客取用。

⑦ 若有餐台，插花需放在餐台一端的中央，餐巾纸放在插花的一端。

⑧ 插花若需放在主菜台、酒水台、水果台上，则应分放在餐台的四周，并注意不得影响餐台物品的取用。

8. 茶话会摆台

茶话会的摆台要求如图 2-58 所示。

插花摆放

◎ 插花需摆放在餐台的中央

◎ 插花的最佳观赏面需面向主宾的位置

茶具摆放

◎ 如宾客需自行倒茶，可每 3 ～ 4 人配置一个茶壶，放在中间位置上

◎ 茶碟需放在坐席右方，距中心线距离 8 厘米，距桌边 3 厘米，茶杯放在茶碟上；如没有茶碟，茶杯放在茶碟的摆放位置

◎ 茶杯如有杯把，杯把需向右放置

◎ 茶杯如配有杯盖，杯盖需放在茶杯上

食品摆放

◎ 茶话会中的食品多为糕点、花生、瓜子、糖果、水果，其摆放有两种形式，具体如下所示：

◇ 各类食品分别装在大餐盘中，摆放在餐桌中央

◇ 各类食品混装在小餐盘内，放在每位宾客坐席的左方距离茶杯 16 厘米处，距离桌边 3 厘米

图 2-58　茶话会摆台要求

知识 4 托盘服务

1. 理盘

选择托盘

餐台中常见的托盘形状为圆形托盘和长方形托盘两种，规格分为大、中、小三类，具体如图 2-59 所示。

图 2-59 常见托盘

餐厅服务员需根据所托的物品，选择合适的形状与大小，其具体要求如图 2-60 所示。

1 ◎ 餐具摆放、上菜及酒水的托送需选择大、中型的圆形托盘

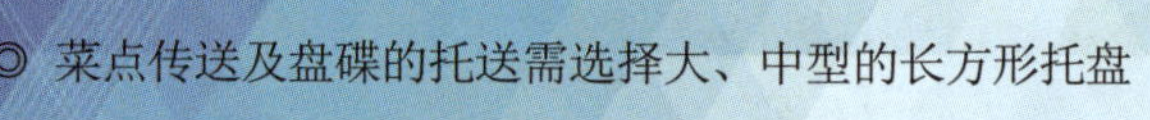

图 2-60 托盘选择要求

托盘清理

确定托盘后，餐厅服务员需将托盘清理干净，确保餐盘无污迹，并将垫布用清水打湿、拧干，铺平在托盘内。需要注意的是，餐厅服务员在选择垫布时，不得选择与客用餐巾、毛巾类似的垫布。

2. 装盘

轻托装盘

轻托又称胸前托，所托物品的种类在 5 千克以下，一般是在宾客面前操作，其托盘的装盘要求如图 2-61 所示。

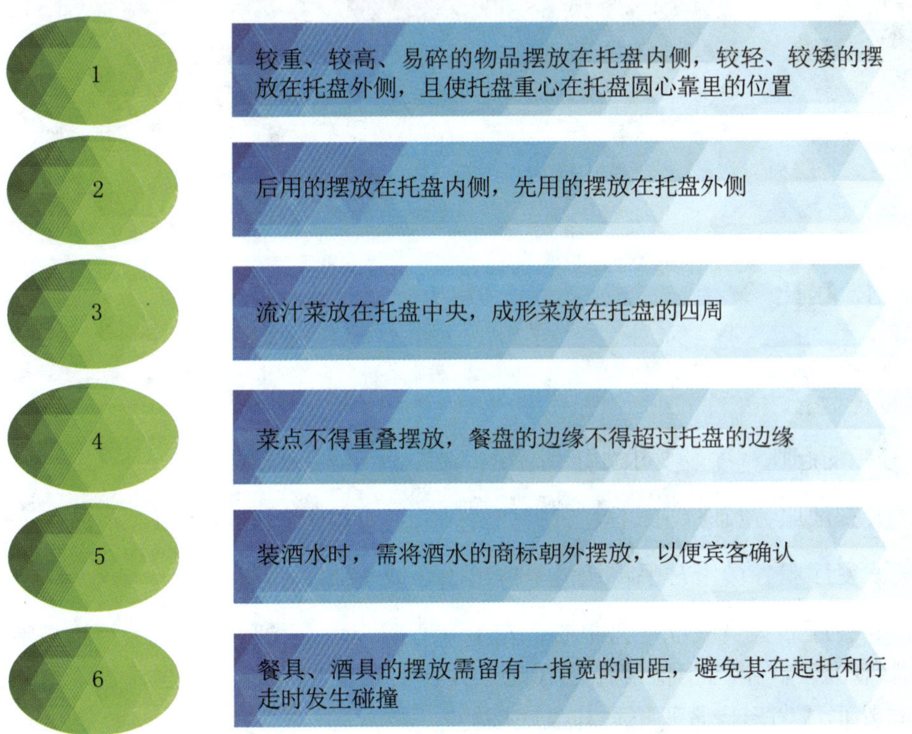

图 2-61　轻托装盘注意事项

重托装盘

重托又称肩上托，是对 5 千克以上的较重物品的端托，主要用于传送菜点酒水，其装盘的要求如图 2-62 所示。

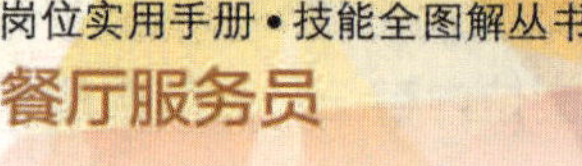

菜点需成品字形重叠摆放，具体摆放要求如下所示：

◎ 流汁菜放在下层，成形菜放在上层

◎ 上层的菜盘需放在下层的菜盘的盘沿上，不得接触下层的饭菜

酒水的盛装要求如下所示：

◎ 较高、较重的瓶子放在托盘内侧，较矮、较轻的瓶子放在外侧

◎ 酒水饮料摆放需留有一指的空隙，避免起托或行走时发生碰撞

图 2-62 重托装盘要求

3. 起托

轻托起托

轻托的起托程序及要求如下所示：

① 餐厅服务员左脚在前、右脚在后站立，身体前倾，双腿自然弯曲。

② 餐厅服务员用右手将托盘平拉出 1/3 或 1/2。

③ 餐厅服务员找准托盘中心，左手掌心向上，五指分开，用大拇指指端到手掌根部及其余四指指端托住底盘，并在右手的辅助下，托起托盘。左手手掌自然形成凹形，掌心不得与盘底接触。

④ 餐厅服务员左手托稳后，右手放开，左手大臂自然下垂，小臂向上弯曲，与大臂成 90 度，左脚收回，成站立姿势。

重托起托

重托的起托程序及要求如下所示：

① 餐厅服务员左脚向前，上身前倾，右腿自然弯曲。

② 餐厅服务员将托盘竖向放置，用双手将托盘拉出 2/3。

③ 餐厅服务员用右手稳住托盘，伸开左手全掌，掌心向上，伸入盘底中

心处，确定托盘重心后，向上托起。

④ 餐厅服务员在托起托盘的同时，弯曲左手臂肘，向左后方翻转，将托盘送至左肩外上方，与肩距离 2 厘米。

⑤ 待稳定后，餐厅服务员松开右手。

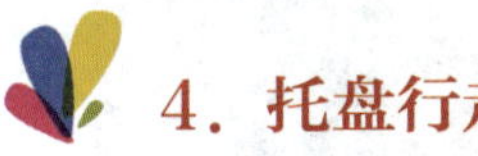

4. 托盘行走

餐厅服务员在托盘行进过程中需要做到“三平、一松、一稳”。其中，“三平”即眼睛要平视、双肩要放平、托盘要平稳，“一松”即面部表情要轻松，“一稳”即托盘内的物品要稳定。餐厅托盘行走的常用步伐有五种，即常步、快步、碎步、垫步、跑楼梯步。

常步

常步的步距均匀，快慢适中，适用于餐厅服务员上菜，具体如图 2-63 所示。

快步

快步的步距较大，步速较快，但不能奔跑，适用于火候菜的传送，具体如图 2-64 所示。

图 2-63　常步示意图

图 2-64　快步示意图

碎步

碎步的步距较小，步速较快，餐厅服务员的上身挺直，适用于汤类菜点的传送，具体如图 2-65 所示。

图 2-65 碎步示意图

垫步

垫步即左脚侧一步，右脚跟上一步，适用于穿行狭窄的通道或行进中突然遇到障碍减速，具体如图 2-66 所示。

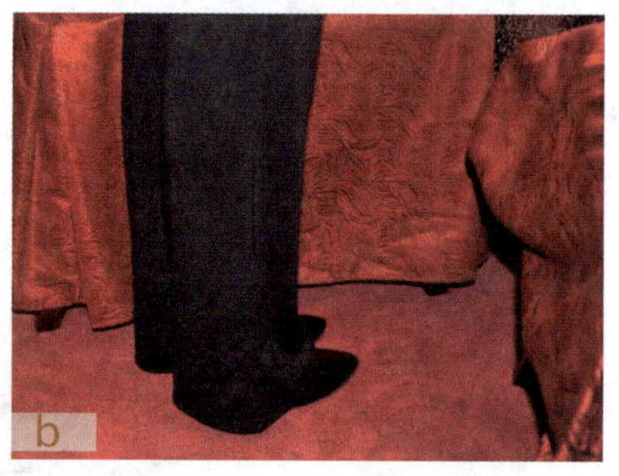

图 2-66 垫步示意图

跑楼梯步

跑楼梯步要求餐厅服务员托盘上楼梯时身体向前弯曲，一步紧跟一步行走，连续行走，不得上一步停一下，具体如图 2-67 所示。

图 2-67 跑楼梯步示意图

5．卸盘

餐厅服务员卸盘的要求如图 2-68 所示。

轻托卸盘

☆ 餐厅服务员需面向餐台，用右手按照前、后、左、右的顺序交替取出盘内物品

☆ 餐厅服务员需随着盘内物品的减少，不断移动左手手指，以掌握好托盘的重心

☆ 餐厅服务员使用轻托方式为宾客斟酒时，需及时调整托盘的重心，并需侧身，防止宾客碰翻托盘

重托卸盘

☆ 餐厅服务员需面向工作台，左脚向前，上身前倾，双腿自然弯曲

☆ 餐厅服务员用右手扶住托盘，左手转掌，将托盘转到同工作台台面平行，把托盘放在工作台边缘

☆ 餐厅服务员用右手及左臂将托盘向前推，逐步收回左手，至将托盘平稳放在工作台上

☆ 餐厅服务员按照左右两侧交替的顺序，将托盘中的物品依次放在工作台上

图 2-68 卸盘要求

6. 徒手端托

徒手端托是餐厅服务员不用托盘，用手端送盘、碟、碗的方式，一般用于宴会中菜、饭、汤的端送。餐厅服务员在徒手端托时，需将上身挺直，两臂自然放松。徒手端托分为双手端托和单手端托两类。

双手端托

餐厅服务员端送汤或较重的菜点时，可用双手的食指、中指、无名指、小指勾住盘碟边沿下边缘，用拇指压稳餐盘边沿上部，将餐盘水平端于胸前。

单手端托

餐厅服务员端送冷菜或较轻菜点时，需左手单手端送盘碟。餐厅服务员单手端托常见的手法有四类。

※ 单手端一盘　单手端一个盘碟的要求如图 2-69 所示。

◎ 食指、中指、无名指勾住碗碟的底边缘
◎ 拇指跷起下压碗碟边，保持碗碟平稳
◎ 到达餐桌，将盘碟轻放在餐桌上
◎ 如端鱼盘等椭圆形盘碟时，需端直径较短的一边

图 2-69　单手端一盘要求

※ 单手端两盘　单手端两个盘碟的要求如图 2-70 所示。

◎ 用食指勾托第一个碗碟底边，拇指跷起下压碗盘边，端起第一个碗碟
◎ 用无名指托住第二个碗碟，中指护在左边，食指压住盘边使其平稳

图 2-70　单手端两盘要求

※ 单手端三盘　单手端三个盘碟的要求图 2-71 所示。

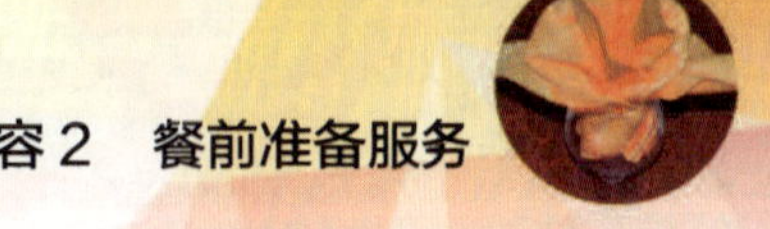

第一个盘托法	◎ 食指和拇指平伸，把第一个碗碟的边沿卡在左手虎口处，端起第一个盘碟
第二个盘托法	◎ 将第二个盘碟的边沿紧靠掌心，并用第一个盘碟的边沿下部压稳第二个盘碟
第三个盘托法	◎ 将第三个盘碟沿手臂交错搭靠，需要注意的是盘碟重叠时需将盘底搭在另一个盘碟的边缘，而不得碰触饭菜

图 2-71　单手端三盘要求

※ 单手端四盘　单手端四个盘碟的要求如图 2-72 所示。

◎ 食指和拇指平伸，把第一个碗碟的边沿卡在左手虎口处，端起第一个盘碟

◎ 将第二个盘碟边沿紧靠掌心，并用第一个盘碟的边沿下部压稳第二个盘碟

◎ 将第三个盘碟沿手臂交错搭靠，需要注意的是盘碟重叠 时需将盘底搭在另一个盘碟的边缘，而不得碰触饭菜

◎ 将第四个盘碟沿手臂搭靠在第三个盘碟上，端起第四个盘碟

图 2-72　单手端四盘要求

岗位内容 3　接待服务

知识 1 宾客接待领位

1. 接待准备

仪表准备

迎宾服务员的仪表准备包括仪容准备与着装准备。仪容需大方、端庄，且着装需美观、整洁，其具体的要求如下。

※ 仪容要求　迎宾服务员的仪容要求如下所示：

① 容貌需端庄，体态需匀称。

② 头发需干净整洁。服务员需勤洗头、勤理发，确保头发干净无异味，且不得挑染或将头发染成过于鲜艳的颜色。

男迎宾服务员的发角前不得过耳，后不得过衣领，头发需服帖整齐，不可蓬松杂乱。女迎宾服务员的头发长度不宜过肩，如过长，需用黑色无亮片

及珠饰的发网将头发梳理成髻，具体如图 3-1 所示。

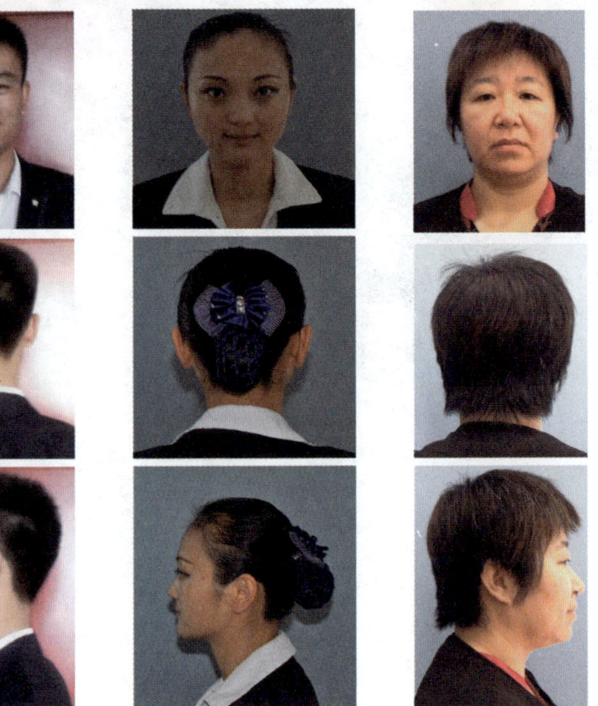

图 3-1 迎宾服务员发型

③ 女迎宾服务员面部应化淡妆，且需选择色彩柔和、对比不强烈的颜色。

④ 迎宾服务员的指甲不得超过手指，不得涂抹有色指甲油，并做到勤洗手、勤剪指甲，确保手指、指甲清洁。

※ 着装要求　迎宾服务员的着装要求如下所示：

① 男迎宾服务员需穿着上下同色的制服或穿着黑色裤子搭配端庄色（如红色等）的上衣，若穿制服，内需搭配白色衬衣，并系领带或蝴蝶结；女迎宾服务员需根据季节不同，穿着裤装或裙装等，具体示例如图 3-2 所示。

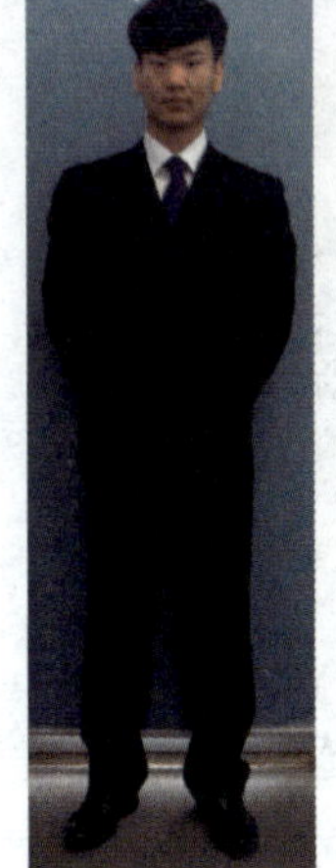

图 3-2　员工着装示例

② 迎宾服务员需及时换洗服装、熨烫，衣服不得有污迹或褶皱。

③ 迎宾服务员需穿着黑色或素色的皮鞋、布鞋，女服务员的鞋跟不得超过 5 厘米。

④ 迎宾服务员需将胸牌佩戴在左胸前。

⑤ 女迎宾服务员如佩戴耳环，应每边耳朵佩戴一个耳环，耳环应为贴耳式，且不得大于耳垂，颜色可为黄金色、白金色、珍珠色及白银色等。

⑥ 迎宾服务员如需佩戴手表，需在左手佩戴样式简单且素色表带的手表。

⑦ 迎宾服务员如需佩戴结婚戒指等具有纪念意义的首饰，需在经过主管领导同意后佩戴。

举止准备

※ 站姿要求　迎宾服务员站姿的基本要求是站正、自然、稳重，具体站姿要求如下所示：

① 腹前握手式站姿要求。迎宾服务员上身挺直，头部端正，双目平视，面带微笑，双肩水平，收腹挺胸，双手握于腹前。

腹前握手式站姿要求迎宾服务员右手在上。其中，男迎宾服务员需将右手握在左手的手背部位，而女迎宾服务员则需将右手握在左手的手指部位，双手的交叉点需在衣扣的垂直线上。

男迎宾服务员可将双脚分开平行站立，但两脚距离不得超过肩宽，身体的重心需落在两脚上；女迎宾服务员可一脚放前，将脚后跟靠在另一脚脚弓的部位，形成丁字步，身体重心可放在两脚或者一只脚上，如穿礼服或旗袍，双脚需分开5厘米左右的距离。具体示范如图3-3所示。

图3-3 腹前握手式站姿

② 双臂后背式站姿要求。双臂后背式站姿是男迎宾服务员的常见站姿，要求迎宾服务员上身挺直，双肩收平，收腹挺胸，双手在身后相握，右手握住左手的手指或手腕，置于髋骨处，两臂的肘关节自然收敛，脚尖打开60度或双脚分开约20厘米，具体的示范如图3-4所示。

图3-4 双臂后背式站姿

※ 走姿要求　迎宾服务员行走要求轻盈、稳健，具体要求为挺胸抬头，双目平视前方，且行进过程中不得低头后仰。男迎宾服务员行进时，两脚跟需交替前进，脚尖需稍向外展，步幅约为自己的一脚之长；女迎宾服务员行进时，双脚需踏在一条直线上，步幅为本人的一脚的长度，如穿裙装或旗袍，步度可略小些，具体的示范如图 3-5 所示。

图 3-5　迎宾服务员走姿

2. 迎客问询

迎宾服务员需在宾客进入餐厅后迎接问询，具体的要求如下所示。

行礼

迎宾服务员需在宾客距离 1 ～ 2 米远时，面带微笑迎上前，向宾客行 45 度鞠躬礼，并向宾客致欢迎词，如“中午好，先生 / 女士，欢迎光临”。

问询

迎宾服务员在问好后，需对宾客进行问询，具体问询要求如下所示：

※ 散客　对于散客，迎宾服务员首先需询问宾客是否有预订，常用用语如“先生 / 女士，请问您有预订吗？”对于非预订的宾客，需询问其用餐人数，常用用语有“先生 / 女士，请问您一共几位用餐？”对有预订的宾客，迎宾服务员需核实宾客的预订资料，确定无误后，登记已到达的宾客信息。

※ 团体客　对于团体客，迎宾服务员需询问领队的团号及人数，请领队出示团体餐券，并进行团号及团体餐券的核实，核实无误后，告知领队其用餐的桌号，常用用语如“先生 / 女士，请问贵团的团号是多少？”“先生 / 女士，请问贵团有多少人？”“先生 / 女士，请您出示下贵团的团体餐券。”“先生 / 女士，贵团的用餐桌号是 ×× 号到 ×× 号。”

※ 参加宴会的宾客　对于参加宴会的宾客，迎宾服务员需通过问询确定宾客是否是参加宴会，常用用语为“先生 / 女士，请问您是参加 ×× 宴的吗？”

※ 外宾　迎宾服务员能够熟练运用餐厅服务的常用外语对话，如“Good evening, sir/madam, Welcome to ××！”（晚上好，先生 / 女士，欢迎来到 ××！）“Nice to meet you, sir/madam.”（很高兴见到您，先生 / 女士。）“Have you a reservation?”（请问您有预订吗？）

迎宾服务员在问询宾客时，需做到如图 3-6 所示的三点要求，从而能够准确获知宾客的需求，同时给宾客留下良好印象。

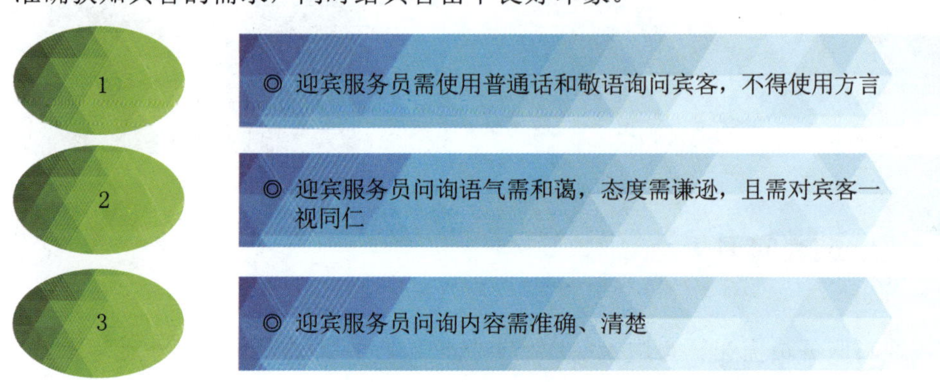

图 3-6　迎客问询要求

3. 引领宾客

迎宾服务员在确定宾客需求后，需根据宾客的需求及餐厅的实际情况，将宾客引领到合适的餐位上，具体的要求如图 3-7 所示。

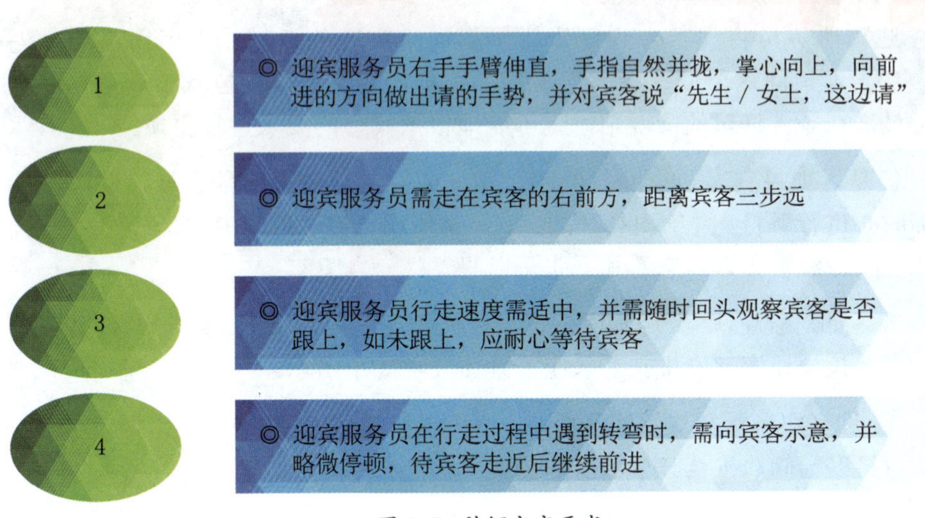

图 3-7 引领宾客要求

4. 餐位安排

迎宾服务员需根据餐厅的实际情况及宾客情况为宾客安排合适的餐位，具体的要求如图 3-8 所示。

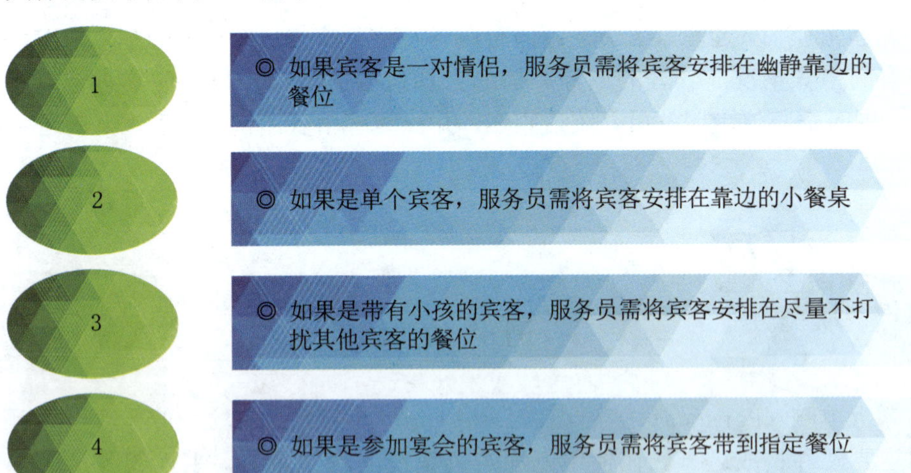

图 3-8 餐位安排要求

迎宾服务员将宾客带到餐位后，需询问宾客的意见，常用用语为“先生/女士，请问这个位置您满意吗？”如果宾客对安排的位置不满意，迎宾服务员需在条件许可的情况下，尽可能地根据宾客的要求进行更换。

但是，如果宾客要求的餐位已有预订或有其他情况不能调换，迎宾服务员需耐心进行解释，并给出合理的建议，常用用语有“十分抱歉，先生/女士，这张餐桌已经被预订，您看那一张可以吗？”

宾客如对餐位满意，迎宾服务员需根据宾客的主宾情况，安排宾客的席位，并为宾客拉椅让座，安排宾客入座，具体要求如下所示：

① 迎宾服务员需双手轻拖椅背，拉椅示意宾客入座，然后在宾客落座时，用膝盖将餐椅向前推至宾客舒服的位置。

② 迎宾服务员在拉推餐椅时，需将餐椅略微抬起，防止餐椅在拉推过程中发出刺耳的摩擦声。

③ 迎宾服务员若难以为每位宾客拉椅让座时，需优先为主宾拉椅让座。

5. 与值台服务员衔接

宾客落座后，迎宾服务员需同值台服务员进行交接，将宾客的基本情况，如宾客的主宾情况、宾客的偏好等信息告知值台服务员，以方便其进行点菜工作，同时需将值台服务员介绍给宾客，并祝宾客用餐愉快，然后离开餐位。

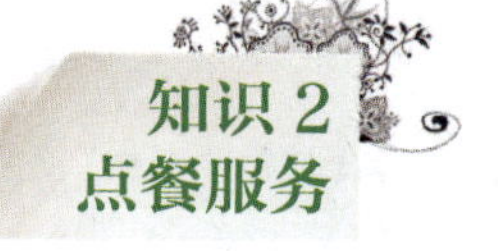

知识 2 点餐服务

1. PDA 使用培训

掌上电脑（Personal Digital Assistant，PDA）是餐饮企业无线点菜系统的重要硬件构成之一。在使用无线点菜系统的餐饮企业，餐厅服务员应于上岗前接受无线点菜系统及 PDA 的使用培训，熟练掌握 PDA 的使用方法。

开台

餐厅服务员使用 PDA 开台，需完成以下工作：

① 餐厅服务员在开台前需进行页面刷新，并点击“进入点菜”开始点菜。

② 餐厅服务员在进入台位界面后，点击台位界面桌型图标，选择未开台的桌号，并点击“开台”进行餐桌开台。

③ 餐厅服务员需在点击“开台”后，输入或点击用餐人数，并点击“确定”，确认开台。

点单

餐桌开台后，餐厅服务员进行点餐，需完成图 3-9 所示工作。

1 ◎ 餐厅服务员需点击“菜类”按钮，并根据宾客需要选择所需菜类或烟酒水

2 ◎ 餐厅服务员需选择宾客所需的菜点，点击“点菜”按钮，然后点击“购物车”图标，进入菜点界面

3 ◎ 餐厅服务员进入菜点界面后，单击所点菜点，根据宾客需要，确定菜点数量、口味、要求等内容，然后点击“菜类”按钮，选择其他菜类或烟酒水

4 ◎ 餐厅服务员在所有菜点、酒水选择完毕后，点击“购物车”图标，检查所点菜点、烟酒。如出现错误，餐厅服务员需选中相应菜名，点击“删除”图标，删除菜点；如核查无误，餐厅服务员需点击“下单”按钮

图 3-9　点单服务

结账

宾客在用餐完毕后，餐厅服务员需点击“结账”按钮，结算餐费。

2．配菜茶水服务

在宾客点餐前，餐厅服务员需将餐厅赠送的配菜摆放在餐台上，同时，为宾客倒好无偿提供的茶水，具体的服务要求如图 3-10 所示。

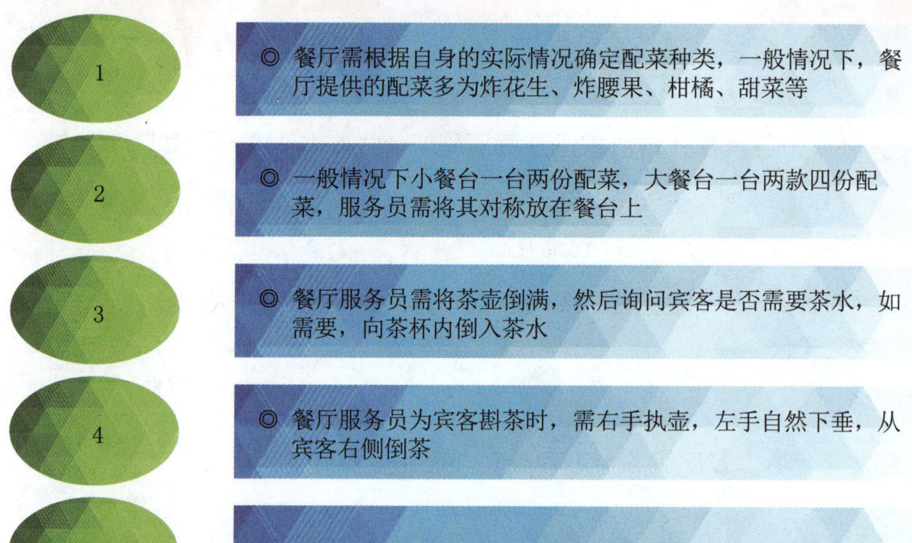

图 3-10 配菜茶水服务

3. 点菜点服务

菜点介绍

餐厅服务员在宾客落座后，需站在宾客右侧，双手将餐单交到宾客手中，并需在宾客对菜点不了解或根据点菜点的实际情况，主动向宾客介绍菜单菜点，具体要求如下所示：

① 餐厅服务员需站在离宾客 1 ～ 1.5 米的距离处向宾客介绍菜点。

② 餐厅服务员需首先询问宾客的需求及有无忌口，如宾客提出了个人偏好或有忌口菜点，餐厅服务员需选择符合宾客要求的菜点进行介绍；如宾客没有特殊的要求或忌口的菜点，餐厅服务员需根据宾客的心理需要介绍菜点，具体原则如下所示：

☆ 餐厅服务员需首先介绍餐厅的特色菜、时令菜、高档菜等。

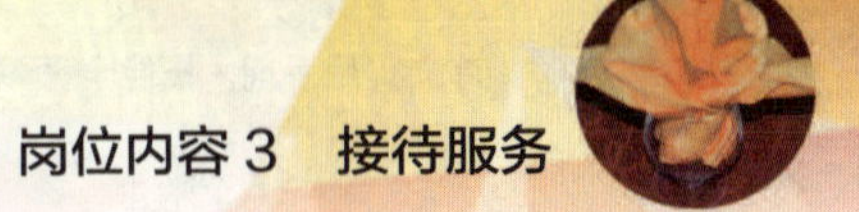

☆ 餐厅服务员需根据宾客的就餐性质推荐菜点，具体要求如图 3-11 所示。

就餐性质	推荐要求
以吃饱为目的，讲究实惠、物美价廉的就餐	◎ 介绍的菜点需以家常菜为主，根据宾客要求，以寻常风味菜、中低档菜、大众化菜为宜
目的性较强的就餐，如朋友聚会、家庭聚餐等	◎ 介绍的菜点应以组合菜、系列菜、宴会菜为主，特别需着重介绍餐厅的特色宴会菜，同时，需根据宾客的消费能力，推荐相适合的菜点
以品尝为目的的就餐	◎ 介绍的菜点应是餐厅的特色菜，并抓住宾客喜欢尝试新鲜菜点的心理，着重介绍其用量、流行趋势、吃法等，以满足其猎奇的心理

图 3-11 菜点推荐要求

☆ 餐厅服务员需根据宾客的特征及口味合理推荐菜点，一般要求是向老年人推荐有营养、易消化、口味清淡的菜点，而向年轻人推荐新潮的风味菜；向家宴、朋友聚会等推荐物美价廉的菜点，而商务宴等可推荐档次较高的菜点。

③ 餐厅服务员需全面介绍餐点信息，需将餐点的名称、原材料、烹调方法、菜点的营养成分、菜点的搭配原则等告知宾客。

④ 餐厅服务员在介绍餐点时，口齿清楚，语言全面、概况，语气平和、友好。

接受点菜

餐厅服务员向宾客介绍完餐点后，需接受宾客的点菜，具体的要求如下所示：

① 餐厅服务员需站在离宾客半米远处，身体前倾，眼睛注视宾客，听清宾客所报菜名，并进行记录。

② 餐厅服务员填写点菜单需填写清楚，切勿涂改，一般要求是根据点菜单的内容一一填写，并写清填写日期、台号、服务员名称等内容，如为海鲜点菜单，需注明做法、质量等信息。

③ 如宾客所点菜点已沽清，餐厅服务员应向宾客说明情况，并表示歉意，

同时可向宾客推荐类似菜点代替。餐厅服务员在说明情况时，尽量少用“没有”等词，而是尽量婉转的说明，如使用“菜已售完”或“菜需提前预订”等。

④ 餐厅服务员在点菜时，将宾客同其所点菜点一一对应，以方便分单结算。

⑤ 如宾客对菜点有特殊要求的，餐厅服务员在相应的菜点后面进行详细备注。

⑥ 宾客点完餐点后，餐厅服务员将宾客所点菜点逐一复述，以便宾客确认，防止发生差错。

致谢下单

餐厅服务员在确定餐点无误后，向宾客致谢后及时下单，具体的下单要求如图 3-12 所示。

要求 1
◎ 手写点菜单的，点菜单的填写应字迹清楚，可使用餐厅相关菜点的缩写或代码，但要确保其准确性
◎ 使用点菜器或 PDA 无线点菜系统下单，应正确填写菜点代码

要求 2
◎ 点菜单一般一式四联，一联交厨房备菜、一联交收银台、一联给出菜口、一联放餐台处备查

要求 3
◎ 海鲜与其他菜点应分单填写

要求 4
◎ 如果宾客是餐厅的重要宾客或住店宾客，需在点菜单注明，如可以在点菜单右上角标注“Z”

◎ 非马上上菜的，需在点菜单注明“叫”字，需马上上菜的注明“即”字，需加快上菜的注明“快”字等，以方便厨房出菜

图 3-12 下单要求一览图

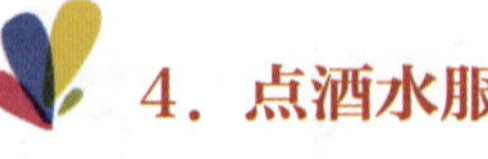

4．点酒水服务

酒水介绍

宾客点完餐点后，餐厅服务员应将酒水单递至宾客手中，询问宾客，常用语为“先生／女士，今天您准备点哪些酒？这是酒水单，您看一下。”并主动为宾客介绍餐厅供应的酒水品种。

餐厅服务员在介绍过程中，应接受宾客的询问，并耐心、清楚地为宾客解答，具体的原则如图 3-13 所示。

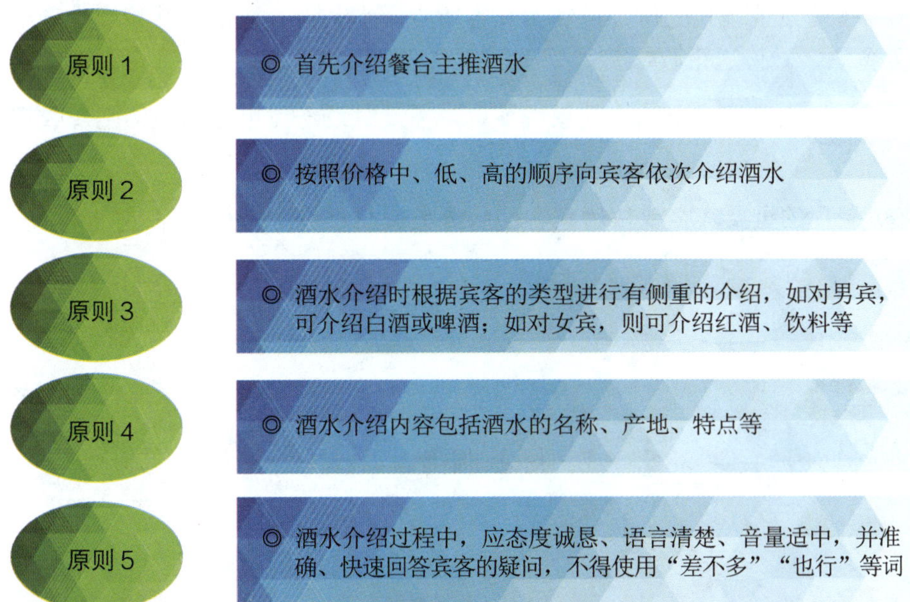

图 3-13　酒水介绍原则

接受点酒

宾客在点酒水时，餐厅服务员需站在距离宾客半米处，上身前倾 15 度，眼睛注视宾客，听清宾客所点酒水后，记录在点单中；如未听清宾客所点内容，需及时询问宾客确认，常用语是“对不起，先生／女士，麻烦您再说一遍。”

宾客如对酒水有特别要求，餐厅服务员需在点单中清楚注明。

餐厅服务员需将整桌宾客所点的酒水进行一次性的统计，并在统计完毕后向宾客复述点单内容，以便宾客确认。

致谢下单

餐厅服务员需在宾客确认点单无误后，向宾客致谢，然后及时下单。酒水下单的具体要求如下所示：

① 手写点单一式三份，需注明宾客所点酒水名称、数量，并将一份送至酒吧处备酒，一份送至收银台，一份留在宾客处备查。

② 使用点菜器或电脑点菜系统下单，需及时发送点单数据至酒吧及收银台。

③ 餐厅的重要宾客或住店宾客，服务员需在点单上进行标注。

知识 3 茶艺服务

1．绿茶服务

茶具准备

冲泡绿茶使用的茶具有茶洗、随手泡、茶杯、茶匙、茶荷等，其中茶杯以透明无色、无花纹玻璃无盖杯或白瓷、青瓷、青花瓷的无盖杯为宜，具体如图 3-14 所示。

图 3-14　绿茶茶具

温杯

茶艺人员首先需进行温杯，以保持茶杯的温度，从而使茶香更加明显，具体的要求是将随手泡中的开水倒入玻璃杯中，水量约为茶杯容积的 1/3，然后双手旋转茶杯约 5 秒钟，将温杯的水倒入茶洗中，如图 3-15 所示。

图 3-15 温杯示意图

盛茶冲茶

茶艺人员需用茶匙将茶叶从茶荷拨入茶杯中，拨入的茶叶量需适量、均匀，一般要求茶与水的比例约为 1:50；然后将随手泡中的开水倒入茶杯中，先倒入约茶杯容积 1/3 的水，用双手摇晃茶杯，使茶叶充分伸展、茶香逸出，再往茶杯中继续倒入热水，至七分满，如图 3-16 所示。

图 3-16　盛茶冲茶示意图

献茶

茶艺人员需双手扶杯，将茶杯推出献给宾客，如图 3-17 所示。

图 3-17　献茶示意图

2. 红茶服务

茶具准备

冲泡红茶需要使用的茶具有茶船、茶壶、茶杯、公道杯、随手泡、茶斗、茶匙、茶夹、茶漏等，冲泡时适宜选择白瓷、白底红花瓷、紫砂、青花瓷质地的茶壶茶杯，如图 3-18 所示。

图 3-18 红茶茶具

温壶温杯

茶艺人员首先需将随手泡中的开水倒入茶壶中，水量约为茶壶的 1/3，等待约 5 秒，然后将茶壶中的水全部倒入公道杯中，等待 5 秒，最后将公道杯中的水倒入茶杯中，具体如图 3-19 所示。

图 3-19 温壶温杯示意图

取茶洗茶

茶艺人员需将茶漏放在茶壶口，用茶匙将茶叶拨入茶壶中，倒入随手泡中的沸水，然后将茶壶中的茶水倒入公道杯中，再将公道杯中的茶水倒入茶杯中，完成洗茶。此时，茶叶只出茶香，不出茶味，不宜宾客品尝，但属于品闻茶香的最佳时机，因此茶艺人员需将茶壶交予宾客品闻茶香，具体如图 3-20 所示。

图 3-20　取茶赏茶示意图

泡茶斟茶

茶艺人员需将随手泡中的热水倒入茶壶中，等待 3 秒后，将茶壶中茶水倒入公道杯中，然后使用茶夹将茶杯中的水倒入茶船中，摆放杯托，将茶杯放在杯托上，最后将茶水倒入杯内至七分满。如宾客有特殊要求，茶艺人员可根据宾客的要求向茶杯内加入淡奶、糖或将红茶冰镇。特别需要指出的是茶艺人员冲泡大宗红茶的水温需在 90 度左右，而冲泡细嫩红茶的水温需在 80 度左右。红茶泡茶斟茶的具体过程如图 3-21 所示。

图 3-21 泡茶斟茶示意图

献茶

茶艺人员需将泡好的茶水献给宾客，具体的献茶要求同绿茶的献茶要求相同，即茶艺人员双手扶杯，将茶杯推出献给宾客，如图 3-22 所示。

图 3-22 献茶示意图

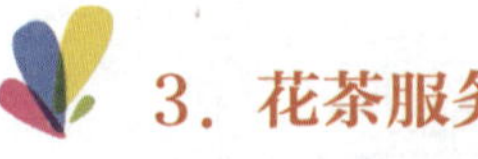

3．花茶服务

茶具准备

冲泡花茶常用的茶具包括茶匙、茶杯、茶荷、茶洗、随手泡等，其中茶杯多会选择五彩、斗彩、青花瓷、白瓷等品种的盖碗或盖杯，也可根据具体情况选择瓷壶冲泡。花茶服务中使用的茶具具体如图 3-23 所示。

图 3-23　花茶茶具

温杯

茶艺人员首先需将盖碗的碗盖拿下，斜打在盖碗的杯托上，然后将随手泡内的开水倒入茶杯中，双手摇晃茶杯，将温杯水倒入茶洗内，并将茶杯放在杯托上，具体如图 3-24 所示。

图 3-24 温杯示意图

置茶冲茶

茶艺人员需用茶匙将茶荷中的茶叶放入茶杯内，并倒入 90 度左右的开水冲泡，水量达到 1/3 处，然后将碗盖盖上，用双手捧杯，晃动茶杯，再打开碗盖，注入开水至七成满，具体如图 3-25 所示。

图 3-25 置茶冲茶示意图

献茶品茶

茶艺人员需双手将宾客用的茶杯推出献给宾客，并将自用茶杯拿进，端起自用茶杯，打开碗盖，轻闻茶香，品味茶味，具体如图 3-26 所示。

图 3-26　献茶品茶示意图

4．乌龙茶服务

茶具准备

乌龙茶服务中会涉及的茶具包括茶则、茶匙、茶夹、茶漏、公道杯、滤网、茶壶、茶杯、杯托、随手泡等，其中茶壶多为紫砂茶壶，而茶杯又包括闻香杯和品茗杯两种，具体如图 3-27 所示。

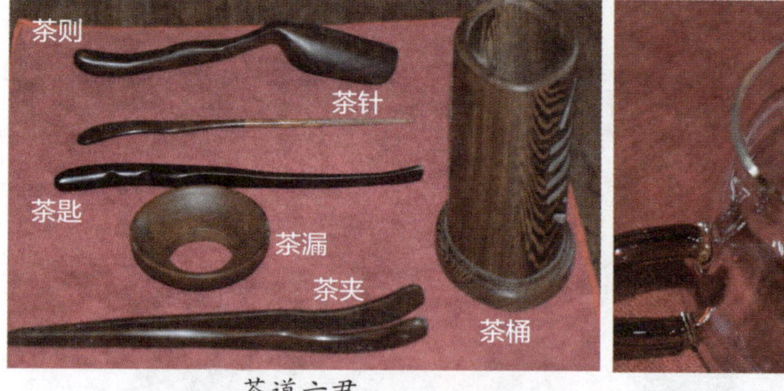

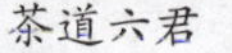
茶道六君

公道杯

茶斗

茶壶

茶杯

随手泡

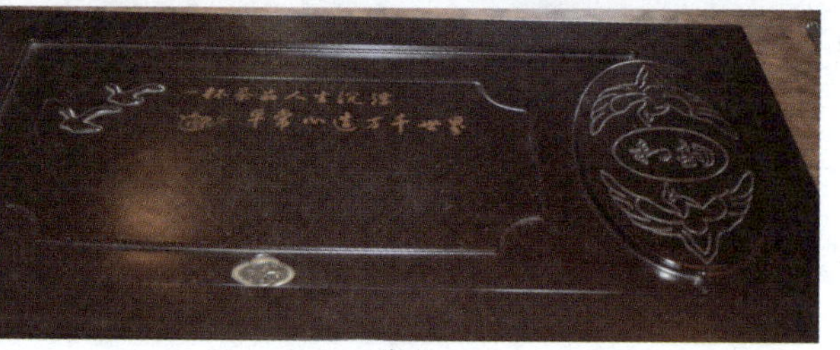
茶船

图 3-27 乌龙茶茶具

温壶热杯

茶艺人员首先需将随手泡中的开水倒入茶壶中，进行温壶，然后将茶壶中的开水倒入放有茶斗的公道杯中，等待 4 秒后，将公道杯的水倒入闻香杯中，再将闻香杯倒扣在品茗杯中，使闻香杯的水倒入品茗杯中，最后使用茶夹夹住品茗杯，将杯中的水倒入茶船中，具体过程如图 3-28 所示。

图 3-28　温壶热杯示意图

置茶淋壶

茶艺人员需将茶漏放在茶壶上，用茶匙将茶叶拨入茶壶中，加入开水；然后把滤网放在公道杯上，将茶壶中茶汤倒入公道杯内；再向茶壶内加入 100 度的沸水，并将公道杯的茶汤淋在茶壶上，以保证茶壶温度，具体过程如图 3-29 所示。

图 3-29 置茶淋壶示意图

冲泡献茶

淋壶后，茶艺人员需将茶壶中的茶汤倒入公道杯中，然后将公道杯中的茶汤倒入闻香杯中，再将品茗杯扣在闻香杯上，快速翻转茶杯，使闻香杯中的茶汤倒入品茗杯中，最后将茶杯放在杯托上，双手推出，献给宾客，具体过程如图 3-30 所示。

图 3-30　冲泡献茶示意图

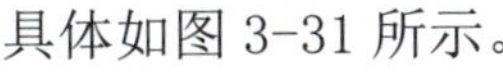

闻香品茗

茶艺人员需提起闻香杯，用双手夹住闻香杯转动，并送至鼻前轻嗅茶香，具体如图 3-31 所示。

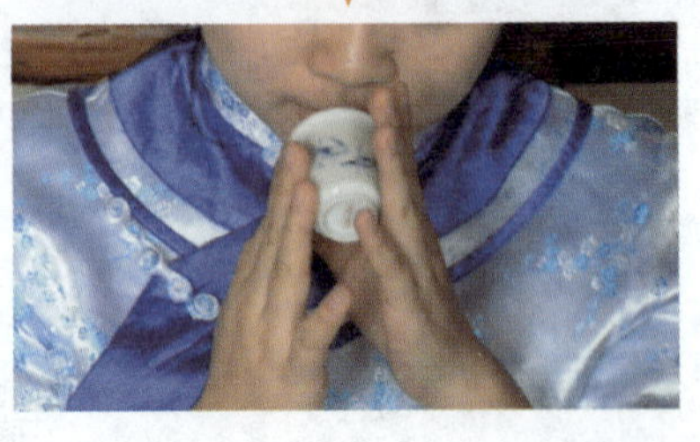

图 3-31　闻香示意图

轻嗅茶香后，茶艺人员将闻香杯放下，右手端起品茗杯，送至嘴边，品尝茶味。端握品茗杯的要求是右手拇指和食指轻拂杯沿，中指托住杯底，女士其余二指可略向外跷，呈兰花指状，男士则需内收二指，具体过程如图3-32所示。

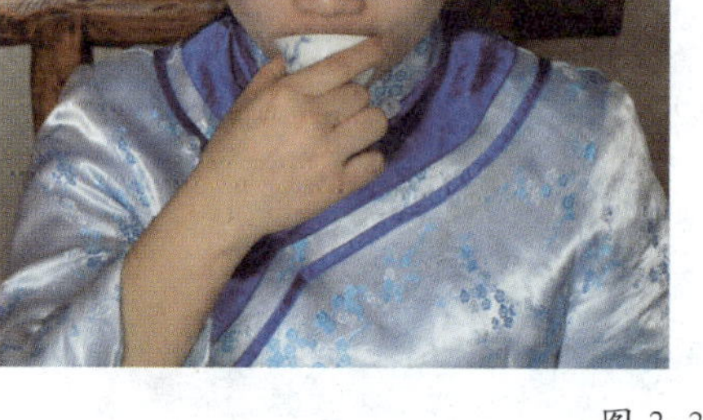

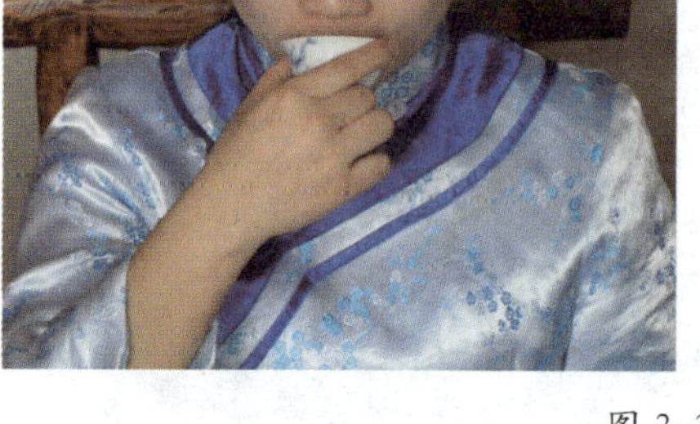

图 3-32 品茗示意图

5．普洱茶服务

茶具准备

普洱茶服务的茶具包括茶匙、茶漏、公道杯、茶斗、茶壶、茶杯、杯托、随手泡、储茶器，如是饼状普洱茶，还需茶刀。冲制普洱茶的茶壶一般为紫砂壶，其茶杯多为瓷质无盖杯，具体如图 3-33 所示。

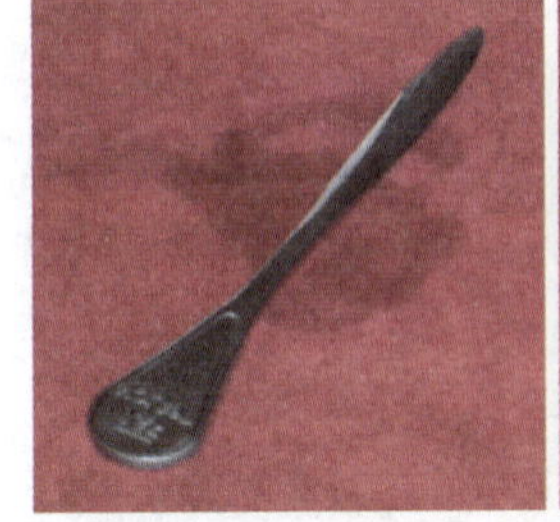
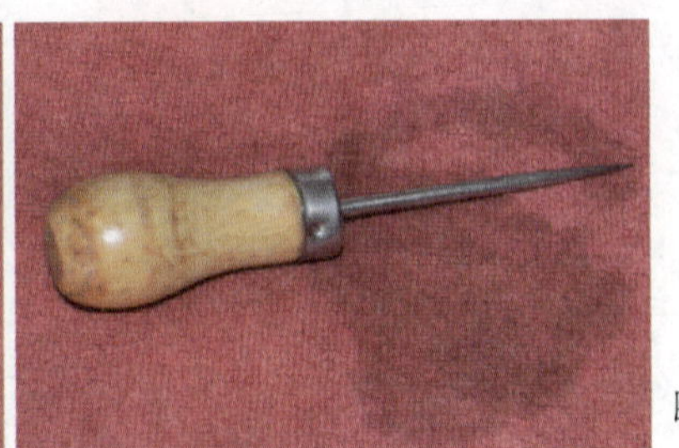

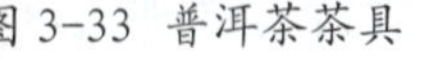
图 3-33　普洱茶茶具

温壶温杯

茶艺人员需将随手泡中的开水倒入茶壶中温壶，提高壶温；然后把滤网放在公道杯上，并将壶内开水倒入公道杯中；最后将公道杯中的开水倒入茶杯中，如图 3-34 所示。

图 3-34　温壶温杯示意图

置茶

茶艺人员在置茶时，先将散茶放入，再放入成块的茶，以使散茶泡出味道，块状茶展开并出味。普洱茶的置茶量可视茶壶的容量大小及宾客的口味确定，一般要求是饼茶、茶砖的置茶量为茶壶容量的 1/5，沱茶的置茶量可比饼茶略少，散茶需为茶壶容量的 1/4 或 1/3。

茶艺人员取置散茶时，可用茶则将茶叶从储茶器中取出拨入茶荷，再使用茶匙将茶叶从茶荷中拨入茶壶中，而饼茶则需首先用茶刀撬开，再将撬开的茶叶置于茶荷，并拨入茶壶中，如图 3-35 所示。

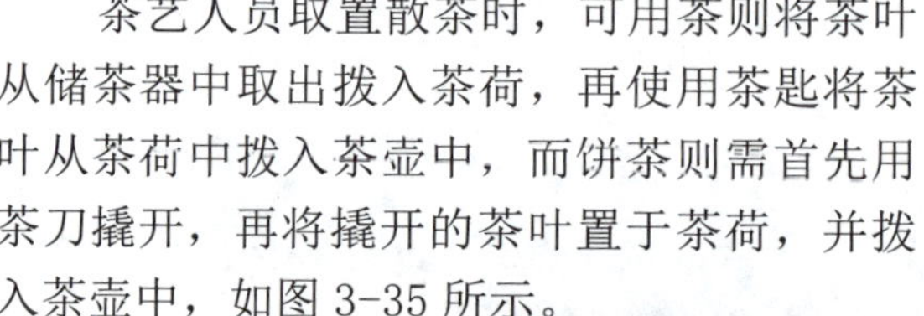

图 3-35 置茶

洗茶

茶艺人员将随手泡中 100 度的沸水倒入茶壶中，然后将茶汤倒入放有滤网的公道杯中，以此重复 1～2 次，以洗除茶叶上的尘埃，同时能够温茶、醒茶，最后在茶壶中倒入 100 度沸水，并将公道杯中的茶汤淋在茶壶上，具体如图 3-36 所示。

图 3-36　洗茶示意图

冲泡分茶

茶艺人员将茶壶中的茶汤倒入公道杯中，首次冲泡需在 40 秒左右后将茶汤倒入公道杯中，第 2 ～ 10 次的冲泡时间可为 20 秒，第 10 次以后时间可适当延长。

茶艺人员将茶汤倒入公道杯后，需摆放杯托，并用茶夹将茶杯的温杯水倒入茶船内，放在杯托上，然后将公道杯的茶汤倒入茶杯内，至七分满。

普洱茶的冲泡分茶具体图解如图 3-37 所示。

图 3-37　冲泡分茶示意图

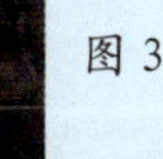

献茶品茶

茶艺人员需用双手将分好茶的杯托推出，献给宾客，然后端起自用茶杯观茶色、闻茶香、品茶味。观茶色，好的普洱茶呈透明深枣红色，且茶杯上端浮有一层雾，雾越黏，茶越好；闻茶香，即靠近杯沿用鼻由轻至深闻其香气；品茶味，需将少量茶汤入口，用舌尖将茶汤边吮啜边打转，以辨别茶之浓淡、甜涩，具体如图 3-38 所示。

 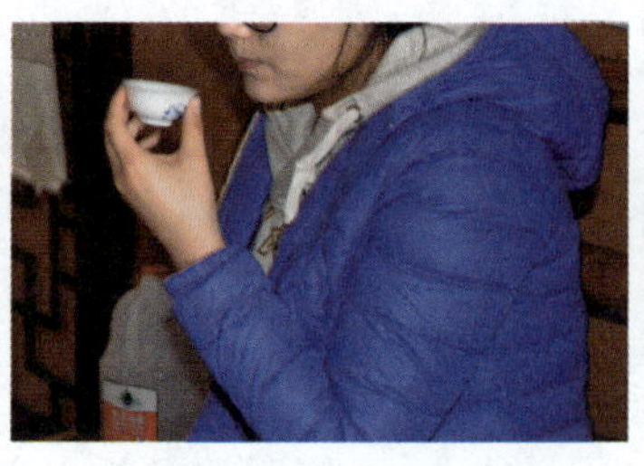 

图 3-38 献茶品茶示意图

1. 选用调酒工具

调酒人员在调制鸡尾酒时常用的工具包括调制工具、量取工具、开启工具、制冰工具、盛装工具及其他工具。

调制工具

鸡尾酒的调制工具包括调酒壶、调酒杯、调酒匙、调酒棒、电动搅拌器、滤冰器等。

※ 调酒壶　调酒壶又称摇酒器，是用来摇晃调酒原料使其充分混合的工具，一般由不锈钢制成。调酒壶分为标型调酒壶和波士顿调酒壶。标型调酒壶由壶身、滤冰盖及壶顶盖三部分构成，而波士顿调酒壶则由金属壶身和上盖玻璃杯两部分构成，具体如图 3-39 所示。

标型调酒壶

波士顿调酒壶

图 3-39　调酒壶一览图

※ 调酒杯　调酒杯是用来调制搅拌类鸡尾酒的工具，是带有刻度的平底玻璃杯或不锈钢杯，具体如图 3-40 所示。

图 3-40　调酒杯

※ 调酒匙、调酒棒、电动搅拌器　调酒匙、调酒棒、电动搅拌器是调酒中用来搅拌的工具。调酒匙为不锈钢的制品，分为两头调酒匙和单头调酒匙，如图 3-41 所示。两头调酒匙一端为勺，另一端为叉，用于搅拌、分液、叉取水果碎块；单头调酒匙只有一端有勺，只能用于搅拌、分液。调酒棒一般为塑料制品，供调酒师或宾客搅拌调酒用。电动搅拌器则常会在调制多人份鸡尾酒时使用。

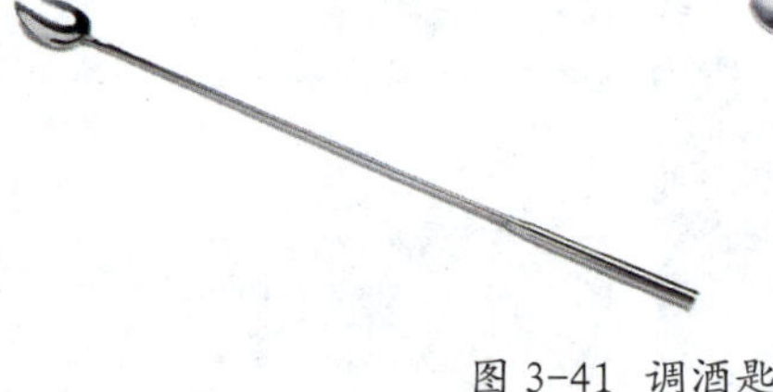
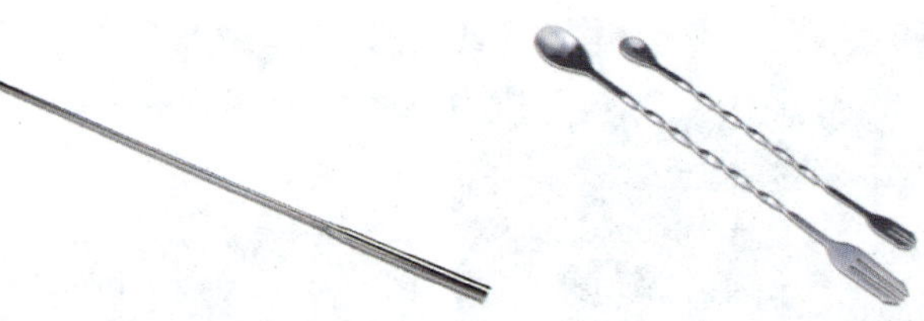

图 3-41 调酒匙

※ 滤冰器　滤冰器是在鸡尾酒调制完成后过滤冰块的工具。滤冰器的示意图如图 3-42 所示。

图 3-42 滤冰器示意图

量取工具

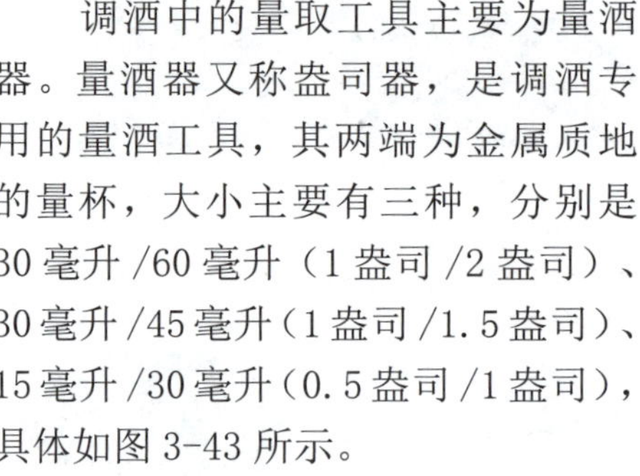

调酒中的量取工具主要为量酒器。量酒器又称盎司器，是调酒专用的量酒工具，其两端为金属质地的量杯，大小主要有三种，分别是 30 毫升 /60 毫升（1 盎司 /2 盎司）、30 毫升 /45 毫升（1 盎司 /1.5 盎司）、15 毫升 /30 毫升（0.5 盎司 /1 盎司），具体如图 3-43 所示。

30 毫升 /60 毫升　　30 毫升 /45 毫升　　15 毫升 /30 毫升

图 3-43 量酒器示意图

开启工具

调制鸡尾酒过程中，需要使用专门的开启工具开启瓶装或罐装饮料、食品。常用的开启工具有开瓶器与开罐器两类，具体如图 3-44 所示。

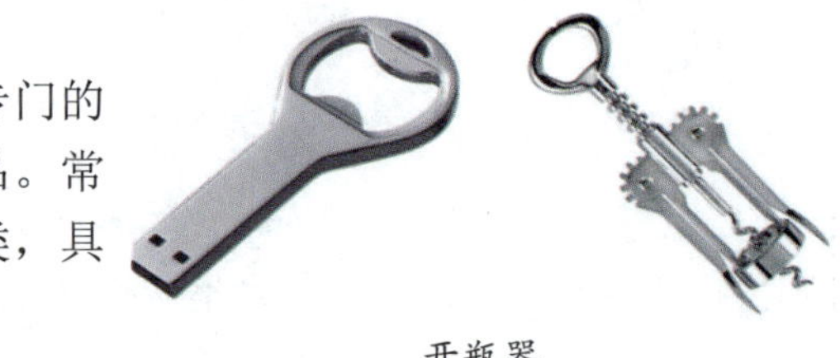

开瓶器

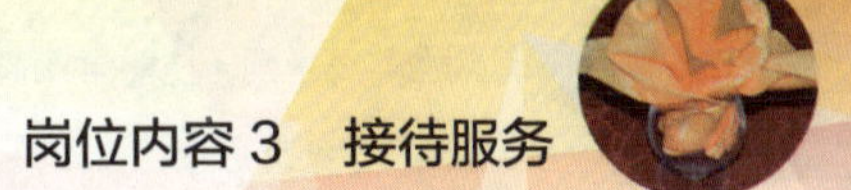

开罐器

图 3-44 开启工具

制冰工具

鸡尾酒调制需要用到的制冰工具包括刨冰器、冰夹、冰勺、冰锥等，其中刨冰器是用来制作雪霜状冰泥的工具，冰锥是用来分离大冰块的工具，具体示意图如图 3-45 所示。

刨冰器　　冰夹

冰勺　　冰锥

图 3-45 制冰工具一览图

盛装工具

在鸡尾酒的调制过程中，用于盛装的工具包括冰桶、水砧、滤酒器、潘趣缸，如图 3-46 所示。冰桶是用来盛装冰块的专用工具，能够维持温度，使冰块不易迅速融化。水砧是用来盛装冷水的容器。滤酒器是用来盛放已经过滤的葡萄酒的容器。潘趣缸则是用来调制、盛放潘趣酒的玻璃容器。

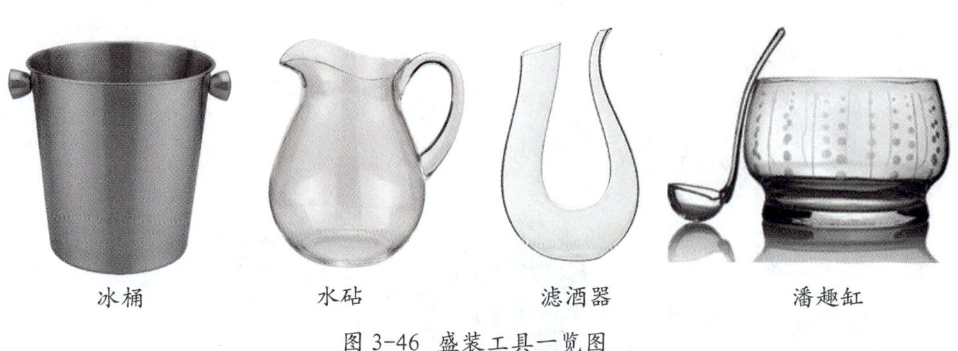

图 3-46 盛装工具一览图

其他工具

鸡尾酒调制涉及的其他工具包括挤汁器、切刀砧板、酒针、吸管、牙签等，如图 3-47 所示。挤汁器用来挤压橙子、柠檬等鲜果汁。切刀和砧板用来切割水果等食品。酒针用来串插水果或点缀品，多为塑料、不锈钢质地。

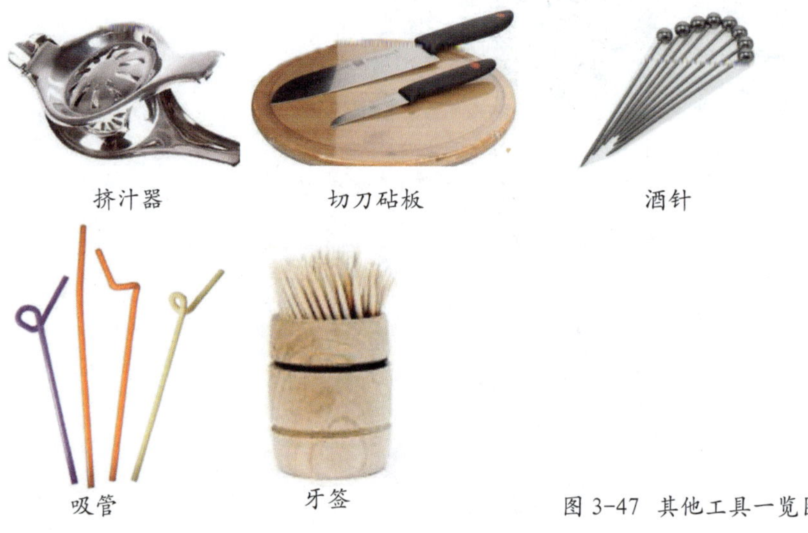

图 3-47 其他工具一览图

2．选用调酒杯具

调酒人员调酒完成后，需根据所调鸡尾酒的特征选择盛装杯具，具体的选择要求如图 3-48 所示。

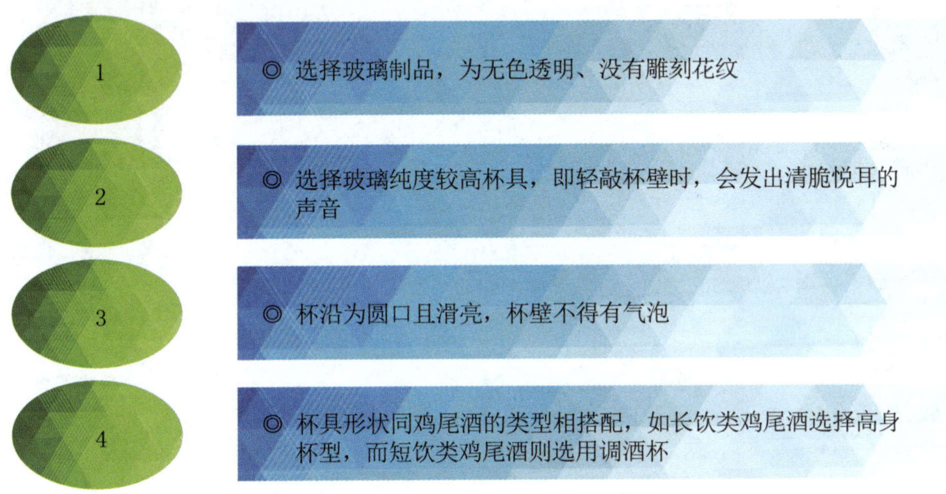

图 3-48 调酒杯具选择要求一览图

调酒人员常用的调酒杯具包括香槟杯、葡萄酒杯、古典杯、岩石杯、白兰地杯、利口酒杯、马天尼杯、玛格丽塔杯、比尔森杯、海波杯、波克格兰迪杯、爱尔兰咖啡杯等。

3．选用调酒原料

鸡尾酒的调制原料分为基酒、辅料及装饰材料三类。

基酒

基酒是调制鸡尾酒的主要材料，其选择原则如下所示：

① 基酒一般会选择烈性酒。

② 基酒多数情况下为一种酒。

③ 调制短饮类鸡尾酒，基酒的含量不得低于总容量的 1/2，长饮类鸡尾酒基酒的比例可适当减少。

鸡尾酒调制常用基酒有十类，主要如图 3-49 所示。

基酒	说明
白兰地	◎ 一般选用普通三星级或 V.S.O.P 级的干邑白兰地作为调酒基酒
威士忌	◎ 鸡尾酒调制中常用的威士忌有苏格兰威士忌、美国波本威士忌、爱尔兰威士忌及加拿大威士忌等
伏特加	◎ 伏特加做基酒需选择无色、透明的纯净酒品，一般多使用俄罗斯、美国、波兰产的伏特加
朗姆酒	◎ 主要选择淡朗姆酒，在特殊情况下会使用浓朗姆酒
金酒	◎ 多数情况下选择英式干金酒作为鸡尾酒的基酒
开胃酒	◎ 用来作为基酒的开胃酒包括干性锑酒、味美思和雪利酒
龙舌兰	◎ 一般会选择墨西哥产的无色透明的酒品作为鸡尾酒调制的基酒
利口酒	◎ 常选择的利口酒包括薄荷酒、本尼狄克丁酒、修道院酒、杜林标酒等
葡萄酒	◎ 一般被选为鸡尾酒基酒的葡萄酒为红葡萄酒和白葡萄酒
中国白酒	◎ 中国白酒中可作为鸡尾酒基酒的有酱香型白酒和浓香型白酒

图 3-49 鸡尾酒基酒类别

辅料

辅料是鸡尾酒调制的调缓剂，其在鸡尾酒配制中用量很少，主要用来增加鸡尾酒的色、香、味。常用的辅料包括各类酒品、果汁、碳酸饮料、香料及其他辅料等。

※ 酒品　辅料中的酒品包括开胃酒和利口酒两类。开胃酒包括金巴利、安格斯特拉、杜本内等；利口酒则包括库拉索酒、加利安诺、君度酒、茴香利口酒等。

※ 果汁　果汁在鸡尾酒调配中用以调缓基酒的刺激性，使调制出的鸡尾酒更加爽口。常用的果汁包括苹果汁、西柚汁、葡萄汁、莱姆汁、橙汁、菠萝汁、西番莲果汁、番茄汁、椰子汁、芒果汁等。

※ 碳酸饮料　碳酸饮料在鸡尾酒调制中可增强鸡尾酒的风味，并创造酒品的风格，常用的碳酸饮料包括苏打水、姜汁汽水、汤力水、可乐、柠檬味汽水、矿泉水等。

※ 香料　香料在鸡尾酒中的功能是调节酒品的味道，因此，香料的选择需与鸡尾酒的主体香味相协调。鸡尾酒调制中常用的香料有豆蔻粉、桂皮、辣酱油、辣椒水、丁香等。

※ 其他辅料　鸡尾酒调制中还会使用的其他辅料包括鲜牛奶、糖、糖浆、冰块、鸡蛋等。

装饰材料

鸡尾酒的主要装饰材料是新鲜的果蔬、花、叶、香草等，一般包括橙、樱桃、柠檬、草莓、菠萝、橄榄、腌洋葱、黄瓜、鲜薄荷、兰花、薄荷叶、玫瑰花瓣等，具体的示例如图 3-50 所示。

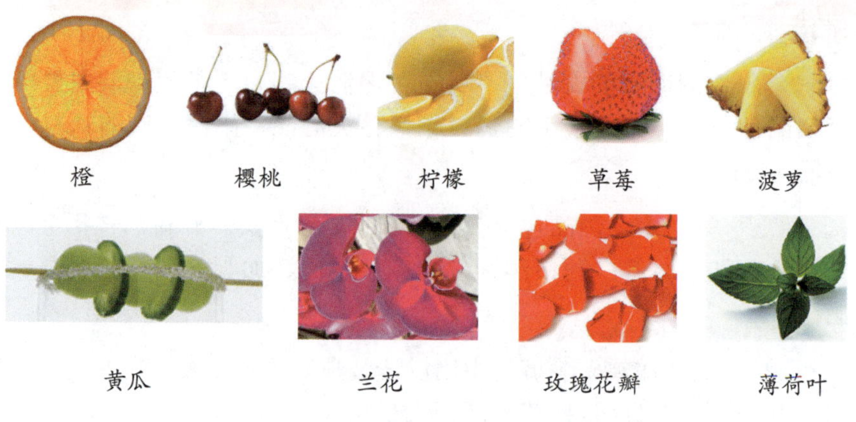

图 3-50 装饰材料示例图

除了上述的主要装饰材料外，调酒人员还会根据需求选择与所调制的酒品搭配的吸管、调酒棒及彩色纸质装饰品进行装饰。

4．摇和法调制鸡尾酒

摇和法是将调酒的配料放入调酒壶，通过用手摇动调酒壶使各类材料混合的方法。其具体的操作方法如下所示：

① 先将适量的冰块放入调酒壶。

② 根据配方用量加入辅料。

③ 放入基酒。

④ 盖紧壶顶盖，手执调酒壶来回迅速晃动。

⑤ 待调酒壶外起霜后，打开调酒壶，使用滤冰盖将酒滤入载杯中。

⑥ 进行装饰，完成调制。

摇和法根据摇晃时执壶的手的数目不同，分为单手摇和双手摇两种方式，具体如图 3-51 所示。

单手摇是要求调酒人员将壶顶盖盖好后，用一只手的食指抵住壶顶盖，其余四指夹住壶体，并使用手腕的力量上下摇晃调酒壶。

双手摇是用右手的拇指按住壶顶盖，无名指及小指夹住壶身，用左手的

中指和无名指托住壶体底部，拇指、食指及小指夹住壶体，上下摇动。

单手摇

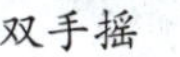

双手摇

图 3-51　摇和法示意图

5. 调和法调制鸡尾酒

调和法又称搅合法，是通过搅拌调制鸡尾酒的方法。具体的操作方法如下所示：

① 将适量的冰块倒入调酒杯中。

② 放入所需辅料与基酒。

③ 左手握住调酒杯，右手使用调酒棒或调酒匙沿杯内壁按照顺时针方向轻轻搅动。

④ 原料充分混合后，在调酒杯上盖上滤冰器，将酒品滤入载杯内。

具体调制过程如图 3-52 所示。

图 3-52 调和法示意图

如需要同时调制多人份的鸡尾酒，调酒人员可使用电动搅拌器进行调制，具体操作是将碎冰、水果块、基酒等倒入电动搅拌器中，启动搅拌器进行搅拌。电动搅拌器调制鸡尾酒的要求具体如图 3-53 所示。

◎ 电动搅拌器适合于含有大量水果、冰激凌或鲜果汁的长饮类鸡尾酒的调制

◎ 在调制前，需将水果切成小碎块，然后才能放入搅拌器

3

◎ 使用电动搅拌器调制的鸡尾酒无须滤冰，直接将酒品倒入载杯中即可

图 3-53 电动搅拌器调制鸡尾酒要求一览图

6. 兑和法调制鸡尾酒

兑和法又称漂浮法，是将鸡尾酒配方中的酒水依照其含糖量的不同，逐层、

缓慢地沿着调酒棒或调酒匙倒入载杯中，并加以装饰。兑和法实施要点如图 3-54 所示。

要点	内容
要点 1	◎ 兑和法适用于彩虹酒、龙舌兰日出等鸡尾酒的调制
要点 2	◎ 调酒人员需熟知各类酒水的含糖量或酒精浓度，需将含糖量高或酒精浓度低的酒水先倒入载杯中
要点 3	◎ 调酒人员使用调酒棒或调酒匙做引流将酒倒入载杯中，其要求是将调酒棒一端靠在载杯内壁上，使酒沿调酒棒从另一端缓缓倒入

图 3-54　兑和法实施要点一览图

兑和法调制鸡尾酒的具体示例如图 3-55 所示。

图 3-55　兑和法调制鸡尾酒示例图

7．鸡尾酒调制整体要求

鸡尾酒调制的整体要求如下所示，调酒人员在调制鸡尾酒过程中应认真遵守。

调制准备要求

鸡尾酒的调制准备要求如下所示：

① 在调制鸡尾酒前，调酒人员需将调制所需的材料、用具准备好，并摆在规定位置上，方便取用。

② 调酒所用的工具、杯具及酒水盛装器具需擦拭干净。

③ 在宾客面前调制时，调酒人员需将酒瓶商标朝向宾客。

④ 调酒人员需按照餐饮企业的相关规定着装，头发需梳理整齐，不得留长指甲、涂抹指甲油或佩戴相关饰品，并需在调酒前将双手清洗干净。

⑤ 调酒人员需将蛋、奶、果汁等容易变质的材料储存在冰箱内，并将酒品按照相关要求进行保存，以确保材料的新鲜。

⑥ 调酒人员需事先准备不同规格的冰块，并确保冰块质地纯净。

调制实施要求

鸡尾酒调制的实施要求如下所示：

① 调酒人员需严格按照鸡尾酒的配方要求投放原料，不得随意变换原料的投放比例。

② 调酒人员需严格按照先放冰块，再放辅料，最后放基酒的顺序投放鸡尾酒的原料。

③ 调酒人员在投放基酒及液态辅料时，需使用量杯量取，确保用量准确。

④ 调酒人员使用摇和法调制鸡尾酒时，在摇晃调酒壶过程中，手掌不得紧贴调酒壶，防止手温使调酒壶内的冰块融化，从而影响酒品口味。

⑤ 调酒人员需将调酒壶中多余的酒滤入干净酒杯中备用。

⑥ 调酒人员需及时清洗调酒壶和量杯，防止材料混杂，影响酒品质量。

⑦ 调酒人员需在鸡尾酒调好后立即滤入载杯中，并以八分满为宜。

⑧ 室内温度过高时，调酒人员需对载杯进行冰镇处理，以确保酒品的口感。

⑨ 调酒人员在进行最后装饰时，需遵守图 3-56 所示的要求。

1 ◎ 使用水果做装饰物时，不宜将水果切得过薄

2 ◎ 使用果皮做装饰物时，果皮内层的白瓤应切除

3 ◎ 装饰水果应事先切好，并用保鲜膜包好，放在冰箱内备用

图 3-56　装饰材料处理要求

岗位内容 4　餐间服务

知识 1　早餐服务

1. 茶水服务

在早餐服务过程中，服务员需要进行茶水服务，具体的服务流程如图 4-1 所示。

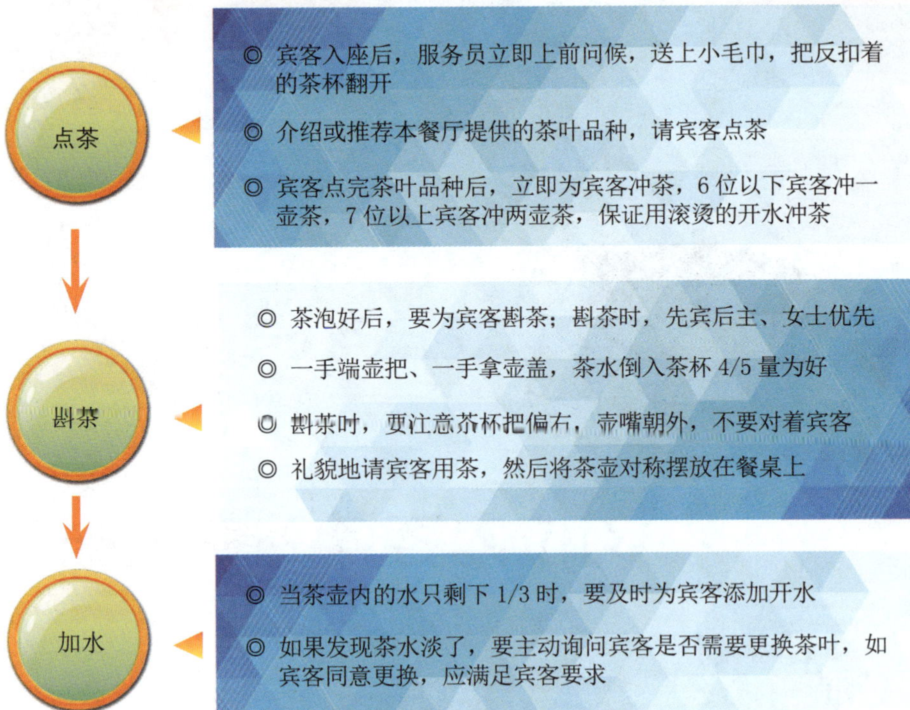

图 4-1 茶水服务

餐厅服务员在进行茶水服务的过程中，需要注意如图 4-2 所示的事项。

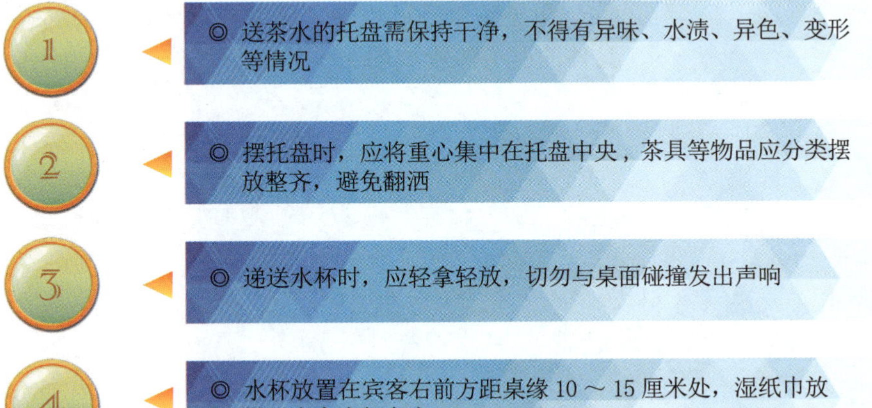

图 4-2 茶水服务注意事项

2. 点心服务

在早餐服务过程中，最主要的服务就是点心服务，餐厅服务员在进行点心服务的过程中，应按照如图 4-3 所示的流程进行。

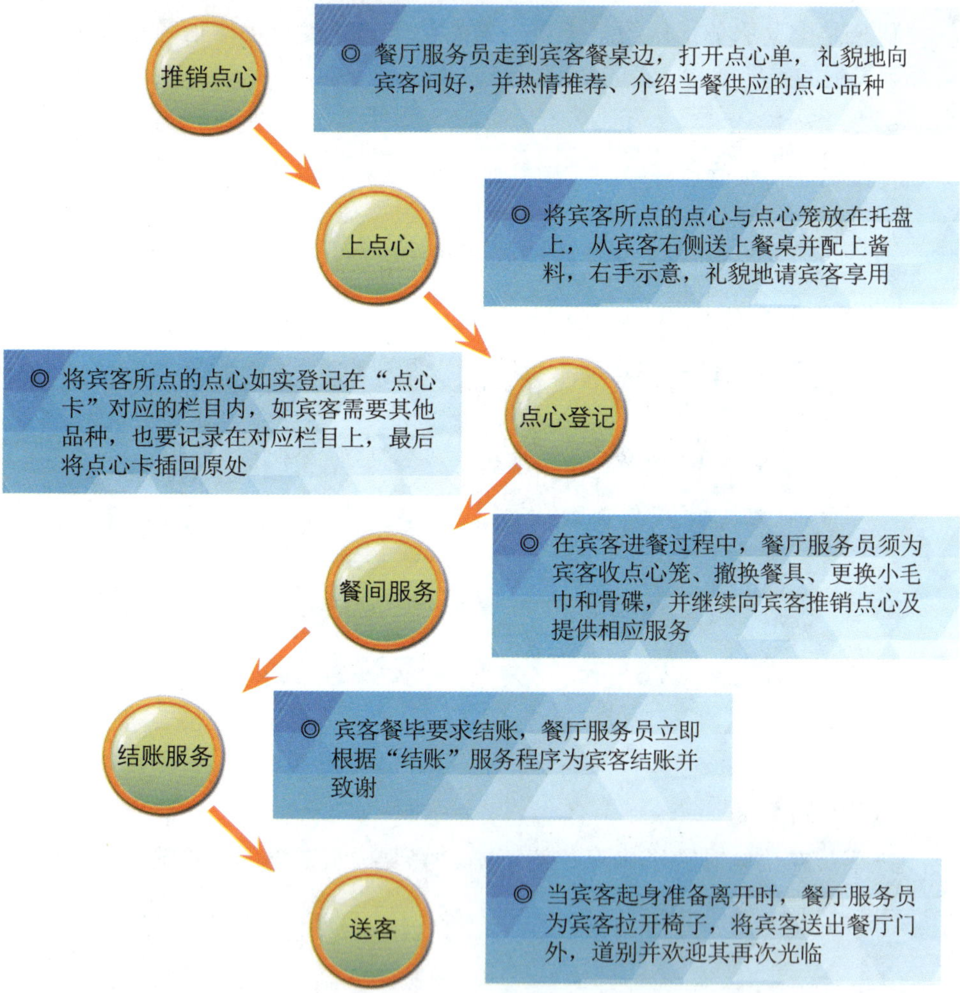

推销点心

◎ 餐厅服务员走到宾客餐桌边，打开点心单，礼貌地向宾客问好，并热情推荐、介绍当餐供应的点心品种

上点心

◎ 将宾客所点的点心与点心笼放在托盘上，从宾客右侧送上餐桌并配上酱料，右手示意，礼貌地请宾客享用

点心登记

◎ 将宾客所点的点心如实登记在“点心卡”对应的栏目内，如宾客需要其他品种，也要记录在对应栏目上，最后将点心卡插回原处

餐间服务

◎ 在宾客进餐过程中，餐厅服务员须为宾客收点心笼、撤换餐具、更换小毛巾和骨碟，并继续向宾客推销点心及提供相应服务

结账服务

◎ 宾客餐毕要求结账，餐厅服务员立即根据“结账”服务程序为宾客结账并致谢

送客

◎ 当宾客起身准备离开时，餐厅服务员为宾客拉开椅子，将宾客送出餐厅门外，道别并欢迎其再次光临

图 4-3　点心服务流程

1. 传菜

传菜是上菜服务工作的第一步，菜品传送的速度与顺序均是直接影响上菜服务质量的重要因素。

传菜工作要求

传菜员在传菜的过程中，应满足如下所示的要求：

① 传菜台需保证无污渍、油渍和水渍。

② 传菜员需保证手部无油腻、污渍和异味。

③ 传菜员在传菜时需满足“十不传”要求，具体如图 4-4 所示。

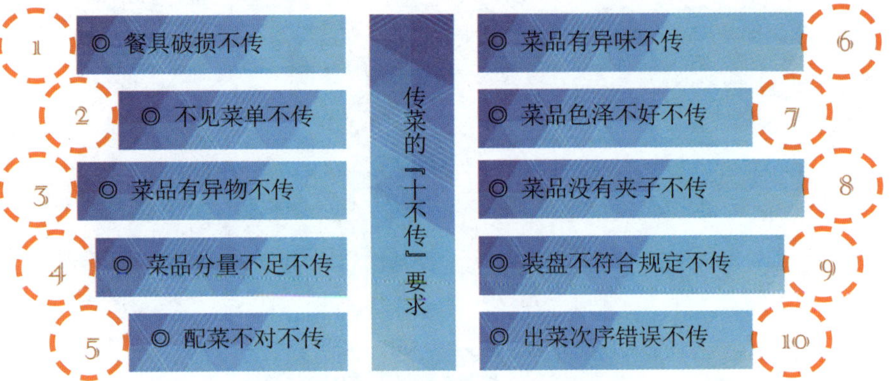

图 4-4 传菜的“十不传”要求

传菜工作流程

传菜员在传菜时为了确保传菜正确，需要按照既定的工作流程和标准进行。具体的工作流程如图 4-5 所示。

传菜准备

◎ 在传菜台右侧准备充足的、干净无损的长托盘及圆托盘

◎ 根据菜谱预先准备各种配料、配汁

◎ 准备干净无损的餐具，同时准备公用勺、酒精炉等服务用品，保证其用量和安全性

◎ 将手写点菜单整理放入单夹，按号码编排

检查订单和菜品

◎ 检查厨房做出的菜品是否和菜单上的菜品一致，检查菜品的菜型、盘边

◎ 手写点菜单时，餐厅服务员在接到点菜订单后，应检查点菜订单是否盖章，是否写清基本信息（点菜时间、餐厅服务员姓名、宾客人数、台号、日期），以及点菜订单上是否注明宾客有无特殊要求

◎ 若宾客有特殊要求，则应通知厨师长，并将结果及时反馈给值台服务员，然后将点菜订单迅速夹好放入单夹

传送菜品

◎ 根据点菜订单上的信息、台号或房间号、菜品名称，准备好服务用具和菜品特殊配料，以便传菜

◎ 手写点菜单时，服务员应在点菜订单上勾销该菜，以示已传菜

◎ 传菜必须使用托盘，使用托盘时要平稳，走姿自然，忙而不乱，保证菜型和盘边装饰完好无损

◎ 及时传送菜品，保证菜品的温度和口感，在传菜途中，切忌私自品尝菜品

传菜上菜

◎ 餐厅服务员将菜品传到房间或餐台时，应告诉值台服务员菜肴的名称和台号；有计算机点菜系统时，应在点菜页面划菜，表示该菜已传到

◎ 上菜时，餐厅服务员应手托托盘站在宾客后方，值台服务员站在宾客右侧进行上菜

图 4-5 传菜工作流程

2．确定上菜位置

上菜是指端上菜点后，按照一定的规则和顺序将菜点端放至宾客餐桌上的服务。餐厅服务员在上菜前首先需确定上菜的位置。

中餐的上菜位置

中餐的上菜位置根据就餐形式不同，位置也有所不同。

（1）中餐零点上菜位置较灵活，一般在靠门位置，切忌在主位方向上菜，因为餐厅中主位一般不会设在靠门位置。具体的上菜位置如图 4-6 所示。同时，餐厅服务员应注意观察，以不打扰宾客为宜，应注意不从主人和主宾之间，老人、小孩和穿着时髦的宾客旁边上菜。

图 4-6 中餐零点上菜位置示意图

（2）中餐宴会上菜一般选在陪同和次要宾客之间，或者副主人的右侧上菜（有利于副主人向宾客介绍菜肴），并始终保持在一个位置上。有外籍宾客时，一般选择在陪同和翻译人员之间进行。具体的上菜位置如图 4-7 所示。餐厅服务员在上菜时，应注意不要在主人和主宾身边进行，以免影响他们就餐。

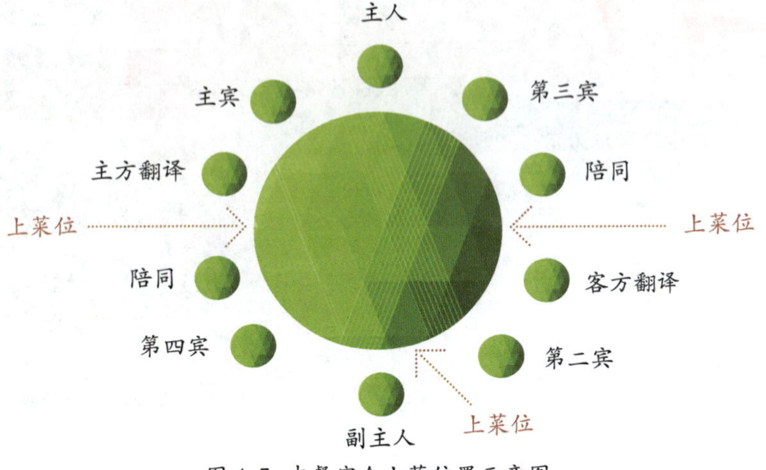

图 4-7　中餐宴会上菜位置示意图

西餐的上菜位置

西餐的上菜通常分美式、俄式和法式等种类，各种形式的上菜位置具体如下：

① 美式上菜位置通常为宾客左边，从宾客右边撤盘。

② 俄式和法式上菜位置为宾客右侧，通常由服务员用右手进行。

3．选择上菜时机

餐厅宴会的上菜要掌握时机、要求有节奏，一道一道按顺序上桌，一般要求在 30 分钟左右上完所点菜品。不同类型的就餐形式、不同的菜品，对上菜时机的要求也有所区别，具体说明如图 4-8 所示。

1 中餐零点酒席

◎ 一般的中餐酒席是先上冷盘，开始吃冷盘时就可以上热炒

◎ 等冷盘和热炒被吃完半数，开始上大菜

◎ 上汤羹和主食

◎ 中餐酒席在上最后一道菜或汤时，要低声向宾客打招呼，以提醒所点菜品已全部上齐，询问有无其他要求

2 中餐宴会

◎ 中餐宴会的冷盘一般是在开席前上台摆好

◎ 等宾客入座开席后，餐厅服务员立即通知厨房出菜

◎ 当冷盘被吃去 2/3 左右时，即可上热炒或大菜中的头菜

◎ 等前一道菜基本无人动筷后，即可上下一道菜

◎ 在上最后一道菜时，应低声告诉宾客菜已上完，询问大家有无其他要求

3 西餐宴会

◎ 开席前约 5 分钟上面包

◎ 等宾客到齐后或宴会开始后上第一道菜（冷盘）

◎ 宾客每吃完一道菜或不想吃时，会把餐刀、餐叉、勺并排直摆在桌面或食盘上，这时餐厅服务员可以撤盘，然后再上下一道菜（或汤、面点），如此边撤边上，直到酒席结束

4 冷餐酒会

◎ 冷餐酒会一般是在酒会举行前的半小时全部上齐酒水、菜点

◎ 酒会过程中，餐厅服务员需勤斟酒、整理菜台即可

图 4-8 上菜时机要求

上述上菜时机的选择要求，还需要餐厅服务员根据中餐、西餐及各地的上菜规矩与习惯，结合现场宾客的要求和进餐的快慢速度予以灵活掌握。

4．确定上菜顺序

餐厅服务员在上菜过程中，除了选择合适的上菜位置和上菜时机外，还需要确定合理的上菜顺序。中西餐由于菜品类型不同，其具体的上菜顺序也有所不同。

中餐上菜顺序

中餐上菜顺序因零点酒席、宴会等形式的不同，配备的菜品也有所不同，其具体上菜顺序也不会完全相同，但中餐上菜的一般顺序基本是一致的。中餐服务时，基本可按如图 4-9 所示的顺序进行上菜。

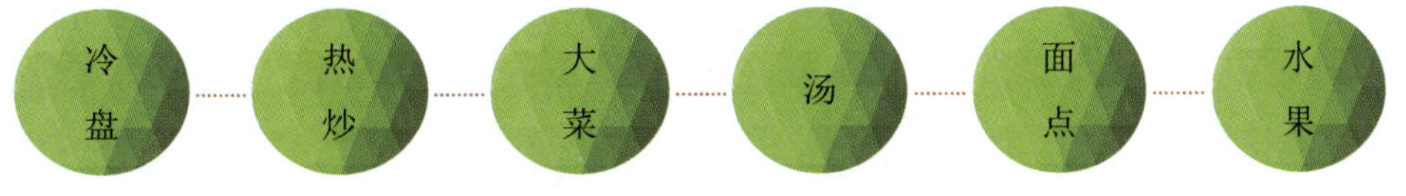

图 4-9　中餐上菜顺序

在图 4-9 中，上大菜时，还需要区分不同类别大菜的上菜顺序，一般先上海鲜、名贵菜等菜品，再上肉类、禽类、鱼类等菜品。

餐厅服务员在安排上菜顺序时，还需要根据各类宴席的不同进行灵活的安排。常见的不同点如下所示：

① 若宾客未点炒菜，在大菜上了之后，会出现烧、扒、蒸、烩一类的菜品。

② 上面点的时机，各地习惯也不相同。有的是在宴席进行中间上，有的是在宴席将结束时上；有的甜、咸点心一起上，有的则分开上。

西餐上菜顺序

西餐宴会的菜品，用餐规格、标准及用餐要求多种多样，菜品道数、花色品种有多有少，上菜顺序的区别比较明显。常见的西餐宴会上菜顺序如图 4-10 所示。

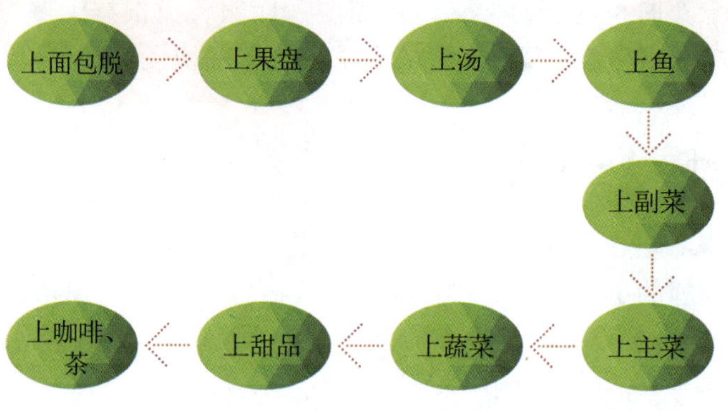

图 4-10 西餐上菜顺序

※ 上面包脱　将热的小梭子面包装在小方盘内，盖上清洁的餐巾，另用小圆盘装上与客数相等的白脱，在开席前五分钟派上；白脱放在起司盘右上角，面包放在盘子中间，餐巾盖住面包，白脱刀移到白脱盅上。

※ 上果盘　上果盘时，应端到宾客左侧，由宾客自己选取。如果是水果杯，将水果杯放在座位前的点心盘内，将茶匙放在盘内。

※ 上汤　西餐的汤大致可分为清汤、奶油汤、蔬菜汤和冷汤四类。汤需盛于汤斗内，传上后落台分派。

※ 上鱼　上完汤之后，一般会上鱼。鱼类菜品品种包括各种淡水鱼类、海水鱼类、贝类及软体动物类。鱼类菜品的肉质鲜嫩，比较容易消化，所以放在肉类菜品的前面。西餐吃鱼类菜品讲究使用专用的调味汁，品种有鞑靼汁、荷兰汁、酒店汁、白奶油汁、大主教汁、美国汁和水手鱼汁等。

※ 上副菜　副菜一般称为小盘，具有量轻、容易消化的特点，包括红烩、白烩、烩面条、各种蛋类、面包类、酥盒类菜品等。宾客用西餐，吃副菜时，主要用鱼盘和中刀叉。

※ 上主菜　肉类、禽类菜品是西餐的主菜，包含的具体类别如图 4-11 所示。

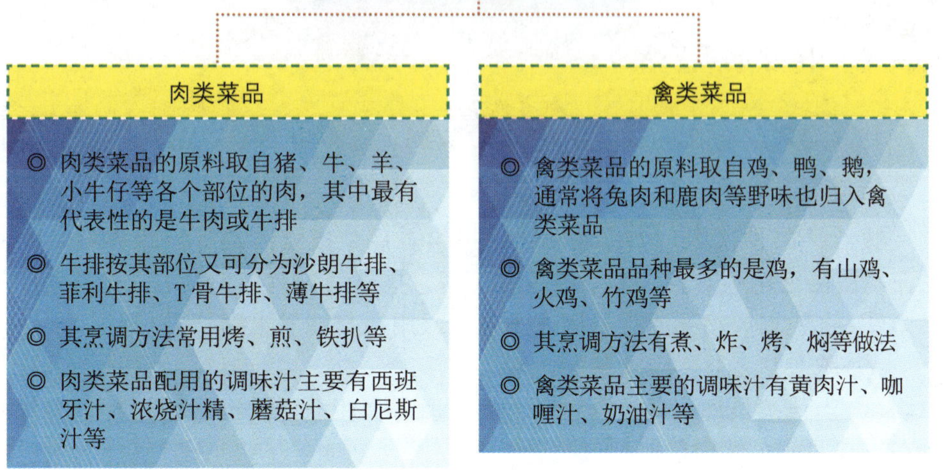

图 4-11　西餐主菜类型

※ 上蔬菜类菜品　蔬菜类菜品可以安排在肉类菜品之后，也可以与肉类菜品同时上桌，所以可以算为一道菜，也可以称为配菜。蔬菜类菜品主要有生食与素食之分，具体的类型如图 4-12 所示。

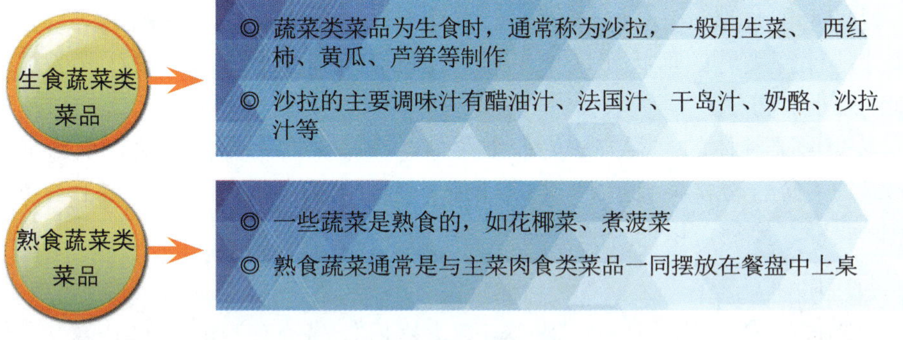

图 4-12　蔬菜类菜品类型

※ 上甜品　西餐的甜品是主菜后食用的，包括所有主菜后的食物，如布丁、煎饼、冰激凌、奶酪、水果等。上冰激凌时，应将专门的冰激凌匙放在底盘内同时端上去。上水果之前，需先上水果盘、水果刀叉和洗手盅，然后再将事先装好的果盘端上去。

※ 上咖啡、茶　西餐最后一道是上饮料、咖啡或茶。例如，上咖啡时，用的盘应垫上餐巾，装上咖啡壶、牛奶盅、糖盅和糖钳等。

5．特殊菜点上菜

特殊类菜点包括拔丝类菜、汤羹、火锅、有声响菜等菜品。

拔丝菜

拔丝菜品种很多，如拔丝苹果、拔丝香蕉、拔丝白果等，此类菜品往往是在就餐接近尾声时，作为一道甜食上席。拔丝菜的具体上菜方法如下：

① 将装有拔丝菜的盘子搁在汤碗上，用托盘端着上席。

② 在上菜之前，应准备好一双公用筷。

③ 当传菜员把菜送到落台时，餐厅服务员应立即将准备好的数碗凉开水放在宾客面前，然后迅速把菜品送上。

配作料菜

配作料菜，如清蒸鱼配有姜醋汁，北京烤鸭配有葱、酱、饼等，需将配料同热菜一起上齐，并在上菜时略作说明。

易变形菜

易变形的炸爆炒菜，如高丽虾仁、炸虾球、油爆肚仁等，此类菜只有上台快才能保持菜肴的形状和风味，时间过长会干瘪变形，因此餐厅服务员需特别注意上菜方法。

易变形菜具体的上菜方法为：上菜前，在落菜台上摆好菜盘，由厨师端着油锅到落菜台边将菜装盘，一出锅装盘，随即由餐厅服务员立即端上餐桌，上菜时要轻、要稳，以保持菜肴的形状和风味。

有声响菜

如锅巴海参、锅巴肉片、锅巴口蘑、锅巴什锦等有声响菜的上菜方法如图 4-13 所示。

◎ 在餐桌上摆好蒸制的汤汁

◎ 当菜一出锅时，就要以最快的速度端上台

◎ 把汤汁浇在锅巴上，使之发出响声，以烘托宴席的气氛

图 4-13 有声响菜上菜方法

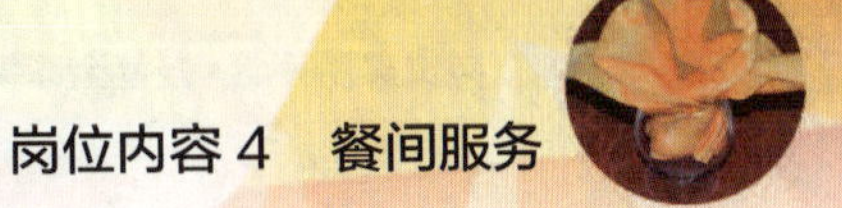

上此类菜品时，动作都要连贯，不能耽搁，否则会失去应有的效果。

生煽火锅

四生火锅、六生火锅、八生火锅、菊花火锅、毛肚火锅，均属生煽火锅一类。此类火锅现在一般燃固体酒精，其上席的操作方法和要求基本相同。具体的操作方法如图 4-14 所示。

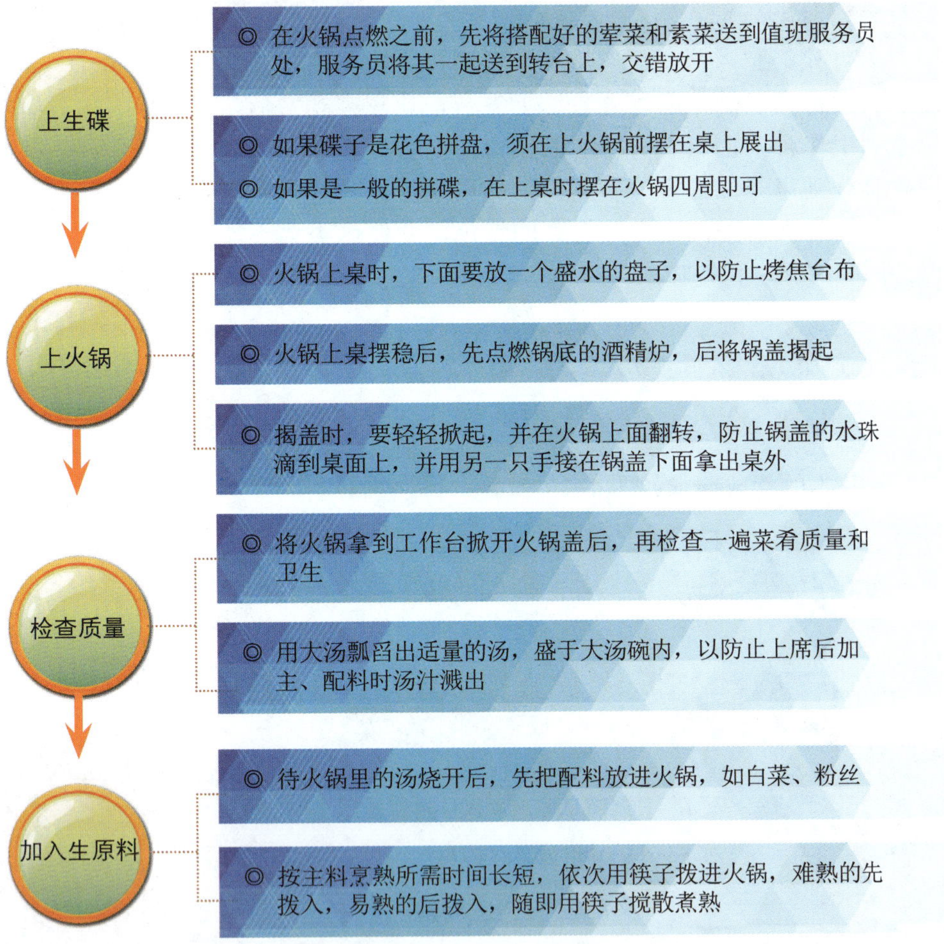

上生碟

- ◎ 在火锅点燃之前，先将搭配好的荤菜和素菜送到值班服务员处，服务员将其一起送到转台上，交错放开
- ◎ 如果碟子是花色拼盘，须在上火锅前摆在桌上展出
- ◎ 如果是一般的拼碟，在上桌时摆在火锅四周即可

上火锅

- ◎ 火锅上桌时，下面要放一个盛水的盘子，以防止烤焦台布
- ◎ 火锅上桌摆稳后，先点燃锅底的酒精炉，后将锅盖揭起
- ◎ 揭盖时，要轻轻掀起，并在火锅上面翻转，防止锅盖的水珠滴到桌面上，并用另一只手接在锅盖下面拿出桌外

检查质量

- ◎ 将火锅拿到工作台掀开火锅盖后，再检查一遍菜肴质量和卫生
- ◎ 用大汤瓢舀出适量的汤，盛于大汤碗内，以防止上席后加主、配料时汤汁溅出

加入生原料

- ◎ 待火锅里的汤烧开后，先把配料放进火锅，如白菜、粉丝
- ◎ 按主料烹熟所需时间长短，依次用筷子拨进火锅，难熟的先拨入，易熟的后拨入，随即用筷子搅散煮熟

图 4-14　生煽火锅上菜操作方法

原盅炖品菜

原盅炖品菜，如冬瓜盅，应将炖品上桌后再启盖，以保持炖品的原汁原味，并使菜品的香气在餐桌上散发。启盖后，将盖子翻转过来再移开，以免汤水滴落在宾客或自己身上，也不可以滴在餐桌或其他菜品上。

有包装的菜肴

如灯笼虾仁、荷叶粉蒸鸡、纸包猪排、叫花鸡等菜式经包装后再烹调的，应将菜肴送上餐台，让宾客观赏后，再拿到工作台上，当着宾客的面在台面上去掉包装，而后用餐具分到每一位宾客的餐盘中。如果先行打开或打破，再拿到宾客面前来，则会失去菜的特色，并使这类菜不能保持原有的温度和香味。

6．菜点摆放定位

菜点摆放是上菜的继续，是将上台的菜按一定格局摆放好，基本的摆放要求如图 4-15 所示。

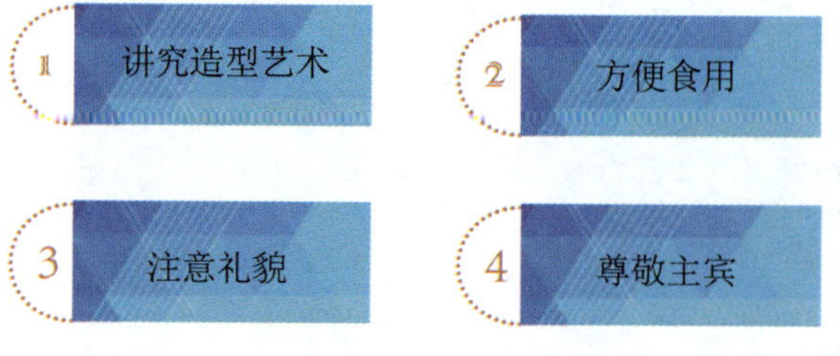

图 4-15　菜点摆放要求

菜点摆放的具体要求如下：

（1）摆放位置要适中。散座摆菜要摆在小件餐具前面，间距要适当。中餐酒席摆菜，一般从餐桌中间向四周摆放，但有转台的则从边摆起。

（2）中餐酒席中的大拼盘、大菜中的头菜一般要摆在桌子中间。汤菜（如品锅、砂锅、暖锅、炖盆）一般也摆在桌子中间。散桌的主菜、高档菜一般也应摆在中间位置上。

（3）比较高档的菜、有特殊风味的菜，要先摆在主宾位置上，在上下一道菜后再顺势撤摆在其他地方。

（4）酒席中的头菜，其看面要对正主位，其他菜的看面要朝向四周。散座菜的看面要朝向宾客。菜品的所谓看面，就是最宜于观赏的一面，各类菜品的具体看面说明如图 4-16 所示。

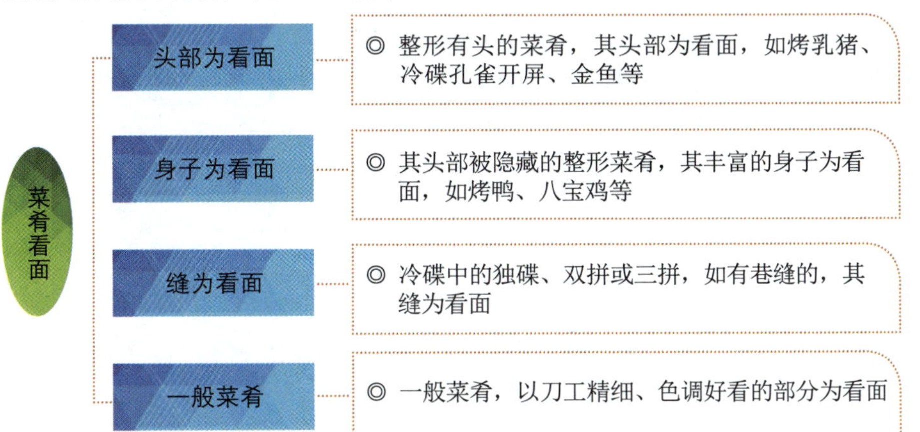

图 4-16　菜品的看面说明图

（5）各类菜品要对称摆放，要讲究造型艺术。菜品的摆放形状一般如图 4-17 所示。

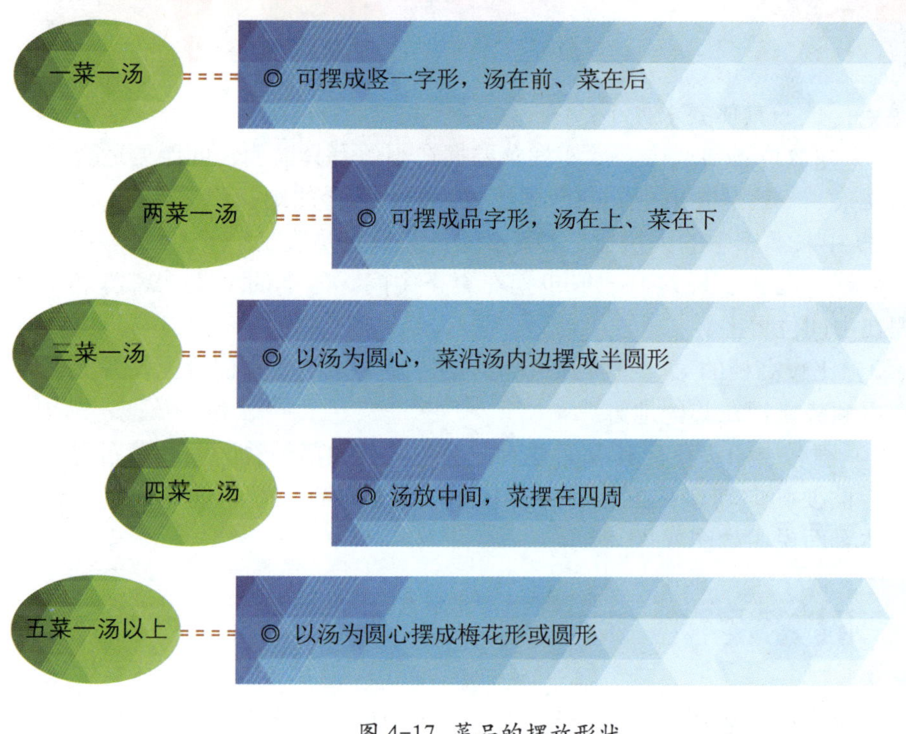

图 4-17 菜品的摆放形状

7．介绍所上菜点

餐厅服务员在上每一道菜时，应向宾客介绍菜名和风味特点。全面、真实、清晰、有情感是餐厅服务员介绍菜点的基本要求。

报菜名

餐厅服务员在介绍菜品时，需准确报出菜品名称，报菜名是上菜服务的基本要求。报出菜品名称，可使宾客在看到菜品的同时，核对所选的菜品与实际状况进行赏析。准确报出菜品名称，是优质服务的基本体现。

菜品展示

在介绍前，将菜放在转台上，向宾客展示菜的造型，使宾客能领略到菜的色、香、味、形、质。同时，边介绍边将转台旋转一周，让所有的宾客均能看清楚。

菜品特点介绍

介绍菜品特点是菜品介绍的内容之一。餐厅服务员在为宾客进行菜品介绍服务时，应掌握如图 4-18 所示的原则。

1 介绍菜品特点时，表情要自然，语言清晰、简练，不可含糊啰唆

2 如宾客有兴趣，则可以介绍与菜品相关的典故与传说，介绍典故与传说时，应带给宾客愉悦感

3 在菜品介绍服务中，餐厅服务员针对一些特殊菜品的特殊吃法应进行特殊的介绍服务，从而引导宾客顺利进餐

图 4-18　菜品特点介绍原则

知识 3　分菜服务

分菜也称为派菜、让菜、排菜，是餐厅服务员（常为值台服务员）将一整道菜品合理（均匀）地分派给每一位宾客的服务。

1．分菜工具

餐厅服务员为宾客提供分菜服务前，首先需掌握分菜工具的使用方法。

中式分菜工具的使用方法

中式分菜工具主要包括服务叉勺、公用勺、公用筷、长把汤勺等工具。具体的使用方法如图 4-19 所示。

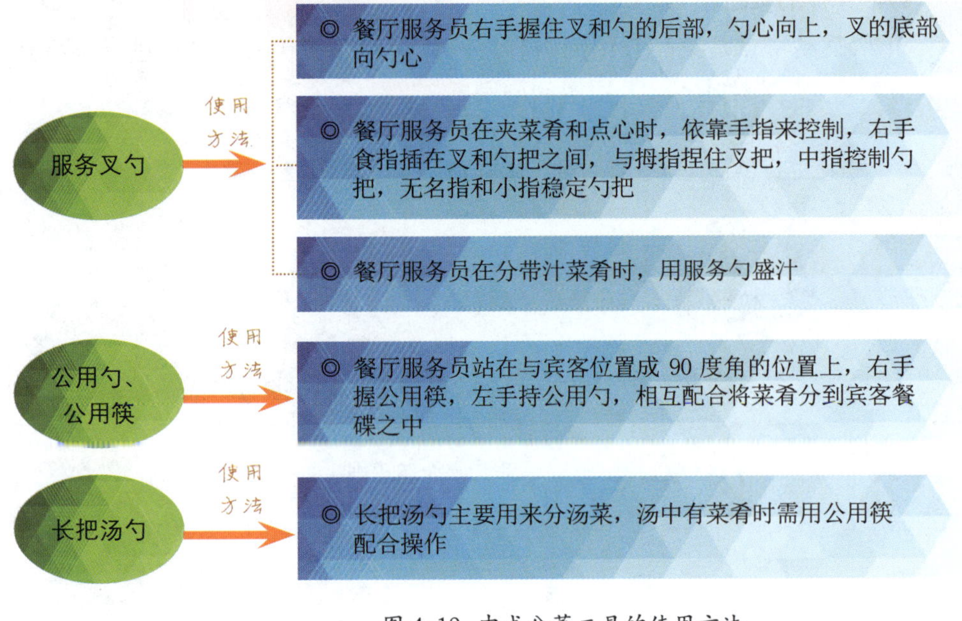

图 4-19 中式分菜工具的使用方法

俄式分菜工具的使用方法

俄式服务的分菜工具主要包括叉和勺，通常以不锈钢为主，其具体的使用方法为：匙在下、叉在上，右手的中指、无名指和小指夹持，拇指和食指控制叉，五指并拢进行配合。

法式分切工具的使用方法

法式服务的分切工具主要包括分让主料的服务车、分割切板、刀、叉，以及分让配料、调味汁的叉和勺。具体的使用方法如下所示。

① 刀和叉的使用方法是左手拿叉压住菜肴菜点的一侧，右手用刀分切。

② 叉和勺的使用方法是勺心向上，叉的底部向勺心，取叉、勺扣放。

2. 分菜方式

餐厅服务员为宾客提供分菜服务前，首先选择合适的分菜方式，具体的分菜方式包括餐盘分让式、二人合作式、分菜台分让

式三种。

餐盘分让式

餐厅服务员站在宾客的左侧，左手托盘，右手拿叉与勺，将菜在宾客的左边派给宾客。餐盘分让式分菜场景图如图 4-20 所示。

图 4-20　餐盘分让式分菜场景图

二人合作式

两名餐厅服务员配合操作，一名右手持公用筷，左手持长把公用勺，另一名将每一位宾客的餐碟移到分菜服务员近处，由分菜服务员分派，另一位餐厅服务员从宾客右侧为宾客送菜。二人合作式分菜场景图如图 4-21 所示。

图 4-21　两人合作式分菜场景图

分菜台分让式

先将菜在转台向宾客展示，由餐厅服务员端至分菜台，将菜分派到宾客的餐盘中，并将各个餐盘放入托盘中，应先将宾客面前的污餐盘收走，将菜托送至宴会桌边，用右手从客位的右侧放到宾客的面前。

3．分菜方法

分菜方法主要包括餐位分菜法、转台分菜法、旁桌分菜法和厨房分菜法四种，餐厅服务员可根据餐点的实际情况进行选择。

餐位分菜法

餐位分菜法是指餐厅服务员在每位宾客的就餐位置旁将菜品分派到宾客餐盘内的分菜方法，其具体的操作说明如图 4-22 所示。

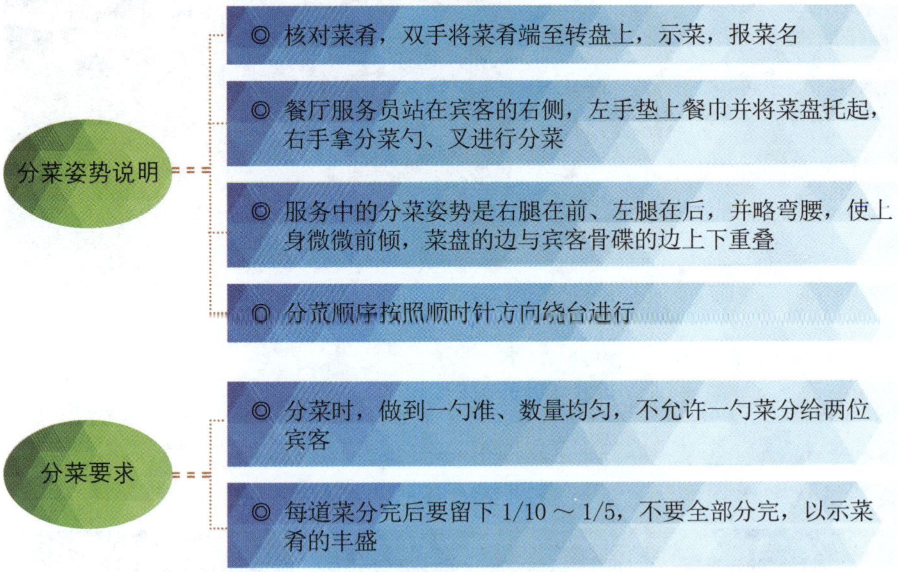

分菜姿势说明

- ◎ 核对菜肴，双手将菜肴端至转盘上，示菜，报菜名
- ◎ 餐厅服务员站在宾客的右侧，左手垫上餐巾并将菜盘托起，右手拿分菜勺、叉进行分菜
- ◎ 服务中的分菜姿势是右腿在前、左腿在后，并略弯腰，使上身微微前倾，菜盘的边与宾客骨碟的边上下重叠
- ◎ 分菜顺序按照顺时针方向绕台进行

分菜要求

- ◎ 分菜时，做到一勺准、数量均匀，不允许一勺菜分给两位宾客
- ◎ 每道菜分完后要留下 1/10 ～ 1/5，不要全部分完，以示菜肴的丰盛

图 4-22 餐位分菜法的操作说明

转台分菜法

餐厅服务员采用转台分菜法进行操作时，需先将干净餐具有序地摆在转台上，菜上桌后介绍菜名，然后餐厅服务员左手执长柄汤勺，右手执公用筷将菜品均匀地分到各个餐碟中，然后从主宾右侧开始，按顺时针方向绕台进行，撤前一道菜的餐碟后，从转盘上取菜端送给宾客。

旁桌分菜法

旁桌分菜法是指餐厅服务员在宾客餐桌旁的服务车或服务桌上进行分菜的方法。具体的分菜方法如图 4-23 所示。

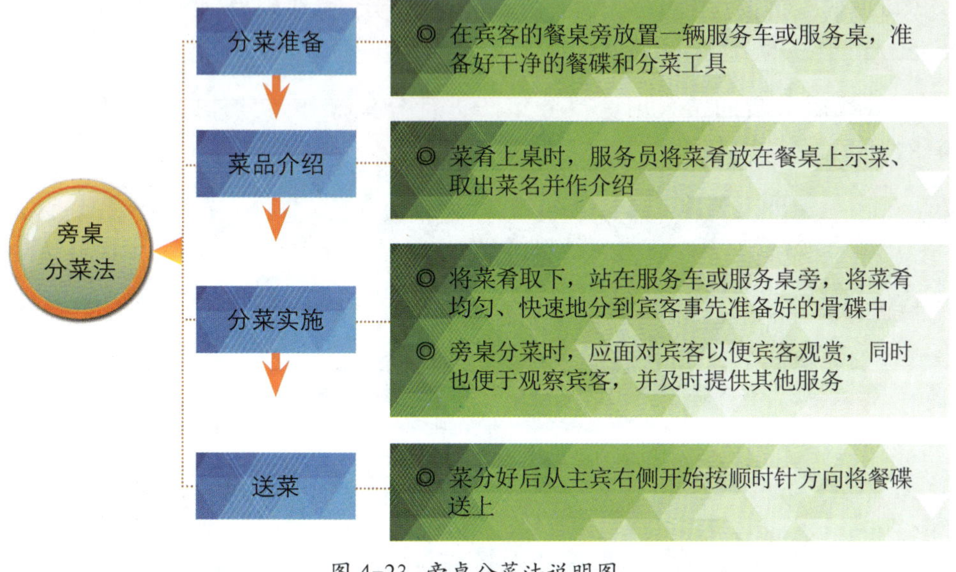

图 4-23　旁桌分菜法说明图

厨房分菜法

厨房分菜法是指厨房工作人员根据宾客的人数在厨房分好菜，传菜员用托盘将菜品托到餐桌旁，由值班服务员用托盘从主宾右边上菜的方法。此方法通常用于比较高档的炖品、汤煲等菜品的分让，以显示宴席的规格和菜品的名贵。

4．中餐菜肴分菜服务

中餐中最常见的菜肴包括鸡、鸭、鱼、肘子、拔丝甜菜等品种。对于这些菜品，餐厅服务员在中餐宴会中可根据宾客的实际需要进行适当分配。

鸡

餐厅服务员先用筷子将鸡腿、鸡肉夹在公用勺里，再将随拼的配菜也夹放在公用勺里面，然后倒在宾客的餐碟里。要注意使鸡皮朝下，鸡块保持完整，鸡头、鸡尾一般不分给宾客，由宾客自行食用。

鸭

餐厅服务员先用公用筷压住鸭身，用公用餐具将腿肉和鸭脯切扒成若干均匀的鸭块，再按宾主次序分派。鸭头、翅尾不分，留在碟上，请宾客自行食用。

鱼

餐厅服务员通常采用旁桌分菜法进行分鱼操作，具体的分鱼步骤如图4-24所示。

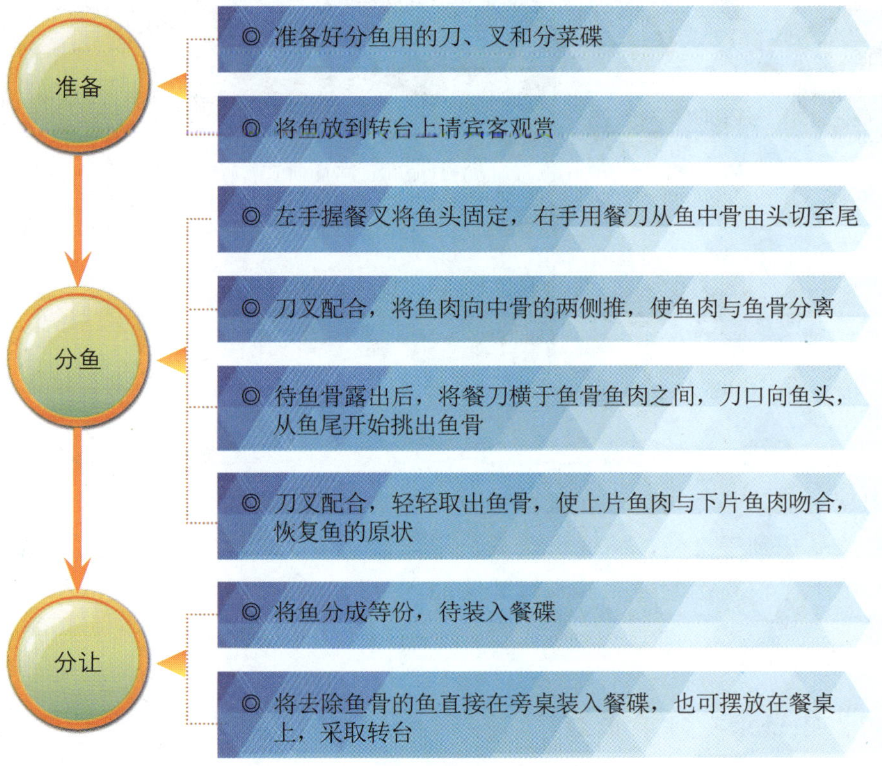

图 4-24 分鱼步骤

肘子

餐厅服务员先用公用筷压住肘子，用公用餐具将肘子切成若干块，再按宾主次序分派。

蛋煎制品

餐厅服务员先用公用筷压住蛋饼，用餐刀或公用勺将蛋饼扒成若干件，再按宾主次序分派。

冬瓜盅

冬瓜盅是夏令名菜，由于瓜身高，一般要作两次分派。第一次先用公用勺将上段冬瓜肉和盅内配料汤汁均匀分配给宾客；第二次先用餐叉叉住瓜皮，后用餐刀从上向下切，横削去皮，一般分四刀切削完。

5．特殊中餐菜点分菜

特殊中餐菜点包括汤类菜点、造型类菜点、整形类菜点、卷食类菜点、拔丝类菜点等，餐厅服务员需要了解各类特殊中餐菜点的分菜方法，避免操作错误。

汤类菜点

汤类菜点分汤工具包括大汤勺、筷子、餐刀、餐叉等，具体的分菜方法如图 4-25 所示。

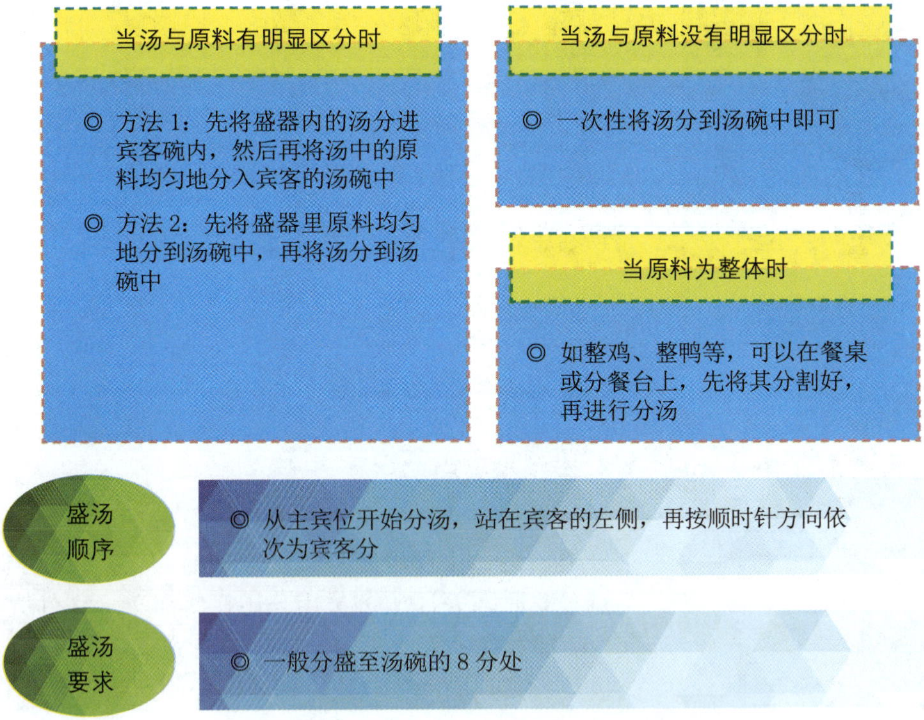

当汤与原料有明显区分时

◎ 方法 1：先将盛器内的汤分进宾客碗内，然后再将汤中的原料均匀地分入宾客的汤碗中

◎ 方法 2：先将盛器里原料均匀地分到汤碗中，再将汤分到汤碗中

当汤与原料没有明显区分时

◎ 一次性将汤分到汤碗中即可

当原料为整体时

◎ 如整鸡、整鸭等，可以在餐桌或分餐台上，先将其分割好，再进行分汤

盛汤顺序

◎ 从主宾位开始分汤，站在宾客的左侧，再按顺时针方向依次为宾客分

盛汤要求

◎ 一般分盛至汤碗的 8 分处

图 4-25　汤类菜点分菜方法说明图

造型类菜点

造型类菜点的分让方法是将造型的菜点均匀地分给每位宾客。如果造型较大，可先分一半，处理完上半部分造型物后再分其余的一半，也可将食用的造型物均匀地分给宾客，不可食用的，分完菜后撤下。

整形类菜点

餐厅服务员要先用刀叉剔去骨头，分让时，要按其菜点的自身结构来进行分割及分派，要保持其形状完整和均匀，一般头尾不分派，由宾客自行取用。

卷食类菜点

卷食类菜点一般情况是由宾客自己取拿卷食。但是如老人或儿童多的情况时需要分菜，具体的分菜方法如图 4-26 所示。

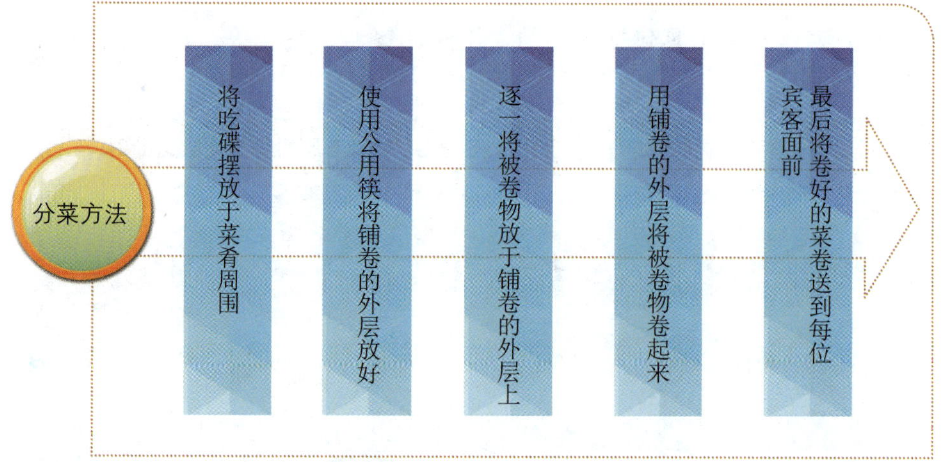

图 4-26 卷食类菜点分菜方法

拔丝类菜点

拔丝类菜点的分菜方法是由一位餐厅服务员取菜分类，另一位餐厅服务员快速递给宾客。拔丝类菜点分菜时，餐厅服务员用公用筷将甜菜一件件夹起，随即放在凉开水里浸一下，再夹到宾客盘碗里。分拔丝类菜点的动作要快，即上即分，即浸即食。

6．西餐菜点分菜服务

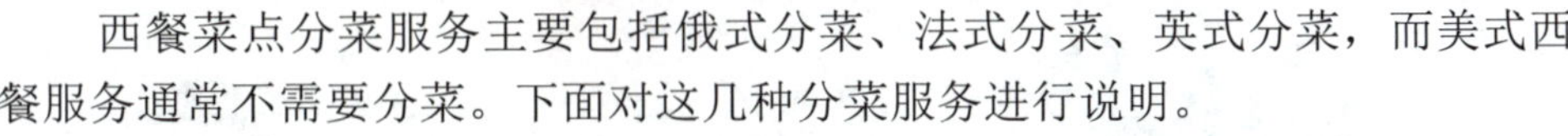

西餐菜点分菜服务主要包括俄式分菜、法式分菜、英式分菜，而美式西餐服务通常不需要分菜。下面对这几种分菜服务进行说明。

俄式分菜

俄式分菜服务由一名餐厅服务员完成整套服务程序，餐厅服务员从厨房取出由厨师烹制并加以装饰入银质菜盘的菜点和热的空盘，将其置于餐厅服务边桌上，然后进行分菜。具体的分菜顺序和要求如图 4-27 所示。

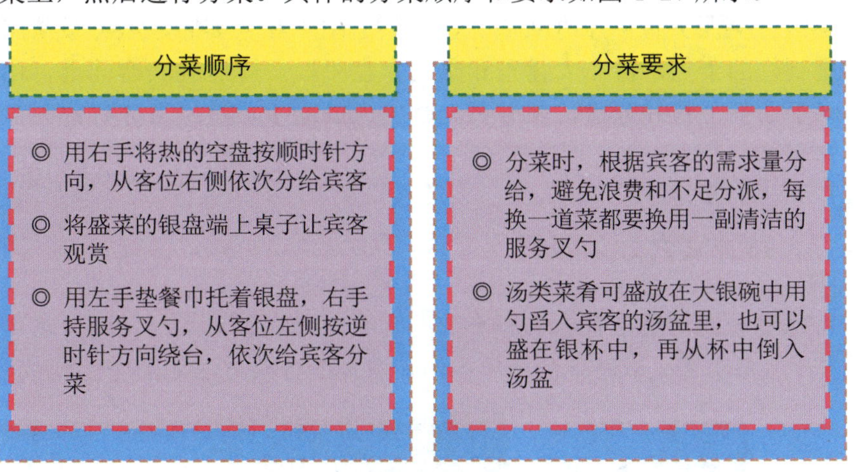

图 4-27　俄式分菜顺序和要求

法式分菜

法式分菜要求将食品在厨房里全部或部分烹制好，用银盘端到餐厅，餐厅服务员在宾客面前做即兴表演，然后切片装盘端给宾客。法式分菜服务一般有两名服务员，即一名餐厅服务员和一名助理服务员。餐厅服务员进行即兴表演，将菜切好并装盘，助理服务员将已装好盘的菜点端送给宾客。具体的分菜方法如图 4-28 所示。

1 分让主料
◎ 将要切分的菜点取放到分割切板上，再将切板放在餐车上
◎ 分切时，左手拿叉压住菜点的一侧，右手用刀分切

2 分让配料、配汁
◎ 用叉和勺分让，勺心向上，叉的底部向勺心，取叉、勺扣放

图 4-28 法式分菜方法

英式分菜

英式分菜服务也称家庭式服务，主要适用于私人宴席，服务员从厨房里取出烹制好的菜点，盛在大盘里和热的空盘里，一起送到宾客面前，由主人亲自动手切割主料并分盘，服务员充当主人的助手，将主人分好的菜盘逐一端给宾客。

7. 特殊宴会分菜服务

特殊宴会通常是指有老人和小孩的宴会，或宾客只顾谈话而忽略菜品情况，餐厅服务员需采取特殊的分菜方法，具体的分菜方法如图 4-29 所示。

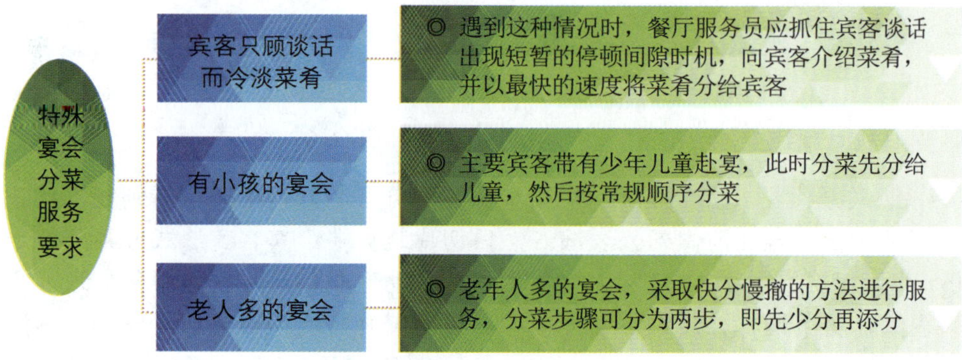

图 4-29 特殊宴会分菜服务要求

知识 4 酒水服务

1．准备酒水

餐厅服务员在进行酒水服务之前，首先需要准备酒水。餐厅服务员可根据宾客的要求从酒吧内取出所点酒水，先进行酒水质量检查，再经宾客过目。

餐厅服务员要了解不同酒水的最佳饮用温度，以便采取冰镇或温烫的方法使其达到最佳饮用状态。

冰镇

许多酒的最佳饮用温度要求大大低于室温，因此餐厅服务员在酒水准备阶段需对酒水进行降温处理，即冰镇。常用的冰镇方法有三种，具体的操作方法如图 4-30 所示。

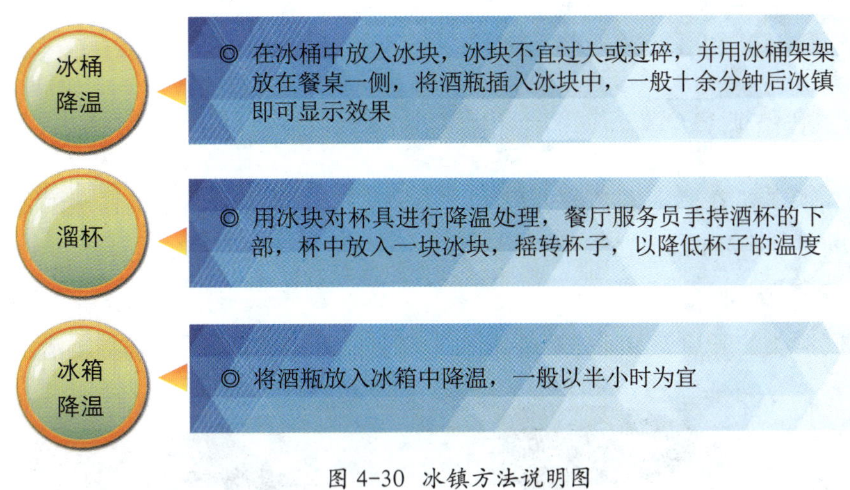

图 4-30　冰镇方法说明图

温烫

有些酒水（如中国的黄酒、日本的清酒）等习惯在饮用前需将酒的温度升高，因此餐厅服务员在酒水准备阶段需对部分酒水进行温烫处理，具体的温烫方法如图 4-31 所示。

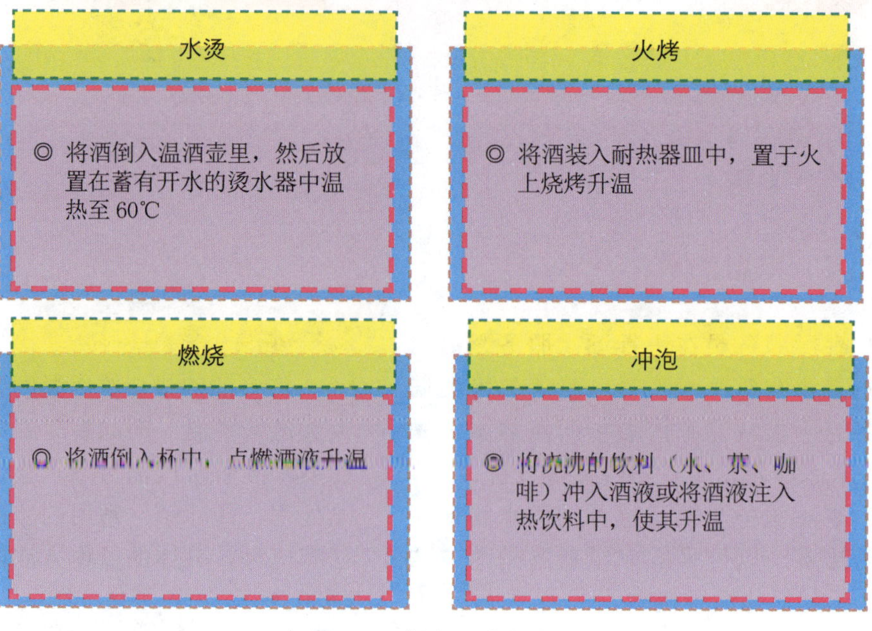

图 4-31 酒水温烫方法

2. 准备酒具

餐厅服务员在酒水准备的过程中，还需要准备相应的酒具。常见的酒具包括开启刀具、冰桶、酒杯、醒酒器等。

开启刀具

不同酒类的开启刀具通常都不一样。常见的开启刀具如图 4-32 所示。

图 4-32 开启刀具

冰桶

冰桶是葡萄酒服务过程中的重要工具，用于保持葡萄酒的最佳饮用温度，同时也能起到装饰作用。常见的冰桶如图 4-33 所示。

图 4-33　冰桶

酒杯

通常普通的白酒都是用玻璃酒杯或酒盅，但是红、白葡萄酒和香槟酒通常需要专用的酒杯，酒杯的样式和材质影响着酒的品尝和餐桌的整体美感。具体的酒杯种类如图 4-34 所示。

红葡萄酒杯

白葡萄酒杯

香槟酒杯

图 4-34　酒杯

① 红葡萄酒杯都是窄口宽肚，窄口是为了使酒的香气聚集在杯口，不易散逸，以便充分品闻酒香、果香，宽肚是为了让红葡萄酒充分和空气接触。

② 白葡萄酒杯杯底部有握柄，上身较红葡萄酒杯修长，弧度较大，杯身要比红葡萄酒杯小。

③ 香槟酒杯通常是郁金香形，杯身直且瘦长。

醒酒器

醒酒器主要用于让酒与空气接触，让酒的香气充分发挥，并让酒里的沉淀物隔开。第一代醒酒器通常能够看到经典水滴形结构；第二代醒酒器瓶口开在侧上方，瓶子的形状由两个三角形组合而成；第三代醒酒器与第一代醒酒器样式接近，上窄下宽，线条典雅。常见的醒酒器样式如图 4-35 所示。

图 4-35 醒酒器示意图

3. 展示酒水

由于餐厅内酒的品种较多，因此在开瓶之前，餐厅服务员需将酒水在宾客面前进行展示，让宾客对酒的名称、商标、产地、年限和级别等内容进行确认，以便让宾客鉴定该酒的质量，同时也表示对宾客的尊重。

餐厅服务员在示酒前，要将瓶身、瓶口擦干净，检查酒是否过期、变质，是否是宾客所需要的那种酒，酒瓶有没有破裂等。

酒水展示的具体服务技巧如下：

① 餐厅服务员站在宾客的右侧，左手托瓶底，右手持瓶，酒的标签朝向宾客，距宾客面部距离约 45 厘米，以方便宾客查看与鉴定。动作示范如图 4-36 所示。

图 4-36 展示酒水场景图

② 左手与瓶底之间垫一块折叠整齐的干净布巾，右手持不带标签的那一面靠近瓶颈底的部位，以方便握瓶和显示标签。

③ 展示香槟酒标签时，左手托瓶底，右手大拇指和食指夹住瓶口，瓶颈正好在右手虎口处，这是因为一些香槟酒瓶上部较粗，不容易握住，因此采用这一种方法可以握牢，同时，也可以更全面地展示香槟酒的全部标签。

4．开启酒瓶

餐厅服务员待宾客确认能开酒后，应当着宾客的面开酒，不同的酒需采用不同的开酒方法。通常酒水瓶的封口常见的有皇冠瓶盖、易拉环、软木塞和旋转瓶盖，常见的开瓶工具有酒刀、酒钻和开瓶器。

罐装酒水

餐厅服务员在开启罐装酒水时，首先应将酒罐的表面冲洗干净并擦干，然后左手固定酒水罐，右手拉酒水罐上面的钥匙扣，打开并封口。在开启罐装酒水时需注意以下要点：

① 开启此类酒水，会有水汽喷射出来，因此餐厅服务员在开启易拉罐时，应将开口方朝外，不能对着任何人，并以手遮握，以示礼貌。

② 开启前避免摇晃。

瓶装啤酒和饮料

餐厅服务员在开瓶装啤酒和饮料时，需将酒水瓶擦干净，然后将啤酒瓶或饮料瓶放在桌子的平面上，左手固定酒水瓶，右手持开瓶器，轻轻地将瓶盖打开。开瓶后，不要直接将瓶盖放在餐桌或吧台上，可放在一个小盘中，待开瓶后，撤走该小盘。

烈性酒

烈性酒的封瓶方法常见的有塑料盖和金属盖两种，因此其相应的开瓶方法也有两种，具体的开酒方法说明如图 4-37 所示。

塑料盖

◎ 塑料盖由于外表包有一层塑料膜，因此开瓶时先用火将塑料膜烧化后取下，然后旋转开盖即可

金属盖

◎ 金属盖下常有一圈断点，因此开瓶时需用力拧盖，使断点断裂，即可开盖，如遇断点太紧固，难以拧裂的，可先用小刀将断点划裂，然后再旋转开盖

图 4-37 烈性酒开酒方法

 5．品酒服务

品酒服务通常适用于香槟酒和葡萄酒的服务。品酒服务通常包括两个步骤：一是让宾客通过嗅觉鉴定酒水，二是让宾客通过品尝来鉴定酒水。整个品酒服务的操作过程如下：

（1）餐厅服务员在将酒水开启后，将葡萄酒的木塞递给宾客，请宾客通过嗅觉鉴定该酒（该程序用于较高级别的葡萄酒）。具体的操作方法为：将木塞放入味碟中，呈横一字形，请宾客进行鉴定。

（2）用餐巾把刚开启的瓶口擦干净，斟倒少许酒给宾客品尝，注意手握酒瓶时不要覆盖标签，待宾客品尝后，从女士开始斟酒。具体的操作方法为：用右手拇指抠住瓶底，其余四指分开，托住瓶身，向宾客的酒杯中注入 1/5 杯容量的酒，交宾客品尝。

 6．斟酒服务

斟酒服务是酒水服务中最重要的一个环节，直接影响着对客服务质量。餐厅服务员在斟酒过程中需要注意斟酒时机、持瓶姿势、斟酒姿势、斟酒站位、斟酒方法、斟酒量标准、斟酒顺序等。

斟酒时机

斟酒时机通常分为餐前斟酒和餐中斟酒，各阶段的斟酒时机都不同，具体说明如图 4-38 所示。

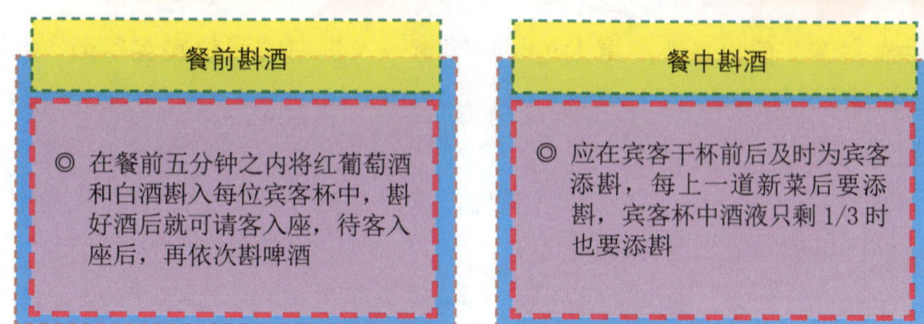

图 4-38 斟酒时机

持瓶姿势

持瓶姿势正确是准确斟酒、规范斟酒的关键。正确的持瓶姿势应是：右手叉开拇指，并拢四指，掌心贴于瓶身中部、酒瓶商标的另一方，四指用力均匀，使酒瓶握稳在手中。采用这种持瓶方法，可避免酒液晃动，防止手颤。

斟酒姿势

斟酒姿势是指斟酒服务时，餐厅服务员持酒站立及为宾客向酒杯中斟酒时的动作。具体的姿势要求如图 4-39 所示。

◎ 呈直立式持瓶站立，左手下垂；右手持瓶，右手大臂与身体成 90 度、小臂弯曲成 45 度角

◎ 上身略向前倾，当酒液斟满时，利用手腕旋转将酒瓶逆时针方向转向自己身体一侧，同时，左手迅速、自然地将餐巾盖住瓶口以免瓶口溜酒

◎ 向杯中斟酒时，切忌弯腰、探头或直立

斟酒服务开始时 → 向杯中斟酒时 → 斟完酒后身体恢复

图 4-39 斟酒姿势

斟酒站位

斟酒服务时，餐厅服务员应站在宾客的右侧身后。规范的站位要求如下：

① 餐厅服务员右腿在前，插站在两位宾客的座椅中间，脚掌落地。

② 左腿在后，左脚尖着地呈后蹬势，使身体向左呈略斜式。

③ 面向宾客，右手持瓶，瓶口向宾客左侧依次进行斟酒。

每斟满一杯酒更换位置时，做到进退有序。餐厅服务员斟酒时，忌讳将

身体贴靠宾客，但也不要离得太远，更不可一次为左右两位宾客斟酒，即不可反手斟酒。

斟酒方法

斟酒方法主要分为桌斟和捧斟两种，桌斟又可分为徒手斟酒和托盘斟酒两种，具体斟酒方法如图 4-40 所示。

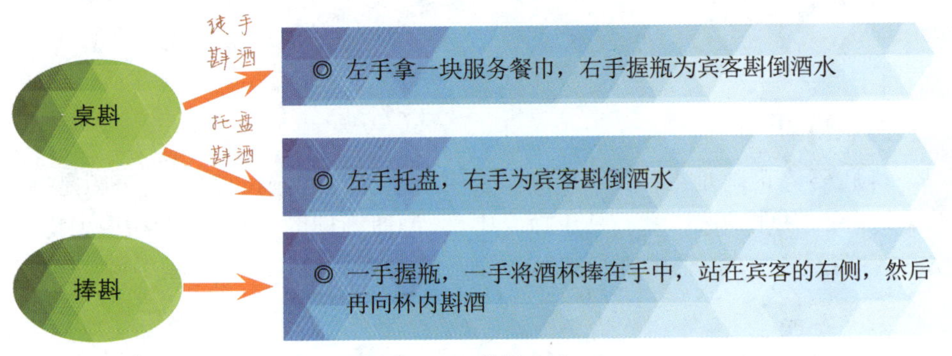

图 4-40 斟酒方法

斟酒量标准

餐厅服务员在斟酒的过程中，需根据酒类的不同斟不同的酒量，具体的斟酒量标准如图 4-41 所示。

酒类	斟酒量标准
白酒	◎ 斟白酒一般不超过酒杯的 3/4，这样能让宾客在喝酒之前有机会品尝杯内酒的芳香
红酒	◎ 斟红酒一般只斟半杯或斟酒杯的 2/3，因红酒杯比白酒杯大，一次不宜斟得过满
香槟酒	◎ 香槟酒分两次斟，先斟至杯的 1/3 处，待泡沫平息后，再斟至杯的 2/3 处
啤酒	◎ 斟啤酒或其他发泡酒，因其泡沫较多，斟的速度要慢，通常酒占八成，泡沫占两成

图 4-41 斟酒量标准

斟酒顺序

餐厅服务员在进行斟酒服务的过程中，需分不同的餐宴，并按照规定的斟酒顺序进行，具体的斟酒顺序如图 4-42 所示。

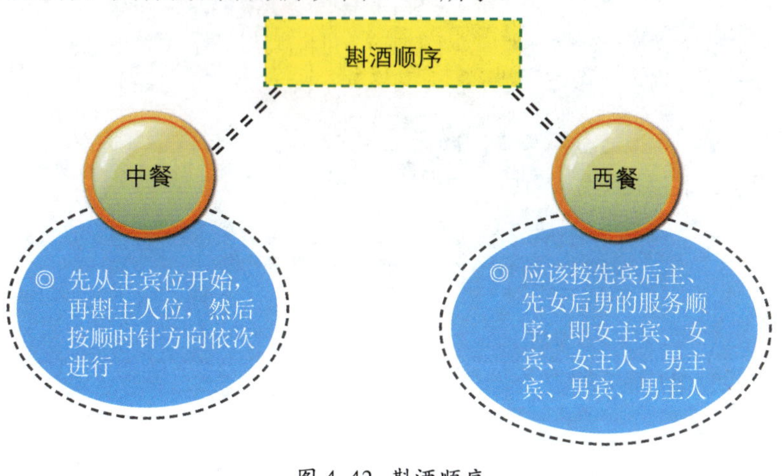

图 4-42　斟酒顺序

7. 黄酒侍酒服务

准备

黄酒侍酒服务的准备工作主要包括工具准备和物品准备，以及温酒工作。

① 准备黄酒服务所需要的各种工具和物品，包括酒杯、温酒工具、餐桌等。

② 根据实际情况采取合适的温酒方法进行温酒，温酒方法包括水烫、烧煮、燃烧。餐厅服务员在温酒过程中需注意问清楚宾客是否直接将辅料一起加热，或将酒加热后再放辅料。

示瓶

餐厅服务员向宾客展示所点的酒品，是斟酒服务的第一道程序。具体示瓶操作规范如下：餐厅服务员站在点酒宾客的右侧，左手托瓶底，右手扶瓶颈，酒标朝向宾客，请宾客鉴定。在宾客查验时，餐厅服务员可向顾客介绍此酒。

开启

在征得宾客同意后，餐厅服务员可打开酒瓶。开启前，需再一次检查酒品的质量，并用干净的布巾擦拭瓶口，然后开瓶。具体的开瓶要求如图 4-43 所示。

1 餐厅服务员在开瓶时，需将酒瓶放在桌上，尽量减少晃动，否则会造成沉淀物翻腾现象

2 开启软木塞瓶盖时，如出现断裂危险，可将酒瓶倒置，利用酒液的压力顶住软木塞，同时再转动酒钻拔出软木塞

3 开启瓶塞后，要用干净的布巾擦拭瓶口，如软木塞发生断裂，还应擦拭瓶口内侧，以免残留在瓶口的木屑顺着酒液斟入宾客的酒杯中

4 开启瓶塞后，还要检查瓶中酒液是否有质量问题，也可以通过嗅闻瓶塞插入酒瓶部分的气味是否正常来判断

图 4-43 黄酒开瓶要求

瓶塞开启后，餐厅服务员应随手收拾开瓶过程中留下的杂物，如酒瓶封皮、木塞、盖子等。

品酒

在斟酒之前，餐厅服务员取出品酒杯，先斟少许黄酒，双手呈给宾客，请宾客品鉴，在宾客没有异议的情况下，开始斟酒服务。

斟酒

黄酒的斟酒量以酒杯的 2/3 为宜，斟酒方法与其他斟酒方法相同。

8．香槟酒侍酒服务

在进行香槟酒的侍酒服务过程中，餐厅服务员需遵循侍酒准备、开酒瓶、品酒、斟酒四大步骤进行，具体的步骤如图 4-44 所示。

◎ 准备好冰桶

◎ 将香槟酒取出，把酒瓶擦拭干净，放入冰桶内冰冻

◎ 将酒连同冰桶放在宾客桌边不影响正常服务的位置

- ◎ 将酒从冰桶中取出并向宾客展示，宾客确认后放回操作台准备开酒瓶
- ◎ 将瓶口处的锡纸去除，左手握住瓶颈，同时用拇指压住瓶塞，右手将捆扎瓶塞的铁丝拧开、取下
- ◎ 用干净口布包住瓶塞顶部，左手依旧握住瓶颈，右手握住瓶塞，并成 45 度倾斜，瓶口向无人空旷处，以左手旋转酒瓶，靠瓶内气压将软木塞挤出，瓶身继续 45 度倾斜，避免酒水洒出
- ◎ 开瓶时，动作不宜过猛，以免发出过大的声音影响宾客

- ◎ 用口布将瓶口和瓶身上的水迹擦掉，并用口布包住酒瓶
- ◎ 用右手拇指抠住瓶底，其余四指分开，托住瓶身
- ◎ 向宾客的酒杯中注入 1/5 杯容量的酒，交宾客品尝
- ◎ 宾客品过酒后，征求宾客的意见，是否可以立即斟酒

斟酒

- ◎ 斟酒时，需用右手持瓶，从宾客右侧按顺时针方向服务，先宾后主
- ◎ 商标需始终朝向宾客
- ◎ 在斟每杯酒时，分两次斟，第一次斟 1/3，第二次再斟 1/3
- ◎ 斟完后需将瓶身按顺时针方向轻轻转一下，避免瓶口酒滴落在台面上
- ◎ 为所有的宾客斟完酒后，将酒瓶轻轻放回冰桶中
- ◎ 瓶中酒只剩下一杯酒量时，需及时征求宾客的意见，是否准备一瓶酒

图 4-44　香槟酒侍酒服务程序

9．红葡萄酒侍酒服务

餐厅服务员在进行红葡萄酒的侍酒服务过程中，需遵循侍酒准备、示酒、开酒瓶和斟酒四大步骤进行，具体的步骤如图 4-45 所示。

侍酒准备

◎ 准备红酒篮，将一块干净的口布铺在红酒篮中

◎ 将红葡萄酒放在酒篮中，酒标朝上

示酒

◎ 右手拿起装有红酒的酒篮，走到宾客座位右侧

◎ 右手持篮，左手托住酒篮的底部，成 45 度倾斜状态，商标朝上，请宾客看清酒的商标，进行鉴定认可

开酒瓶

◎ 在得到宾客的允许后，将红酒瓶立于酒篮中，左手扶住酒瓶，右手用开酒刀割开酒盖，并用清洁的口布将瓶口擦干净

◎ 将酒钻垂直钻入木塞，待酒钻完全钻入木塞后，轻轻拔出木塞，木塞出瓶时不应有声音

◎ 将木塞放入味碟中，呈一字形，并摆放在宾客红酒杯的右侧间距为 1 ～ 2 厘米处，请宾客进行二次鉴定，接着用清洁的口布擦拭瓶口

斟酒

◎ 从宾客的右侧倒入 1/5 杯的红葡萄酒，请宾客品尝鉴定

◎ 宾客认可后，按先宾后主、女士优先的原则，依次给客人倒酒，倒酒时站在客人的右侧，倒入杯中的 1/2 即可

◎ 每倒完一杯酒后轻轻转动一下酒瓶，避免酒滴在桌布上

◎ 酒斟好后，将酒放在宾客餐具的右侧

图 4-45　红葡萄酒侍酒服务程序

10．白葡萄酒侍酒服务

在进行白葡萄酒的侍酒服务过程中，餐厅服务员需遵循侍酒准备、示酒、开酒瓶和斟酒四大步骤进行，具体的步骤如图 4-46 所示。

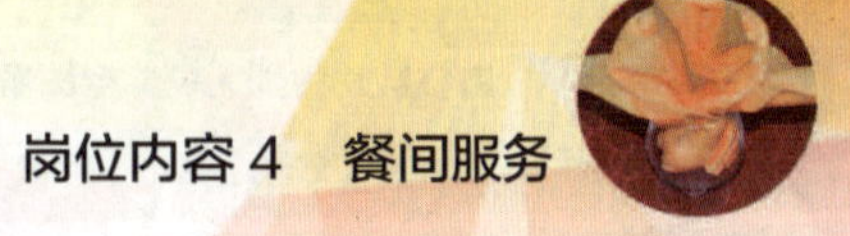

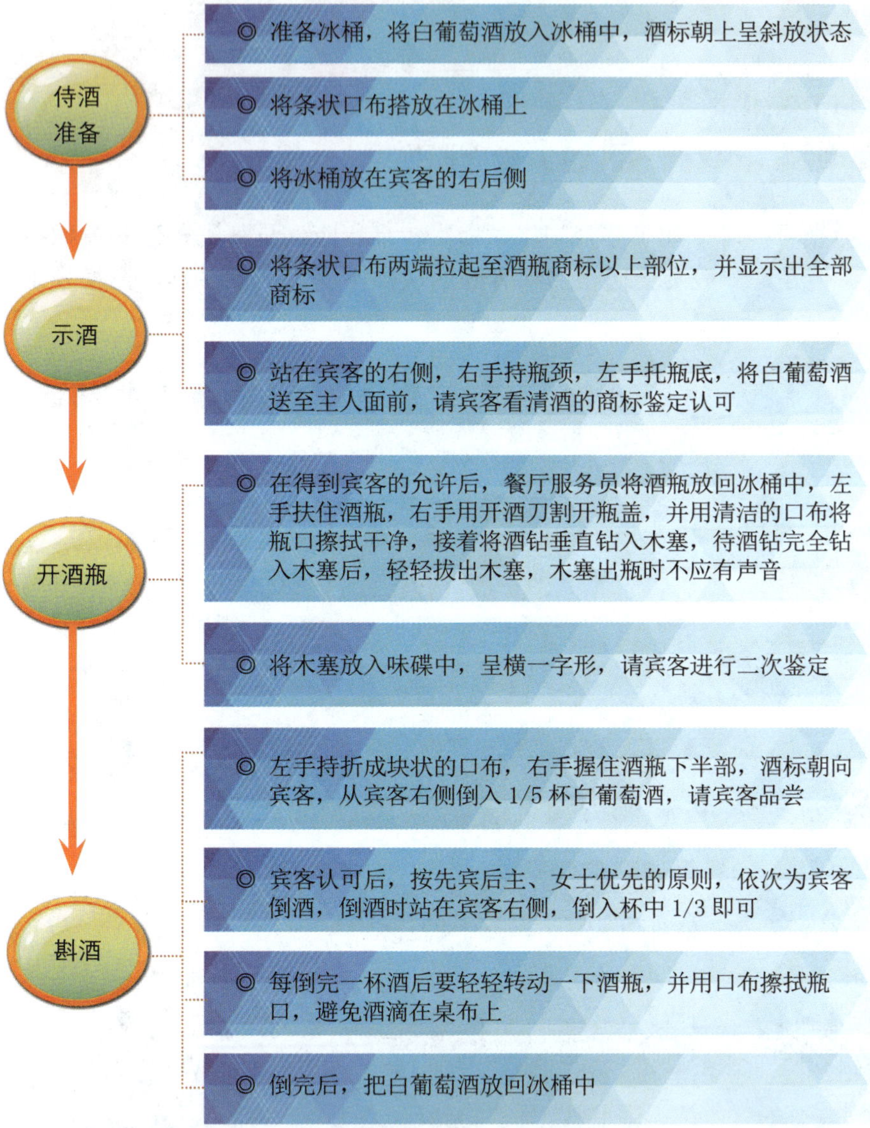

侍酒准备

- ◎ 准备冰桶，将白葡萄酒放入冰桶中，酒标朝上呈斜放状态
- ◎ 将条状口布搭放在冰桶上
- ◎ 将冰桶放在宾客的右后侧

示酒

- ◎ 将条状口布两端拉起至酒瓶商标以上部位，并显示出全部商标
- ◎ 站在宾客的右侧，右手持瓶颈，左手托瓶底，将白葡萄酒送至主人面前，请宾客看清酒的商标鉴定认可

开酒瓶

- ◎ 在得到宾客的允许后，餐厅服务员将酒瓶放回冰桶中，左手扶住酒瓶，右手用开酒刀割开瓶盖，并用清洁的口布将瓶口擦拭干净，接着将酒钻垂直钻入木塞，待酒钻完全钻入木塞后，轻轻拔出木塞，木塞出瓶时不应有声音
- ◎ 将木塞放入味碟中，呈横一字形，请宾客进行二次鉴定

斟酒

- ◎ 左手持折成块状的口布，右手握住酒瓶下半部，酒标朝向宾客，从宾客右侧倒入 1/5 杯白葡萄酒，请宾客品尝
- ◎ 宾客认可后，按先宾后主、女士优先的原则，依次为宾客倒酒，倒酒时站在宾客右侧，倒入杯中 1/3 即可
- ◎ 每倒完一杯酒后要轻轻转动一下酒瓶，并用口布擦拭瓶口，避免酒滴在桌布上
- ◎ 倒完后，把白葡萄酒放回冰桶中

图 4-46　白葡萄酒侍酒服务程序

1．骨碟撤换

在撤换骨碟时，如果宴会规格、档次较高，应该是每上一道菜就撤换一次骨碟。但是，一般宴会通常撤换骨碟的次数不少于三次，具体撤换骨碟的情况如图 4-47 所示。

情况	说明
吃完浓汁、浓味菜品时	◎ 吃完浓汁、浓味菜品时，需要撤换骨碟，以防与下一道菜串味，影响客人食欲
吃完带骨、刺、壳菜品后	◎ 吃完带骨、刺、壳菜品后，如杂物太多，需要撤换骨碟
冷热菜交替之时	◎ 宾客在用完冷菜之后，在准备上热菜之前，要撤换骨碟
吃甜、咸交叉菜品时	◎ 吃甜、咸交叉菜品时，为了保持食物的原味，需要及时更换骨碟
上汤羹之前	◎ 上汤羹之前，需要上一套小汤碗，待宾客吃完后，送上毛巾，收回汤碗，换上干净骨碟
上水果前	◎ 上水果前，换上干净餐碟和水果刀、叉
意外情况发生时	◎ 宾客不小心将骨碟跌落到地上时，要立即更换 ◎ 骨碟及骨碟内有酒水、饮料或异物落入时，应及时更换

图 4-47 骨碟撤换情况说明图

2. 烟灰缸撤换

保持烟灰缸的清洁是提高餐饮服务质量的重要方面。宾客用餐时，餐台上烟灰缸中的烟灰可能会抛撒出来，因此，宾客使用过的烟灰缸应及时撤换。餐厅服务员在撤换烟灰缸时，可采用以下方法，且需注意如图 4-48 所示的要点。

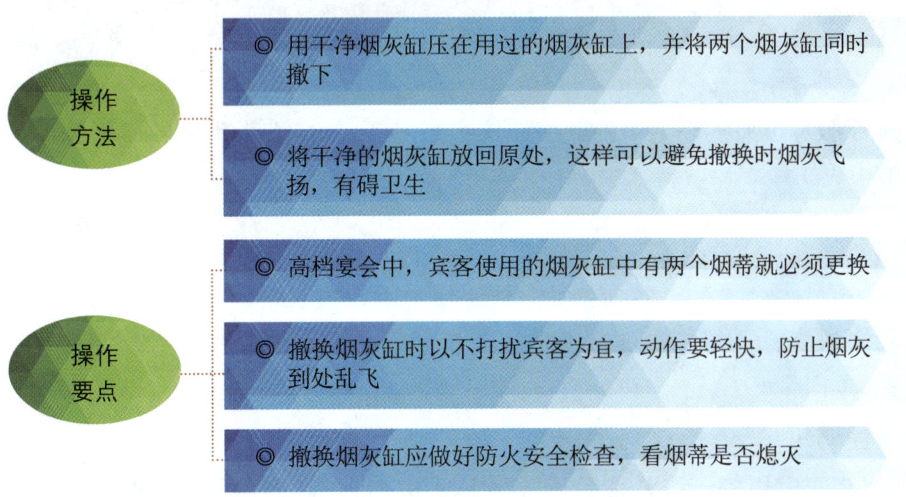

图 4-48 烟灰缸撤换方法和要点

3. 小毛巾撤换

提供小毛巾的情形

餐厅服务员需根据宾客进餐过程中的需要撤换小毛巾。一般来说，递送小毛巾的情形包括但不限于如图 4-49 所示的七种。

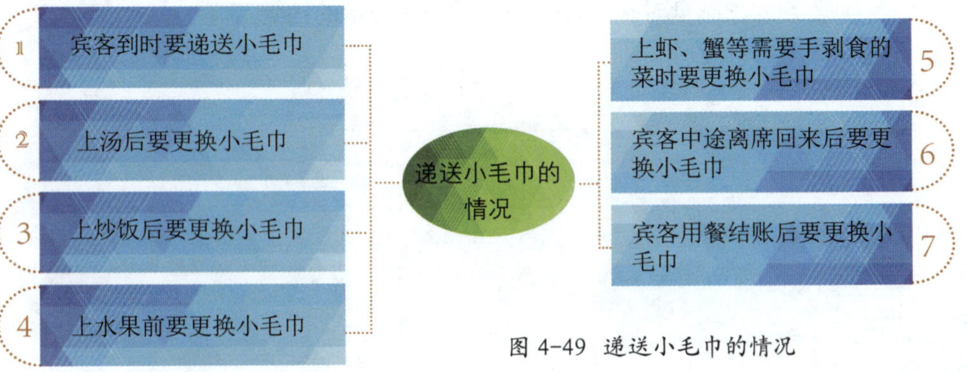

图 4-49 递送小毛巾的情况

操作方法

在进行毛巾撤换时，具体的操作方法说明如下所示：

① 用毛巾夹将消毒后的小毛巾从保温箱内取出，放在毛巾篮内，摆放在托盘上，送到餐桌旁。

② 左手端托盘，右手用毛巾夹将小毛巾放在宾客左侧的毛巾碟内，由宾客自取。

撤换顺序

餐厅服务员撤换小毛巾的顺序应该按照先宾后主、女士优先的原则进行，并使用礼貌用语。

4. 中餐菜盘撤换

宾客就餐时，餐厅服务员需时刻注意就餐动态，及时撤换菜盘，撤盘操作的要求如下：

撤盘时机

① 当宾客用完一道菜品后，餐厅服务员应征求宾客意见，待得到肯定的答复后进行撤换。

② 当有多道菜菜盘还有少量余菜时，餐厅服务员可将大菜盘换成小菜盘。

撤盘动作

餐厅服务员在进行撤盘时，先从主宾开始，然后按顺时针方向进行，撤盘动作规范如下：餐厅服务员站在宾客的右侧，右脚在前，左脚在后，然后用左手托盘，右手操作撤换菜盘。

注意事项

餐厅服务员在撤盘时需要注意如图 4-50 所示的注意事项。

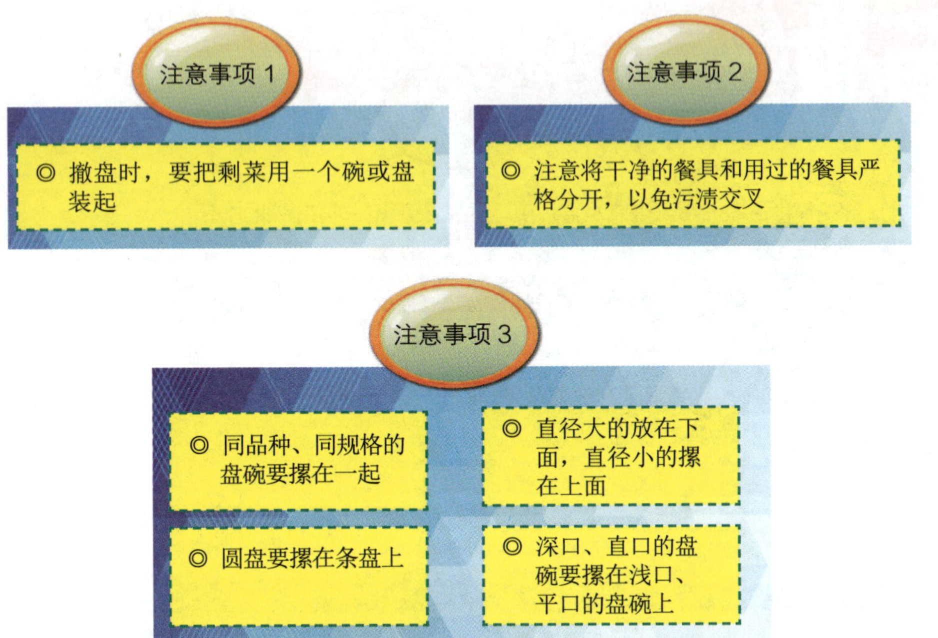

图 4-50　撤盘注意事项

5．西餐刀叉更换

在西餐厅中，通常每一道菜即配备一副刀叉，刀叉排列从外到里，因此餐厅服务员在进行西餐刀叉撤换时，等宾客每吃完一道菜就要撤去一副刀叉。

餐厅服务员可根据刀叉的摆放方法来进行判断，具体的撤换判断标准如下：

（1）如果宾客将刀叉平行放在盘上或盘的两侧，即表示不再吃了，可以撤刀叉。

（2）如果刀叉搭放在餐盘两侧，说明宾客还要继续食用或边食用边说话不可贸然撤去。

6．西餐餐盘撤换

西餐餐盘撤换的要求非常高，餐厅服务员在进行西餐餐盘撤换过程中需特别注意。如图 4-51 所示是对西餐餐盘撤换服务的详细说明。

撤盘判定

1 宾客若将汤匙搁在汤盘或垫盘边上，通常表示还未吃完，此时不能撤盘

2 宾客如果将刀叉呈“八”字形搭放在餐盘的两边，则表示暂时不需撤盘

3 宾客如果将刀叉并拢放在餐盘左边或右边或横于餐盘上方，则表示可以撤盘

撤盘方法

◎ 西餐餐盘撤换时，需左手托盘，右手操作

◎ 先从宾客右侧撤下刀、勺，然后从其左侧撤下餐叉

◎ 餐刀、餐叉分开放入托盘，然后撤餐盘

◎ 撤盘顺序按顺时针方向依次进行

撤盘要求

◎ 西餐宴会要求等所有宾客都吃完一道菜后才一起撤盘

◎ 每上一道菜之前，应先将用空的前一道菜的餐盘撤下

图 4-51 撤盘服务说明

 7．酒具撤换

酒具撤换操作情况

餐厅服务员需根据宾客用餐情况，随时进行酒具的撤换，如图 4-52 所示。

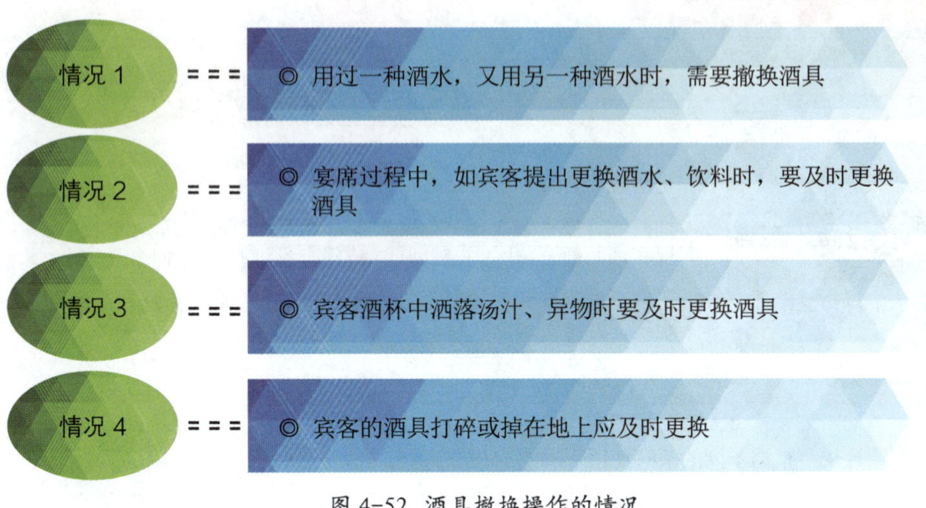

图 4-52　酒具撤换操作的情况

酒具撤换操作方法

餐厅服务员在进行酒具撤换时，需按照规定的操作方法进行，具体的操作方法为：把干净的酒具放在托盘一侧，左手托盘，右手从宾客的右侧撤换酒具。从宾客右侧开始，先将用过的酒具撤下放在托盘的另一侧，然后为宾客摆放干净的酒具，按顺时针方向依次进行。餐厅服务员在撤换酒具时，不得将酒杯相互碰撞，以免发生声响，打扰宾客。

知识 6 服务项目标准化管理

1．中餐零点服务标准

中餐零点服务主要包括迎客入座、送巾敬茶、点菜下单、转单入厨、上菜报名、询斟酒水、巡台服务、结账埋单、敬语送客、餐毕上巾、清理现场等服务内容，具体的服务标准如下所示。

中餐零点服务标准

迎客入座

1. 迎接宾客。面带微笑，主动迎上一步，礼貌问候行 35 度鞠躬礼，说“您好！欢迎光临！”
2. 询问预订或进餐人数。距离宾客一步远，面带微笑，双目注视宾客面部三角区，礼貌问候“请问有预订吗”“请问有几位”。
3. 引领至适当或预定的餐台旁。走在宾客的右前方，保持 1 米距离，并用手示意。

送巾敬茶

1. 问茶、泡茶。站在宾客的右侧，欠身询问宾客所需茶水，语调轻快，根据不同的茶叶使用正确的泡茶方法。
2. 递上毛巾。使用毛巾夹，从每位宾客的右侧递上毛巾，热度适中。
3. 斟茶。将骨碟上的茶杯逐一翻起，斟茶并递给宾客。

点菜下单

1. 递上菜谱。将菜谱打开至第一页，右手拿菜谱的右上端，左手拿左下端从宾客的右侧呈递给女宾或主宾，退一小步转身，向服务员介绍。
2. 听单。站在宾客的右侧距离一臂之远，腰部微弯，微笑倾听与应答。
3. 推销。观察宾客的表情反应，运用推销技巧，主动向宾客做适时介绍推销，引导宾客先点凉菜、海鲜菜品，再点其他菜品为规范上菜做准备。
4. 写单。在点菜单上填写台号，人数，日期，点菜员姓名，菜点品名、数量、规格、特殊要求等，记录准确、字迹清楚、无漏无错、边写边重复。
5. 询问酒水。将酒水品名、数量、规格记录在点菜卡上复述订单内容。将点菜单上所有的菜品、酒水给宾客复述一遍，经宾客同意后再去转单。

转单入厨

1. 收银台转单。将点菜单拿到前台，收银员依单迅速输入计算机内。
2. 核单送单。核对输入菜品，确保输入内容与点菜单完全一致后再传送单据。
3. 打单。厨部、传菜部等处分别做好配菜、划菜工作。

1. 核实菜单。传菜员将菜传至落台时，餐厅服务员需查看菜单、核实有无此菜。
2. 调整台面。餐厅服务员需根据盛器形状、大小腾出放菜的位置。
3. 上菜报名。站在副宾客的左手边将菜上至餐台转至主人、主宾处退一小步报菜名，并介绍其特征，然后手指并拢向前示意慢用，有跟料的菜品先上菜，后上跟料。
4. 勾单。上菜后要及时勾单，以示上菜。

1. 持酒水单到前台领取酒水，使用托盘或酒水篮进行传送。
2. 根据酒水品种备齐相应的酒杯，饮用白葡萄酒所需要的冰块，饮黄酒的九制陈皮、话梅、暖酒器及开酒器。
3. 示瓶。擦干净酒瓶，酒水必须经宾客同意后才能开启。
4. 询斟酒水。用托盘从宾客右侧斟酒，先主宾后主人再顺时针方向。
5. 酒量要均匀，技艺要娴熟，不洒不滴，斟红酒可根据宾客要求而定。
6. 整理餐台。征求宾客的意见，经宾客同意后撤下多余的餐具、酒具。

巡台服务

1. 随时审单跟进出菜速度，并按规范上菜、划单。
2. 上菜时，按先冷后热、先荤后素、先咸后甜、先优质后一般的原则上菜，菜上齐后轻声告诉宾客，并进行第二次推销。
3. 菜品太多，征求宾客同意，将大盘换小盘，随时整理并保持餐台的美观，观察宾客用餐要求，主动服务宾客。
4. 遵循服务中的“四勤”，即勤斟酒水、勤换毛巾、勤换餐具、勤换烟灰缸。
5. 撤掉台上餐盘，整理好台面，换上洁净骨碟，准备好果叉、牙签等后，上果盘。
6. 宾客餐毕，为宾客送上热毛巾。

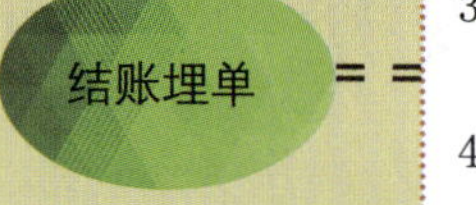

1. 结账准备。宾客叫埋单应立即回答，然后查菜单看菜是否上齐，跟踪落实并做出处理，对剩余酒水征询意见做退酒处理，品种、数量当面点清。
2. 通知收银台。准确掌握结账的台号，拿消费单通知收银台结账。
3. 核对账单。收银员核实账单结算总数，确定无误后把账单交服务员。
4. 送上账单。接到账单后，需核对账单的内容，然后将账页放在收银夹，从宾客右侧，双手送上打开银夹，指明总额。
5. 收银台交款。宾客付款后，双手接钱，放进银夹，当面点清把钱交到收银台，银台找零备好发票。
6. 找补余款。餐厅服务员将找零和发票点给宾客，再次致谢。

1. 拉椅。宾客起身离席，餐厅服务员应为宾客拉椅，留出退席通道，提醒宾客带好随身物品，检查有无宾客遗留物品，请各位带好随身物品。
2. 送客。使用敬语，如餐厅服务员不能离开岗位，应站在通道的一侧目送宾客离开，如允许，可将宾客送至电梯间或大门口。

1. 围椅。按餐前椅子摆放规范将椅子还原。
2. 收撤餐具。用托盘收小方巾，收餐巾；收玻璃器皿，分类不重叠放入托盘或杯筐；收茶具，单独收，不能和有油的餐具一起收；大小餐具分类装入餐盒。

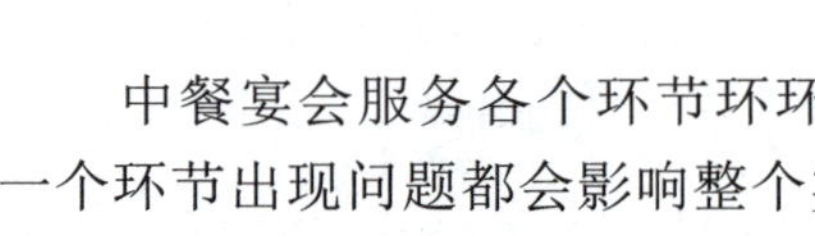

2. 中餐宴会服务标准

中餐宴会服务各个环节环环相扣。任何一个环节出现问题都会影响整个宴会的质量。因此，餐厅服务员需遵循中餐宴会服务标准进行宾客服务，具体的服务标准如下。

中餐宴会服务标准

宴会前准备

1. 班前例会。餐厅服务员需准时参加班前例会，认真听取和记录当前宴会内容、要求，接受分配的工作任务，做到“八知”和“三了解”。
2. 仪表检查。接受仪容仪表的检查，确保符合仪容仪表要求规范。
3. 打扫卫生。按照打扫程序搞好餐厅室内外清洁卫生，确保餐厅符合卫生规范。
4. 设施设备检查。检查照明、空调等设备及宴会餐台、餐椅、备餐柜是否完好。
5. 备好跟料、器具。根据特殊菜品菜式要求配好跟料、器具。
6. 配备好酒水。根据宾客要求准备好各种酒水，对宾客自带酒水当面检查清点，存放好。

宴会布置

1. 环境布置。根据宴会主题、宾客要求及宴请标准进行场景布置，确保环境布置符合要求。
2. 宴会台型需设计美观、合理，符合并满足宴会要求。
3. 宴会台型布局合理、美观整齐，桌布折缝一条线，桌腿椅子面一条线，瓶花台号一条线。
4. 按宴会规格高低决定摆台的规格。

开餐准备

1. 按宴会所需备好餐具、用具，并整齐地摆放在餐桌上，确保其洁净、分类摆放。
2. 按宾客要求将酒水统一摆放在桌子上，统一将商标朝向宾客。
3. 提前一小时对宴会各项准备工作及要求进行例检，确保宴会任务圆满成功，各项准备需达到宴会要求的标准。

迎接宾客

1. 热情问候。宾客到，迎宾员应热情礼貌地问候，并把宾客引进宴会厅或专用的休息厅休息。
2. 迎客入座。宾客至宴会厅，餐厅服务员行 35 度鞠躬礼并说“欢迎光临”，按宴会规定座次图把宾客引入席。
3. 送巾敬茶。送上小毛巾，敬奉茶水，按先主宾后主人再顺时针方向从每位宾客的右侧进行。

询斟酒水

1. 斟预备酒。大型宴会，应征得主人同意提前 10 分钟斟预备酒。斟酒顺序为按先主宾后主人再顺时针方向进行。
2. 大型宴会，主客或主人发表祝酒词时，主台餐台服务员在托盘内准备好酒水，待宾客讲话完毕时应示意递给讲话人。
3. 主人轮各台敬酒时，餐厅服务员应随其身后及时给主人斟添酒水。
4. 在宾客敬酒前要注意杯中是否有酒，当宾客起立干杯或敬酒时，应迅速拿起酒瓶或协助宾客拉椅子。

上菜服务

1. 按序上菜。按先冷后热、先荤后素、先咸后甜、先优质后一般的原则上菜。
2. 上菜规范。上菜先撤盘，调整台面，腾出上菜的位置，双手端盘，将菜上至转台，并转至主宾、主人处，退后半步并报菜名。
3. 出菜速度。服务员需熟知菜品烹制方法、过程，结合客人就餐快慢，掌握好上菜节奏，既不能造成空台又不能堆积过多。
4. 宴席出菜全场以桌为准，统一出菜，每道菜的间隔时间一般为 4 ～ 5 分钟。

分菜服务

1. 根据宴会规格和宾客要求进行分菜、派菜，并提供相应的服务。
2. 派送菜品应从宾客的右手边并按先主宾后主人的顺序进行。
3. 多台宴会分菜时，要求各台的分菜速度一致，特别强调的是其他台的分菜不能快于主台。

撤换餐具

1. 撤换餐具时发现里面还有菜点，应礼貌征询宾客是否还要用后，再做处理。
2. 宴会中撤换餐具应不少于 3 次，重要宴会则要求每道菜都要换盘。
3. 撤换时要边撤边换，撤和换交替进行。
4. 按先主宾后其他宾客的顺序先撤后换，站在宾客右侧操作。

宴会间其他服务

1. 续斟酒水。随时注意观察每位宾客酒杯，当宾客干杯或杯中酒只剩下 1/3 时应及时添加，记住每位宾客所饮酒水，征询后添加。
2. 撤换烟灰缸。注意添加和撤换烟灰缸，烟灰缸内有两个烟头就应及时更换。
3. 勤换毛巾，用过的当毛巾及时收回，上毛巾应使用毛巾盘，以避免弄湿台面。
4. 服务中做到“三轻”“四勤”。“三轻”即走路轻、说话轻、动作轻；“四勤”即眼勤、口勤、手勤、脚勤，随时观察用餐情况，掌握宾客用餐需求。

结账签单

1. 请主办人一起分类清点酒水、名烟的使用及剩余数量，对剩余的作退酒处理。
2. 酒水必须集中分类清点，并让主办人确认签字，用过的空瓶罐集中存放，以利于清点。
3. 所有的账单和宴席预订单一同拿到收银台汇总打单，并请主办人结账埋单。
4. 实际出菜桌数应双方确认签字，优惠事项和收费标准按宴会预订单规定执行，账单确认不错不漏，找补清楚。

敬语送客

1. 宴会结束，宾客站起准备离席，餐厅服务员主动拉椅，留出退席的通道，同时提醒宾客带好物品，帮助宾客穿外衣。
2. 将宾客送至宴会厅门口，热情送客并致谢。

收拾

1. 关闭空调、音响及部分照明，所留照明能满足收尾工作即可。
2. 按规范收台，具体的收台顺序为：收围椅、收布草、收玻璃器皿、收茶具，分类收大小餐具、收金属器皿，餐具应分类进行集中清洗。
3. 撤临时工作台，打扫餐厅，清出酒瓶等杂物，清洗、擦拭、存放餐具，重新摆台、整理桌椅。

3．西餐零点服务标准

西餐服务和中餐服务存在很多的不同，因此餐厅服务员需特别注意。

西餐零点服务标准

餐前服务

1. 餐位预订服务。餐厅服务员需在三声铃响之内接听电话。在宾客订餐时，需询问宾客的姓名、用餐人数、用餐时间、联系电话，宾客是否需要在吸烟区或非吸烟区。订单结束之前需复述并且确认有关细节要求，并向宾客致谢。
2. 餐厅台面布置。餐厅服务员应根据宾客预订要求摆台，并照预订登记表所记人数选定餐桌，在餐桌上放置留座卡。每个餐位按西餐正餐所要求的规格摆放餐具。
3. 领位。餐厅服务员需在宾客抵达餐厅后 15 秒内招呼宾客，并将宾客引领到预留的餐桌。

酒水服务

1. 点酒水。餐厅服务员向宾客介绍开胃酒或鸡尾酒，并记下每位宾客所点的酒水。餐厅服务员根据宾客点的酒水开具酒水单，酒水单一式三联，第一联交收银台以备结账，第二联到前台取酒水，第三联自留备查。
2. 上酒水。酒水开单后，应尽快将酒水送到宾客桌上。没有点酒的宾客应为其倒上冰水。服务鸡尾酒时，应用托盘送上，并报出名称。

点菜上菜服务

1. 递菜单。餐厅服务员需为每位宾客呈递一份菜单，呈递按先女后男或先宾后主次序进行。呈递时要打开菜单的第一页，同时介绍当日特选和当日特殊套菜。然后略退后，给宾客以看菜单的时间。
2. 接受点菜。餐厅服务员在宾客点菜时就需事先在草稿纸座位示意图上将相应宾客所点菜名写上。

3. 送菜单。餐厅服务员将开好的订单的第一联交收银台，第二联交厨师长备菜，第三联与草稿纸留做准备工作。
4. 重新摆台。餐厅服务员根据订单和草稿纸上的示意图，给每位宾客按上菜顺序摆换刀、叉、勺。最先吃的菜肴用具放在最外侧，其余刀叉依次向中央摆放。
5. 上菜。根据订单和座位示意图，用餐厅严格规定的服务方式上菜。上菜时餐厅服务员用右手从宾客右边端上，直接放入装饰盘内。上完菜后，要移走手推车。

餐间服务

1. 酒水服务。餐厅服务员在宾客就餐过程中，根据不同菜品进行酒水服务。酒水需要在未开封前呈给宾客过目，并当着宾客面打开，按规定进行斟酒和添酒。
2. 撤菜撤盘。当全部宾客吃完菜后，餐厅服务员应按先女后男的次序撤走菜盘刀、叉，用服务巾和面包碟将桌上面包碎屑扫干净并征求宾客对菜品的意见。

餐后服务

1. 结账。只有等宾客叫结账后，餐厅服务员才能去前台通知收银员汇总账单。餐厅服务员要检查账单是否正确，然后用账夹或小银托盘递送账单请宾客结账。
2. 送客。宾客起身离座时，要帮助拉椅、穿外套，并提醒宾客带上自己的物品，说："希望您吃得愉快""谢谢光临""欢迎下次再来"。送宾客出餐厅门外，鞠躬说再见或晚安。
3. 清台。放好椅子，收理餐巾，用托盘、干抹布清理台面，换上干净台布，准备迎接下一批宾客或为下一餐铺台。

4. 西餐宴会服务标准

西餐宴会服务和西餐零点服务也存在很多不同。

西餐宴会服务标准

明确任务

1. 接到西餐宴会预订单后，宴会负责人应详细了解宴会的情况。
2. 然后召集餐厅服务员开会，布置任务，研究完成任务的具体方法，明确各服务员的职责，提出完成任务的具体要求和注意事项。

宴会布置

1. 宴会的场地布置要根据宴请活动的性质、形式、主办单位的具体要求、参加活动的人数、宴会厅的形状和面积等情况来制定设计方案。
2. 画出标准比例尺的布置图，注明所有布置的细节要求。
3. 现场布置要求庄重、美观、大方，家具摆放整齐、对称、平稳，同时一切事项都要按布置要求去准备。
4. 餐厅服务员需铺上台布，按菜单摆放刀、叉餐具，餐具摆放松紧得当，规格统一。
5. 按酒水要求摆放相应的酒水杯，台面中央放插花、烛台、胡椒盅、盐盅、牙签盅（三至四人一套）。

餐前准备

1. 准备酒水。备好各种酒水饮料，需冰镇的要提前冰镇好，保证各种酒符合饮用要求。如宴会开始前要举办餐前酒会，要及时准备好足够的酒水，并配好鸡尾酒。
2. 准备工作台。根据人数、菜肴来准备临时工作台。通常在工作台上备有咖啡具、茶具、冰水壶、托盘、干净的烟灰缸，服务用刀、叉、勺等。
3. 全面检查。宴会负责人在各项工作准备就绪后，应进行一次全面检查，包括清洁卫生、环境布置、席面布置、物品准备、服务员仪容仪表等。

迎宾服务

1. 在宴会开始前，宴会负责人就应带领迎宾员提前在宴会厅门口迎候来宾。
2. 当宾客到来时，应热情欢迎，主动打招呼问好，并将宾客引进休息室休息。

餐前鸡尾酒服务

1. 宴会开始前半小时或 15 分钟，通常在宴会厅门口为先到的宾客提供鸡尾酒会式的酒水服务。
2. 餐厅服务员用托盘端上饮料、鸡尾酒，巡回请宾客选用，茶几或小圆桌上备有干果仁等小吃。
3. 待主宾或宴会开始时间到后餐厅服务员请宾客进入宴会厅。

酒水、菜肴服务

1. 在宴会开始前几分钟摆上黄油，分派面包。
2. 安排宾客就座后，先女后男，再给主人斟上佐餐酒，征求是否需要其他酒品。
3. 西餐宴会多采用美式服务，有时也采用俄式服务。上菜顺序是：冷开胃品、汤、鱼类、副盘、主菜、甜点、咖啡或茶。
4. 按菜单顺序撤盘上菜。每上一道菜前，应先将用完的前一道菜的餐具撤下。餐厅服务员要留意宾客对撤盘的示意方法。

（1）如果将刀、叉并拢放在餐盘左边或右边或横于餐盘上方，是表示不再吃了，可以撤盘。

（2）如果呈“八”字形摆放在餐盘的两边，则表示暂时不需要撤盘。

（3）西餐宴会需等所有宾客都吃完一道菜后才一起撤盘。

5. 上甜点、水果之前撤下桌上除酒杯以外的餐具，如主菜餐具、面包碟、黄油盅、胡椒盅、盐盅，换上干净的烟灰缸，摆好甜品叉、匙。水果要摆在水果盘里，跟上洗手盅和水果刀、叉。
6. 上咖啡或茶前放好糖缸、淡奶壶，每位宾客右手边放咖啡或茶具，然后拿咖啡壶或茶壶依次斟上。

结账

1. 宴会接近尾声时，清点所有的饮料，如果收费标准不包括饮料费用则要立即开出所耗用的饮料订单，交收银员算出总账单。
2. 宴会结束时，宴请的主人或者助手负责结账，一般不签单，可收取现金、支票或信用卡。

宴会结束工作

1. 当宾客起身离座时，为其拉椅，检查是否有遗留物品，送宾客至宴会厅门口。
2. 检查台面是否有未熄灭的烟头；收台时，先收餐巾，后用托盘或手推车收餐具；撤掉台布；了解下一餐宴会情况，在下班前准备下一餐宴会的餐桌；领班记录宴会完成情况。

5. 自助餐服务标准

餐厅服务员在进行自助餐服务的过程，需明确自助餐服务标准，以便为宾客提供全面、高效的自助餐服务。

自助餐服务标准

自助餐的布置

1. 按餐厅卫生要求，做好自助餐前环境、餐具等卫生工作。
2. 检查餐厅内灯光、室温、音响、家具设施设备的完好情况。
3. 根据自助餐的类别、档次进行合理布置，做好自助餐配套设施的布置和装饰。
4. 餐台必须有突出的主题。主题一般搭在餐台的中央，布置上要求突出。
5. 自助餐餐台上分餐盘区、冷菜区、热菜区、点心区、水果区、汤羹区、餐具区。

餐前准备

1. 根据食品的性质摆放相应的餐具：白灼菜配备调味碟，米饭旁配备饭碗，水果配备骨碟和水果叉，汤汁类食品配备口汤碗，确保相应的食品有相应的盛放餐具。
2. 所有餐具应整洁、无破损、无污迹、无水迹、光亮。
3. 各种菜肴旁摆放公用的食品夹或食品勺，食品夹、勺的柄应向下倾斜 45 度。
4. 汤羹前应配备一盛热水的餐具，以便放置汤羹勺，避免汤羹勺滑入锅中。
5. 公用夹、勺放在公用盘上，公用盘应放于食品的边缘 5 厘米处。

热菜的准备

1. 督促厨房提前 15 分钟将菜肴出齐。
2. 菜肴出齐之后，根据菜肴调整相应的食品夹和勺。
3. 根据菜肴的性质，配备相应的调味品，如刀切配炼乳等。
4. 每道菜肴食品应有相应的菜牌，菜牌应清洁，无油腻、光亮，字体统一，摆放端正。

餐中服务

1. 迎宾员按规定位置站在迎宾台，随时恭候宾客的到来。
2. 迎宾员将宾客迎至本区域后，应协助拉椅。
3. 值台服务员随时巡台，及时撤走脏盘和空盘，更换烟灰缸，添加公用物、牙签、餐巾等，撤餐时应用礼貌用语或相应的手势。
4. 自助餐过程中，尽可能地协助宾客拿取物品，提供主动服务。
5. 及时整理台面，保持餐桌清洁。
6. 对宾客提出的要求尽可能地满足，如无法满足，应做好解释工作。
7. 落台上的脏餐具不可堆积，及时撤入后台备餐间。

餐台服务

1. 餐台服务员应随时保持餐台的清洁工作，及时换下餐台上脏的垫盘，确保食品夹及勺的卫生清洁，并及时调整食品夹和勺。
2. 在用餐期间，食品剩下 1/3 时，就应通知厨房添加，临近结束时，应控制出菜量，避免浪费。
3. 如厨房在中途撤换食品时，应及时跟上该要的公用夹、调味汁及相应的菜牌。
4. 及时添加餐台上的餐具及杯具，避免无餐具、无杯具。
5. 保证食品的温度，及时更换酒精罐。

餐后收尾工作

1. 用餐结束关闭主灯、空调，再次检查餐厅内是否有宾客遗漏物品，收拾台面，按撤台规范进行撤台。
2. 多余食品通知厨房撤走，把未用的酒水退至酒吧间。

岗位内容 5　餐后服务

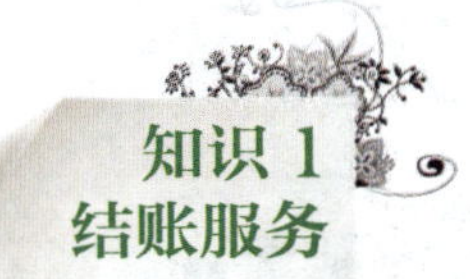

知识 1 结账服务

1. 现金结账服务

在餐后结账服务的过程中，现金结账服务是餐厅服务员最常见也是最重要的一项服务。

现金结账服务流程

餐厅服务员在进行现金结账服务时，可按照如图 5-1 所示的流程进行，以便结账服务工作顺利完成。

当宾客示意结账时，餐厅服务员需到收银台领取宾客账单

确认应收金额

账单呈递

餐厅服务员需从宾客右侧躬身礼貌地将账夹打开递交给宾客，并说明是该宾客用餐账单

收取现金并清单确认

宾客将应付的现金总数交给餐厅服务员，餐厅服务员需当面点收确认无误后，往收银台付款

领取发票和所找的零钱

餐厅服务员从收银员处领取收银员开具的发票和所找的零钱

向客户递交发票和所找零钱

将发票和所找零钱交给宾客，并请客户确认

送客

向宾客的到来表示感谢，并送出门

图 5-1　现金结账服务流程

假钞处理

餐厅服务员在现金结账服务过程中，最怕出现的情况就是收到假钞。因此，在出现疑似假钞的情况时，餐厅服务员可按照如图 5-2 所示的要求进行处理，避免与宾客发生冲突，对餐厅产生不利影响。

1. 餐厅服务员在收款过程中，要对现金的真伪性进行仔细辨认，对于有疑点的人民币，应按标准复核一遍
2. 确认宾客所付款为假币时，应轻声告知宾客，以便宾客能够重新更换一张
3. 宾客更换钱币后要进行重新确认，新给的钱币是否为真币，并向宾客表示感谢
4. 宾客对于餐厅服务员的建议不予理会甚至大发雷霆时，需及时联系楼面经理或主管，并向部门上级汇报，但应始终保持微笑服务

图 5-2　假钞处理办法

2. 支票结账服务

支票是由出票人签发，委托办理支票存款业务的银行或者其他金融机构在见票时无条件支付确定的金额给收款人或持票人的票据。

支票结账要点

如果宾客使用支票结账，餐厅服务员需要注意以下要点：

（1）查询支票的真伪，注意辨别银行已发出通知停止使用的旧版转账支票。

（2）查询支票是否已经过期，金额是否超过限额。通常支票的有效日期为开票日期起 10 日内有效，如为节假日则顺延。

（3）查询支票上的印鉴是否清楚完整。

（4）支票背面应请宾客留下联系电话和地址，并请宾客签名，如有疑问请及时与出票单位联系核实，必要时请当班主管人员解决。

支票审查

餐厅服务员为了确保所收到的支票是填写正确的、标准的支票，需要对

支票内容进行审查。支票具体的审查内容如图 5-3 所示。

支票项目	审查内容
 出票日期	◎ 出票日期的数字必须大写 ◎ 大写数字写法为：零、壹、贰、叁、肆、伍、陆、柒、捌、玖、拾 ◎ 一至十月写为：零壹、零贰、零叁、零肆、零伍、零陆、零柒、零捌、零玖、零壹拾月；十一月和十二月写为：壹拾壹月、壹拾贰月 ◎ 一至十日、二十日、三十日需加零，其他的日不用加零
 收款人	◎ 转账支票收款人应填写为本餐厅的名称 ◎ 现在支票收款人应填写用餐宾客单位的名称或宾客本人的名称
 付款行名称、出票人账号	◎ 付款行名称为用餐宾客所在单位的开户银行名称 ◎ 出票人账号款为用餐宾客所在单位的开户银行账号
人民币大、小写	◎ 大写数字写法为：零、壹、贰、叁、肆、伍、陆、柒、捌、玖、拾、佰、仟、万、亿 ◎ 最高金额的前一位空白格应书写人民币符号“￥”，数字填写要求完整清楚
 用途	◎ 用途栏，直接填写“用餐”即可
盖章	◎ 支票证明需盖财务专用章和法人章，缺一不可，印泥为红色，印章必须清晰 ◎ 盖章如果模糊，需将本张支票归返宾客，让宾客换一张重新填写并盖章

图 5-3 支票填写规定

支票结账服务流程

餐厅服务员在进行支票结账服务时，可按照如图 5-4 所示的流程进行，以便结账服务工作顺利完成。

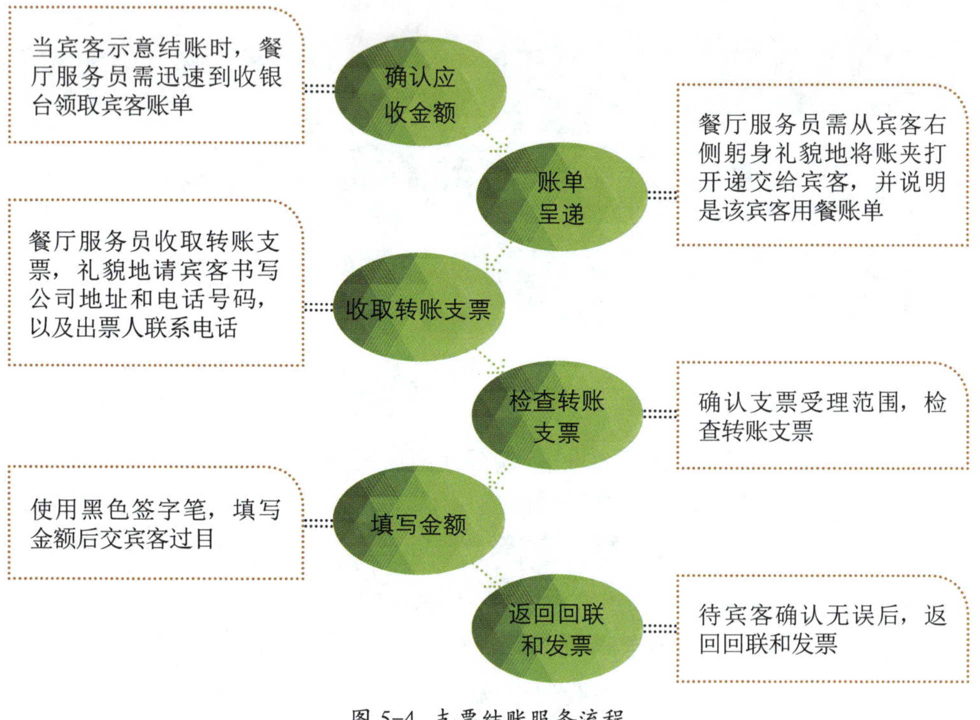

图 5-4　支票结账服务流程

3. 信用卡结账服务

信用卡是银行向个人和单位发行的，凭此向特约单位购物、消费和向银行存取现金，具有消费信用的特制载体卡片，其形式是一张正面印有发卡银行名称、有效期、号码、持卡人姓名等内容，背面有磁条、签名条的卡片。餐厅宾客可用此卡在餐厅消费，餐厅服务员可依此进行宾客餐费的结算。

信用卡结账服务要求

餐厅服务员在信用卡结账服务过程中，需要注意如下要求。

※ 信用卡检查要求　餐厅服务员在信用卡结账服务过程中，需严格检查

信用卡，确保信用卡结账服务的顺利进行。具体的检查要求如图 5-5 所示。

1 检查信用卡的整体状况是否完整无损，有无任何挖补、涂改的痕迹

2 检查信用卡的真伪，检查防伪反光标记的状况，检查信用卡号码是否有改动的痕迹

3 检查信用卡的有效日期和适用范围，并检查信用卡号码是否在被取消名单之列

4 检查持卡人消费总额是否超过信用卡的最高限额，如超过规定限额，应向银行申请授权

图 5-5 信用卡检查要求

※ 礼貌要求　宾客使用信用卡结账，餐厅服务员应该礼貌接受，接受和返回信用卡时均要用双手，支付程序完成后一定要向宾客致谢，整个服务过程需要始终保持微笑、诚信，留给宾客轻松愉快的感觉。

信用卡结账服务流程

宾客在采取信用卡结账时，餐厅服务员需严格按照信用卡结账程序进行结账操作，具体程序如图 5-6 所示。

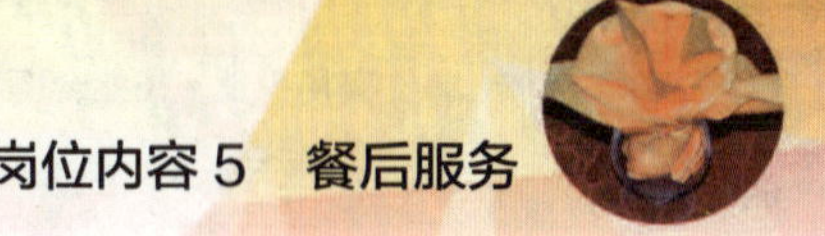

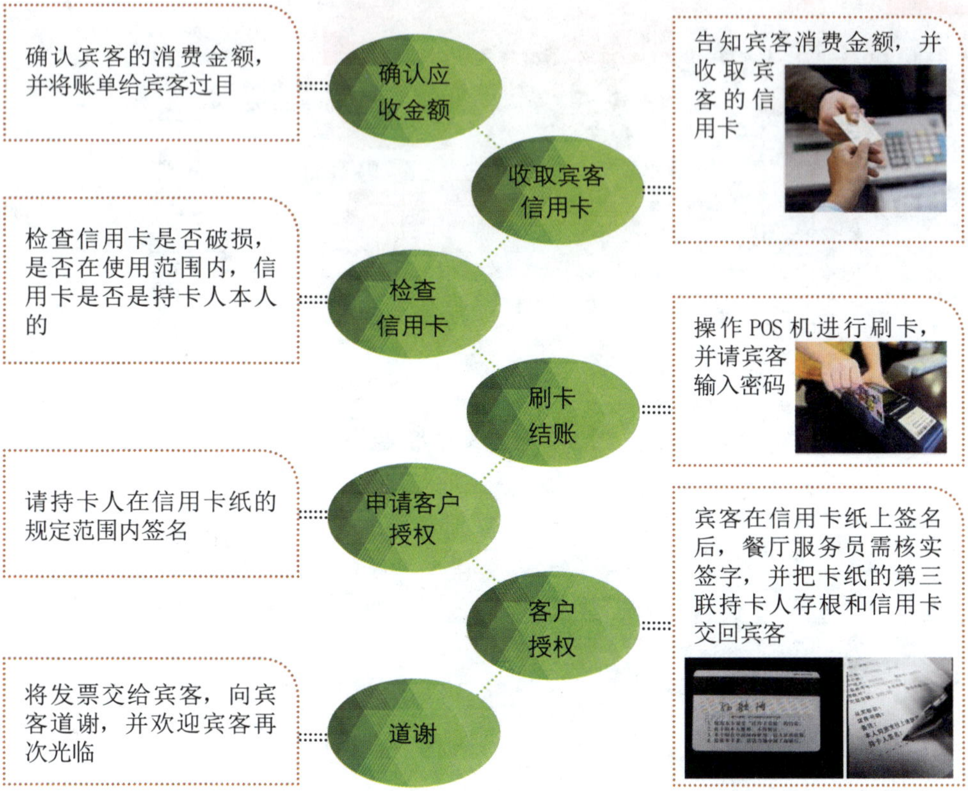

确认应收金额：确认宾客的消费金额，并将账单给宾客过目

收取宾客信用卡：告知宾客消费金额，并收取宾客的信用卡

检查信用卡：检查信用卡是否破损，是否在使用范围内，信用卡是否是持卡人本人的

刷卡结账：操作 POS 机进行刷卡，并请宾客输入密码

申请客户授权：请持卡人在信用卡纸的规定范围内签名

客户授权：宾客在信用卡纸上签名后，餐厅服务员需核实签字，并把卡纸的第三联持卡人存根和信用卡交回宾客

道谢：将发票交给宾客，向宾客道谢，并欢迎宾客再次光临

图 5-6 信用卡结账服务流程

4. 发票开立服务

餐饮发票形式

餐厅服务员开立餐厅发票可以开具三种形式的发票，即服务业专用发票、餐饮业定额发票和机打发票三种，各种发票的具体样式如图 5-7 至图 5-9 所示。

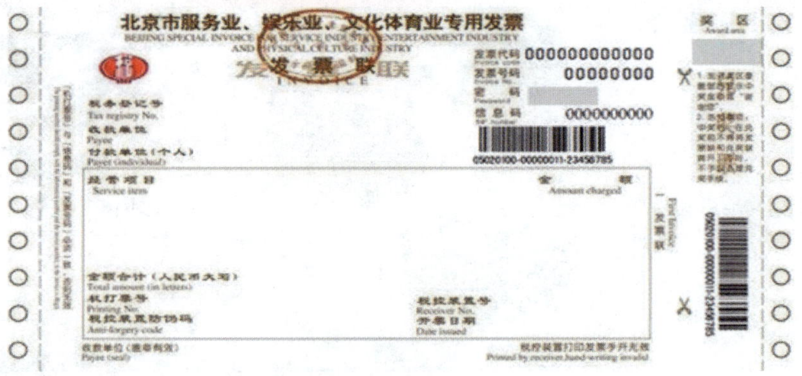

图 5-7 服务业专用发票

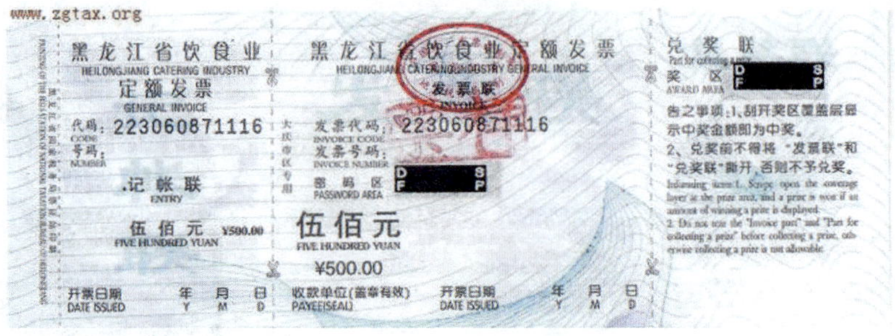

图 5-8 餐饮业定额发票

图 5-9 机打发票

发票开立服务要点

餐厅服务员在开立发票服务的过程中，需注意如图 5-10 所示的服务要点。

1. 在计算机上填写发票内容时，需确保发票项目齐全、内容真实
2. 全部联次一次机打开具，内容完全一致，并在发票联加盖发票专用章
3. 开具发票必须按实际就餐日期金额开具，不能提前，也不能推后，要做到当天开取
4. 开具发票时，大小写金额必须一致，并且开具金额必须与实际就餐金额一致
5. 开具发票过程中，如发票相关项目开立错误，应作废重新开具，发票作废必须是原发票联次三联并存装订在一起
6. 不准开具空白发票，不准开具除公司餐饮业务范围以外的发票

图 5-10　发票开立服务要点

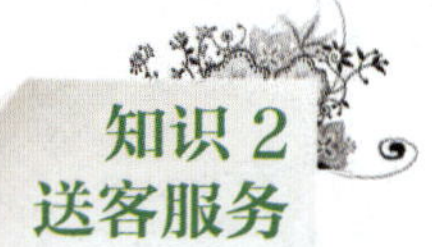

1. 宾客离席确认

宾客就餐完毕，餐厅服务员在宾客准备离席时，需进行离席确认，具体确认内容如图 5-11 所示。

宾客离席确认内容

- 询问宾客是否确定准备离席：◎ 宾客离开前，餐厅服务员需询问宾客是否就餐完毕，是否确定离席
- 未用完的食物是否打包：◎ 宾客离开前，如果愿意将剩余食物打包带走，应积极为之服务，绝不要轻视他们，不要给宾客留下遗憾
- 宾客是否有其他相关需求等：◎ 餐厅服务员在宾客确认离席时，需要确认宾客是否有其他需求，如需要其他服务时，可对其进行相应的服务或者帮助

图 5-11 宾客离席确认内容

餐厅服务员需切记，宾客不想离开时绝对不能催促，也不能作出催促宾客离开的错误举动，避免引起宾客的不满。

2. 协助宾客离席

餐厅服务员在确认宾客离席后，需协助宾客离席，具体的协助工作内容如图 5-12 所示。

1. 宾客起身准备离开时，餐厅服务员需上前主动为宾客拉开座椅
2. 宾客起身后，餐厅服务员要帮助宾客穿戴外衣、提携东西，提醒宾客不要遗忘物品
3. 发现行动不便的宾客，应在征得其同意后，主动上前搀扶
4. 宾客准备离开时，餐厅服务员要礼貌地向宾客道谢，欢迎他们再来

图 5-12 协助宾客离席工作内容

3. 送别宾客引领

餐厅服务员在协助宾客离席后，需引领并送宾客到餐厅门口，具体的引领送别要求如下：

（1）餐厅服务员需走在宾客前方，将宾客送至餐厅门口，并微笑着给宾客礼貌道别，说“谢谢，请走好，欢迎再次光临”。将宾客送至餐厅门口的场景如图 5-13 所示。

图 5-13　送宾客至餐厅门口场景

（2）餐厅服务员送宾客走到餐厅门口后，再由迎宾员将宾客送出餐厅（一般走在宾客身后，在宾客走出餐厅后再送一两步），边送边向宾客告别并向宾客表示感谢，同时欢迎宾客再次光临，并要躬身相送（即使宾客看不到也要背后行礼，鞠躬的角度达到 30 度）。如果有车要为宾客进行开车门服务。

对于大型餐饮活动的欢送，要隆重、热烈，餐厅服务员应穿戴规范、列队欢送，使宾客真正感受到服务的真诚和温暖。

（3）正门直接有车道的餐厅，迎宾员要帮助宾客叫出租车，为宾客开车门，目送宾客坐车离开。雨天要为宾客打伞。

4．餐后餐厅检查

宾客离开后，餐厅服务员需再次回到服务区域进行餐后餐厅的检查，具体的检查要点如下所示：

（1）餐厅服务员立即回到服务区域再次检查是否有宾客遗留物品。

（2）如有遗留物品尽快交还宾客，如宾客已经离开，要向餐厅经理汇报，将物品交至大堂副理处。

知识3 餐后收台清洁

1．收台准备

餐厅收台清洁是餐厅服务的最后一个环节。餐厅服务员要做好餐厅收台清洁工作，首先需做好收台的准备工作。收台准备的具体工作内容如图 5-14 所示。

收台准备工作内容

1 检查餐后现场，宾客是否已经就餐完毕并离席

2 准备收台工具，为收台提供必要的工具

3 以能够进行收台操作为限，关闭部分灯光，节约用电

图 5-14 收台准备的工作内容

餐厅服务员在收台准备阶段需要准备必要的收台工具，以便确保收台的工作效率，保持就餐场所的清洁卫生。常见的收台工具有收餐车、餐具周转箱、托盘、抹布和垃圾袋等，具体如图 5-15 所示。

1 收餐车

◎ 收餐车是收餐时最常用的工具之一，有单层和多层之分，并配有废物收集桶和餐具盘

◎ 收餐车的不同层主要为方便不同类别的餐具分类收集

◎ 餐厅服务员一般准备能够收集一桌宴席所有餐具的收餐车即可

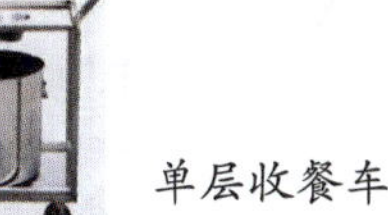

单层收餐车

多层收餐车

2 餐具周转箱

◎ 餐具周转箱主要用于存放进餐过程中撤换下来的餐具，并在餐后将餐具统一运送到洗涤中心清洗

餐具周转箱

3 抹布

◎ 用于餐桌台面的清洁，餐厅用的清洁抹布需与厨房等部门使用的抹布分开，不得交叉使用

4 垃圾袋

◎ 一般与废物收集桶配合使用，防止废物抛洒和二次污染，保证清洁卫生

垃圾袋

图 5-15　收台工具说明图

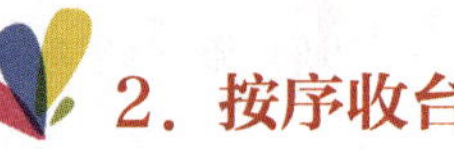

2. 按序收台

收台工作是一项耐心而细致的工作，餐厅服务员需按照一定的顺序和要求进行。

收台顺序

餐厅收台顺序一般遵循先收易碎餐具、酒具，并且同类餐具同时收取统一存放的原则进行。收台的一般顺序如图 5-16 所示。

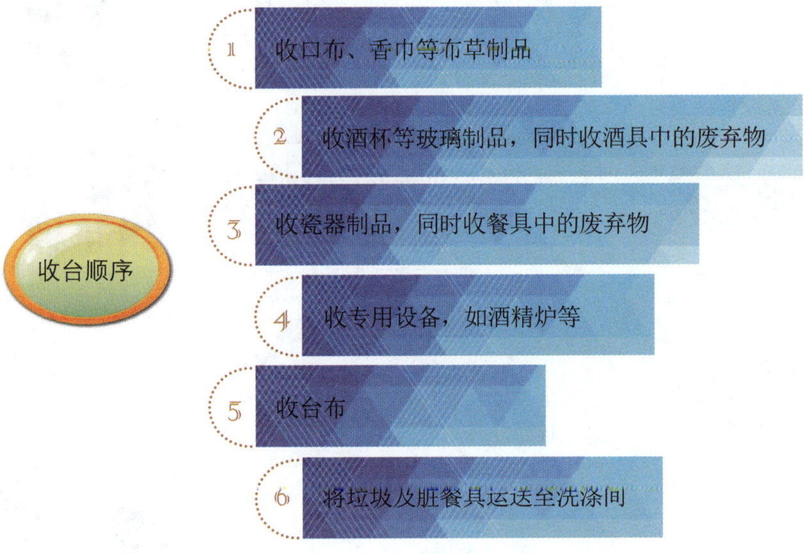

图 5-16 收台顺序

收台要求

餐厅服务员的收台效率在一定程度上代表了该餐厅的服务水平和接待能力，因此，餐厅服务员在收台的过程中需遵循文明和效率的标准进行。餐厅收台的具体要求如下：

① 收台应及时、快速、有序，并按照收台的规定顺序进行。

② 收台时应文明作业，保持动作的稳定，轻拿

轻放，并且动作要轻盈，操作要小心，以免损坏餐具、物品，也不要打扰正在用餐的宾客。

③ 收台时应注意周围的环境卫生，不要将餐纸、杂物、残汤剩菜等乱洒乱扔。

④ 不要把台布、餐巾、小毛巾等餐巾布件当作抹布使用，避免降低使用周期，造成浪费。

⑤ 餐具收拾完后，应立即开始规范地摆台，尽量减少宾客的等候时间。

⑥ 收台结束后，应将收下的酒杯和碗碟送往洗消间，将布草送往后勤清洁部进行清洗和消毒。

 3. 餐台清洁

餐台清洁的流程

餐厅服务员在收台之后，就需要进行餐台的清洁。为了确保清洁的餐台面干净、无油污，餐厅服务员需按照如图 5-17 所示的流程进行。

清洁准备 → 台面清洁 → 清洁质量评价

清洁准备：
- ◎ 根据所要清洁的餐后物品，确定选用的清洁剂与工具
- ◎ 准备的清洁剂和工具有抹布、清洗水池、清洁剂等

台面清洁：
- ◎ 去除餐台表面的剩余食物和其他杂物
- ◎ 使用清洁剂去污（不同台面选择不同的清洁剂）
- ◎ 使用湿抹布擦拭，去除清洁剂和污垢
- ◎ 使用干抹布擦拭，擦拭时采取螺旋法，让抹布在台面上打圆圈，提高擦拭质量

清洁质量评价：

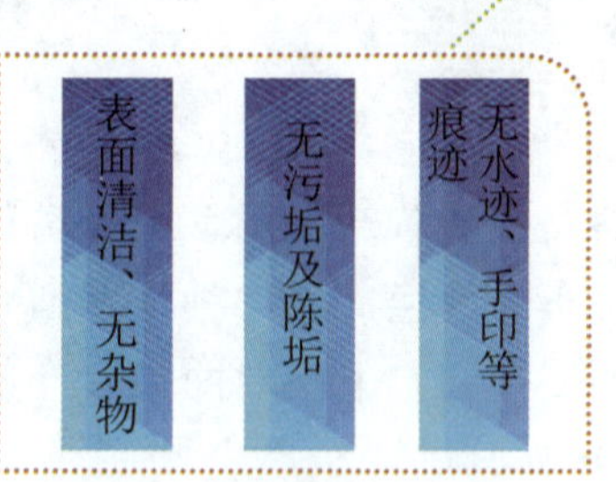

图 5-17　餐台清洁的流程

餐台清洁剂的选择

餐厅服务员在使用清洁剂去污时，需根据不同台面选择不同的清洁剂，清洁剂具体的选择要求如图 5-18 所示。

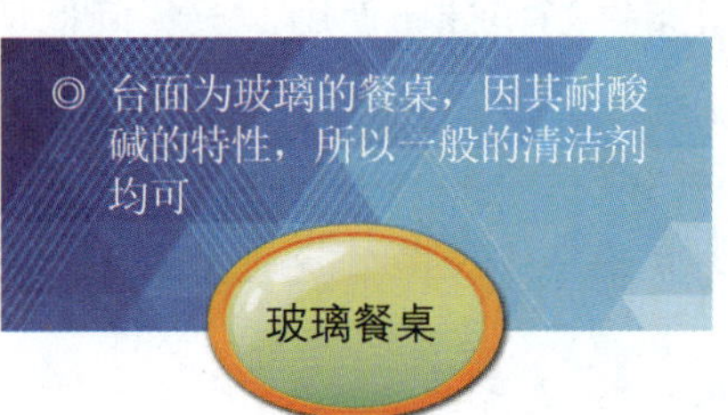

木质、贴皮的餐桌

◎ 木质或者贴皮的餐桌，应该选择在温水中掺入适量的中性肥皂水（最佳比例是 20 ∶ 1）

图 5-18　餐台清洁剂的选择方法

餐台清洁的要点

餐厅服务员在餐台清洁的过程中需要注意如下要点：

① 不得使用可能损坏台面的工具清洁餐台，如砂纸、刮刀等。

② 使用清洁剂要适量，并随污物一起清理干净，以免损坏台面，甚至对人造成伤害。

③ 对备有转台的桌面，清洁时应取掉转台，清洁完毕后，需检查转台是否转动自如。

④ 餐台清洁必须及时进行，以便及时清除食物残渣，擦净桌面。

⑤ 餐厅服务员在清洁餐台时，需彻底擦拭餐台，并避免餐台边缘留有食物残渣。

4. 更换台布

餐厅服务员在更换台布时，主要分两种情况进行：第一种是普通布质台布的更换，第二种是塑料台布的更换。两种台布的更换方法不尽相同。下面对两种台布的更换方法进行说明，具体如图 5-19 所示。

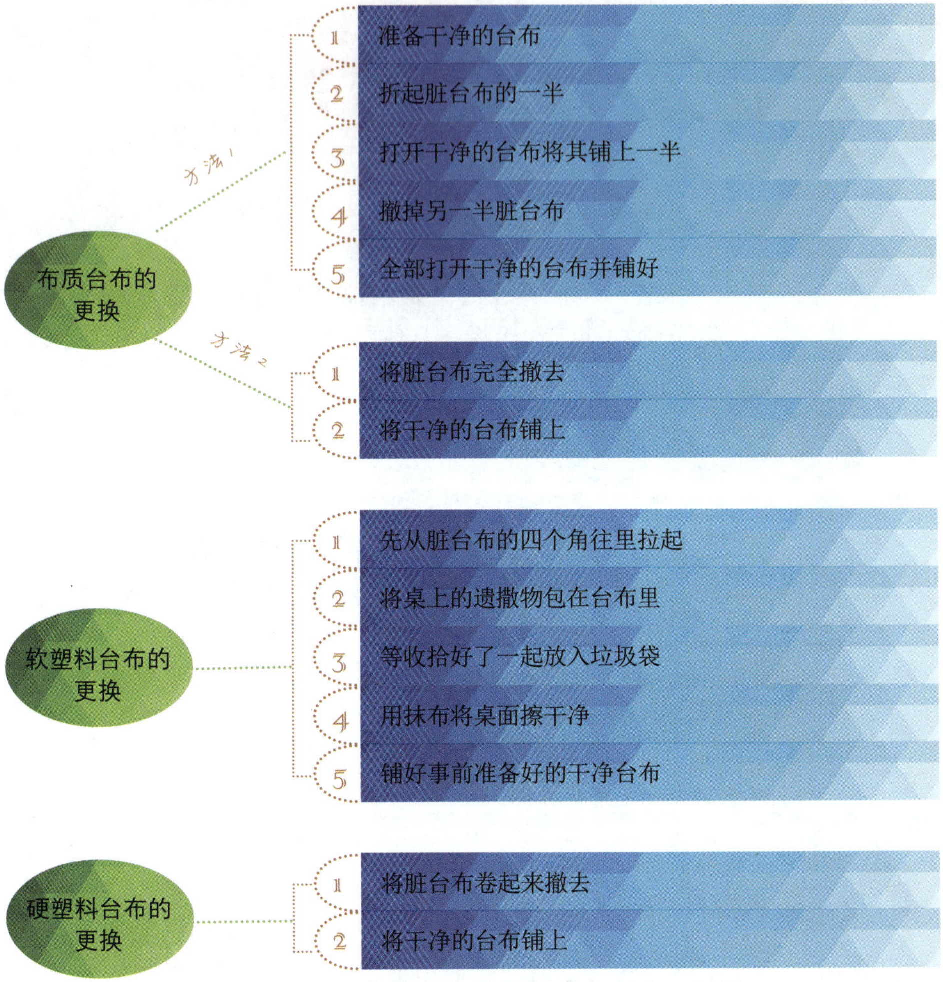

布质台布的更换

方法1

1. 准备干净的台布
2. 折起脏台布的一半
3. 打开干净的台布将其铺上一半
4. 撤掉另一半脏台布
5. 全部打开干净的台布并铺好

方法2

1. 将脏台布完全撤去
2. 将干净的台布铺上

软塑料台布的更换

1. 先从脏台布的四个角往里拉起
2. 将桌上的遗撒物包在台布里
3. 等收拾好了一起放入垃圾袋
4. 用抹布将桌面擦干净
5. 铺好事前准备好的干净台布

硬塑料台布的更换

1. 将脏台布卷起来撤去
2. 将干净的台布铺上

图 5-19　台布的更换方法

知识 4 餐具、酒具保洁

1．去污

餐具、酒具去污就是刮掉黏在餐具、酒具表面上的大部分食物残渣和污垢。具体的去污要点如图 5-20 所示。

1 将餐具、酒具先倒掉残渣，分类放置、分开刷洗

2 去除残渣、污垢时需使用软质地的工具，切不可以使用金属丝、刀等工具刮，以免损害餐具、酒具表面，影响美观和使用寿命

3 对于已经风干的残渣、污垢可以先浸泡再去除，切不可强行用金属丝、刀等工具去除

图 5-20 餐具、酒具去污要点

2．温水泡

餐具、酒具在进行清洗之前，需要用温水进行浸泡，其目的在于使餐具、酒具的污物膨胀，便于清洁。餐厅服务员需根据待清洁餐具的具体情况进行。

一般情况下，油污重的餐具应使用温度偏高的水浸泡，附着物较多的餐具、酒具浸泡时间应更长一些。浸泡餐具、酒具时，应遵循同类浸泡的原则，不得混装，以免碰撞损伤。

3．清洗

餐具、酒具的清洗主要包括手工清洗和机洗两种形式。餐厅服务员根据餐厅的实际情况进行餐具、酒具的清洗，并确保餐具、酒具内外无水珠、无污渍、无异味。

手工清洗

手工清洗通常是餐厅最常见的餐具、酒具清洗方式，餐厅服务员可参照如图 5-21 所示的流程进行。

1 预洗

◎ 将刮掉残渣的餐具、酒具放置在水龙头下冲洗掉大部分的油污

2 清洗

◎ 将餐具、酒具放在加清洁剂的水中使用抹布逐一清洗，彻底去除污渍

3 漂洗

◎ 使用清水漂洗，去除残留在餐具、酒具表面上的清洁剂

4 滤干

◎ 采用倒置等方法，滤干餐具、酒具上的水分，并将清洁干净的餐具、酒具放置在专门的周转箱中，准备消毒

图 5-21　手工清洗流程

机器清洗

有些餐厅企业会用到专门的餐具清洗机进行清洗。餐厅服务员在使用机器对餐具进行清洗时，可按照餐具清洗说明进行。餐具清洗说明具体如图 5-22 所示。

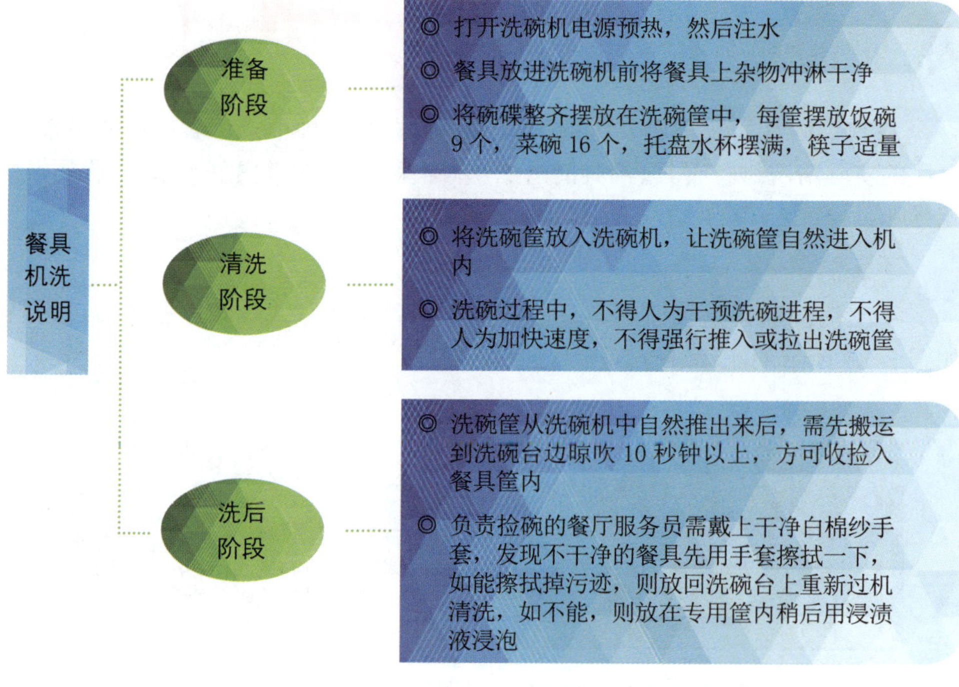

图 5-22 餐具机洗说明

4. 消毒

不同的餐具，消毒方法也不相同。下面对餐厅中日常使用的筷子、瓷具、玻璃餐酒具的消毒进行说明。

筷子的消毒

筷子的消毒方法有微电子技术消毒和蒸汽杀菌消毒两种，具体的消毒方法如图 5-23 所示。

微电子技术消毒

◎ 将筷子洗涤干净后，放入筷子消毒机中，利用微电子技术为筷子烘干、杀菌消毒

蒸汽杀菌消毒

◎ 将筷子洗涤干净后，放入专用筷子蒸箱中，利用蒸汽杀菌消毒并晒干

图 5-23　筷子的消毒方法

瓷具的消毒

瓷器类的餐具、酒具可采用高温消毒和化学药物消毒的方式进行消毒，具体的消毒方法如图 5-24 所示。

消毒柜内消毒

◎ 将洗涤好的餐具放入消毒柜内消毒

◎ 消毒柜内温度保持在 100 度

◎ 消毒时间不少于 15 分钟

化学药物消毒

◎ 对因特殊情况或不宜用消毒柜消毒的餐具，可在洗净后用化学药物消毒

◎ 化学药物有氯化物、碘化物、界面活性剂等

消毒后餐具的摆放

◎ 消毒后的餐具统一放在专门的存放架上

◎ 摆放时底部朝上，口朝下

◎ 摆放要整齐，避免与其他杂物混放，防止用具重复污染

◎ 对存放架定期清洗和消毒

图 5-24　瓷具的消毒方法

玻璃餐具、酒具的消毒

玻璃餐具、酒具的消毒一般采用蒸汽消毒法进行消毒，具体的操作方法为：将洗净的玻璃餐具、酒具直接放入蒸汽箱内，餐具酒具口朝下，蒸汽温度不得低于95度，消毒时间不少于15分钟。

餐具、酒具消毒的注意事项

餐厅服务员在餐具、酒具消毒的过程中，需注意如图5-25所示的事项。

1 当天收回的已用餐具当天清洗消毒，不隔天或隔夜

2 餐具、酒具消毒应按物理或化学消毒的各白顺序进行操作

3 水不开、蒸汽温度不够、消毒剂浓度不够时不能消毒

4 消毒后的餐具、酒具放置在保洁柜内，防止再次污染

图5-25 餐具、酒具消毒的注意事项